嬗变与转型

改革开放以来
我国社会动员机制创新研究

胡刚 著

中国社会科学出版社

图书在版编目（CIP）数据

嬗变与转型：改革开放以来我国社会动员机制创新研究/胡刚
著.—北京：中国社会科学出版社，2017.2
ISBN 978 - 7 - 5161 - 9807 - 0

Ⅰ.①嬗…　Ⅱ.①胡…　Ⅲ.①政治动员—研究—中国　Ⅳ.①D64

中国版本图书馆 CIP 数据核字（2017）第 021350 号

出　版　人	赵剑英
责任编辑	刘晓红
责任校对	周晓东
责任印制	戴　宽

出　　版	中国社会科学出版社
社　　址	北京鼓楼西大街甲 158 号
邮　　编	100720
网　　址	http://www.csspw.cn
发 行 部	010 - 84083685
门 市 部	010 - 84029450
经　　销	新华书店及其他书店

印刷装订	北京明恒达印务有限公司
版　　次	2017 年 2 月第 1 版
印　　次	2017 年 2 月第 1 次印刷

开　　本	710×1000　1/16
印　　张	14.75
插　　页	2
字　　数	241 千字
定　　价	55.00 元

凡购买中国社会科学出版社图书，如有质量问题请与本社营销中心联系调换
电话：010 - 84083683

中文摘要

社会动员不仅是开展社会活动的重要手段，而且也是执政党执政能力的重要体现。而社会动员机制是决定社会动员效率最为关键性的因素。因而，加强对社会动员机制的研究非常重要。

除绪论和结语外，本书共分六章，主要阐述了改革开放以来我国社会动员机制创新的时代背景、基本内容、仍存在的制约因素以及相关对策。

第一章着重对改革开放前我国社会动员机制的基本状况进行分析和探讨。改革开放前，由于时代的局限以及当时高度集中的政治、经济、文化体制的制约，我国社会动员机制不可避免地存在这样或那样的缺陷或不足。社会动员主体主要是党组织和政府，而社会组织不仅不可能参与社会动员活动，就是其生存都难以保障。无疑，这使社会动员主体不可避免地存在一定的局限性。社会动员对象主要集中在工人阶级、农民阶级身上，而知识分子、民主党派、海内外华人华侨不仅不被重视和动员，而且还受到严重的排斥、打击甚至迫害。同时，对待国际社会方面，我国除了偶尔会主动寻求于社会主义阵营的援助之外，几乎对国际社会持排斥的态度。不言而喻，这严重制约了我国社会动员对象。在社会动员方式方面，改革开放前，由于我国实行高度集中的政治、经济和文化体制，主要依靠行政动员的方式来开展社会动员。正是由于其行政色彩比较浓厚，强制性比较明显，这种社会动员方式不仅不利于社会动员的开展，而且还制约着社会动员。在社会动员内容方面，改革开放前，我国主要开展了政治动员，而经济动员、文化动员等则较少被关注，甚至被忽略。这部分内容是一个铺垫，以便对比研究。

第二章主要交代了改革开放后我国社会动员机制所面临的形势和创新的背景。其中，包括时代主题的转换，即"战争与革命"转向"和平与发展"，"社会主义现代化建设"任务的提出以及社会动员机制自

2 | 嬗变与转型：改革开放以来我国社会动员机制创新研究

身发展的需要等。这部分内容是一个背景的介绍，以便澄清改革开放后我国社会动员机制创新发展的来龙去脉。

第三章主要阐述了改革开放以来，我国社会动员的历史进程及基本经验。改革开放以来，我国社会动员的历史进程大体经历了六个阶段——土地制度改革社会动员阶段（1978—1984年）、以城市为中心全面改革社会动员阶段（1984—1988年）、总结经验和整顿调整社会动员阶段（1988—1992年）、以创立社会主义市场经济体制基本框架为核心内容的综合改革社会动员阶段（1992—2003年）、以"工业化、城镇化、农业现代化"推动经济社会发展的社会动员阶段（2003—2012年）、以"四个全面"战略布局推动经济社会发展的社会动员新阶段（2012年至今）。总结经验是为了更好地促进我国社会动员的发展，提高我国社会动员的效率和水平。

第四章主要阐述了改革开放以来我国社会动员机制创新的基本内容。改革开放后，随着我国经济、政治、文化体制等方面的一系列改革，我国社会动员机制也有了很大的转变和发展。这些转变和发展具体表现在社会动员主体、社会动员对象、社会动员方式、内在机制等方面的创新和发展上。随着政府对社会空间的让渡，社会组织也逐渐获得发展，并能够积极地参与到社会动员的活动中来。显而易见，这大大扩展了社会动员主体。同时，随着改革开放的程度不断加深，我国社会动员的对象也有了重大的扩展。不仅知识分子、民主党派都被重视、动员起来，而且新兴阶层如私营企业主、民营科技企业的创业人员也被动员到社会主义现代化建设的伟大实践中来。同时，我国对国际社会也采取了积极、主动的态度，并对国际社会开展一定程度的动员。特别是在危难时期，我国对国际社会动员的积极性、主动性表现得更加突出和明显。如汶川地震发生后，我国对国际社会救援的主动请求。毫无疑问，这种积极、主动地凝聚各方面力量的态度和举措不仅进一步推动我国现代化建设，而且还有利于中华民族伟大复兴的早日实现。而我国社会动员方式最明显的转变是对激励动员的运用。激励动员可以从内部激发出动员对象的激情和动力，从而避免了强制性，进而提高了社会动员的效率。毋庸置疑，这种社会动员方式是有效的，符合时代发展的要求。在社会动员内容方面，我国主要集中于开展经济动员。毕竟，经济是基础，决定上层建筑。同时，我国还进行政治动员、文化动员以及生态文明动员。毫无疑问，这些方面的动员使得我国社会动员内容具有了全面性。与此同时，改革开放后，我国社会动员内在机制也进行了重大的调整和转变。显然，内在机制的创新和发展大大地促进了社会动员机制有机系统的创新和发展。从这些方方面面不难发现，与改革开放前我国社会动员机制相比，改革开放后我国社会动员机制获得了较大的创新和发展。显而易见，这部分则是本书的重点部分。

第五章主要以2008年汶川地震社会动员机制为个案，深入分析和探讨改革开放以来我国社会动员机制在现实中的具体运用。而结合这样一个具有典型代表性的案例也是为了弥补本书实证之不足。

第六章主要分析了改革开放以来我国社会动员机制仍存在的一些制约因素，并提出了相关对策。改革开放以来，尽管我国社会动员机制获得了极大的发展，但仍存在一些制约因素。这不仅影响到我国社会动员机制的发展，而且还会影响到我国社会动员的成效。因而，探寻一定的原则、方法和路径对进一步完善我国社会动员机制显得尤为必要。

关键词：社会动员；机制；创新

Abstract

Social mobilization is not only an important means to carry out social activities, but also an important manifestation of the ruling party's ability to govern. However, Social mobilization mechanism is the most critical factor to determine the efficiency of social mobilization. Thus, it is very important to strengthen the study of social mobilization mechanism.

In addition to the introduction and the conclusion, the thesis is divided into five chapters, mainly expounding the background of the times of the innovation of China's social mobilization mechanism since the reform and opening up, the basic content of the innovation of China's social mobilization mechanism since the reform and opening up, still constraints of China's social mobilization mechanism since the reform and opening up, and the countermeasures of the further development of China's social mobilization mechanism.

The first chapter focuses on analyzing and discussing the basic situation of China's social mobilization mechanism before the reform and opening up. Before the reform and opening up, due to the limitations of the times, as well as the constraints of a high concentration of political, economic and cultural institution, China's social mobilization mechanism inevitably has defects or lack of one kind or another. The subjects of social mobilization predominantly were the Party's organizations and the governments. The social organizations were not only unlikely to participate in social mobilization activities, but difficult to guarantee their survival. No doubt, this made that the subjects of social mobilization inevitably had some limitations. The objects of social mobilization were mainly concentrated on the working class and the peasantry. However, the intellectuals, the democratic parties and the Chinese at home and abroad were not seriously taken and mobilized, but also severely excluded, attacked and even persecuted. At the same time, in dealing with the international community, in addition to occasional initiative seeking the assistance of the socialist camp, China almost held a repulsive attitude to the international community. It goes without saying that this seriously hampered the objects of social mobilization in China. In terms of the means of social mobilization, because of adopting highly centralized political system, economic system and cultural system before the reform and opening up, China mainly relied on administrative mobilization to carry out social mobilization. Precisely because of its administrative color and relatively stronger mandatory, this kind of social mobilization not only is unconducive to launch social mobilization, but also restricts the social mobilization. In terms of the content of social mobilization, before the reform and opening up, China predominantly carried out political mobilization, but economic mobilization and cultural mobilization were less to be concerned about, or even ignored. This section is to lay the groundwork for the comparative study.

The second chapter mainly explains the situation which China's social mobilization mechanism faces and the background of the innovation of China's social mobilization mechanism after the reform and opening up, including the conversion of the theme of the times, "War and Revolution" to "peace and development", the proposed tasks of socialist modernizations and the needs of the development of China's social mobilization mechanism. This section is an introduction of the background, in order to clarify the ins and outs of the innovation and development of China's social mobilization mechanism since the reform and opening up.

The third chapter mainly elaborates the historical process and basic experience of social mobilization in China since the reform and opening up. The historical process of Social mobilization in China since the reform and opening up in genaral has experienced six stages—the social mobilization stage of land system reforms (1978 – 1984), the social mobilization stage of comprehensive reform in cities (1984 – 1988), the social mobilization stage of summing up experience and consolidation adjustment (1988 – 1992), the social mobilization stage of creating the basic framework of the socialist market economy system as the core content of the comprehensive reform (1992 – 2003) , the social mobilization stage of promoting development through "industrialization, urbanization and agricultural modernization" (2003 – 2012) , and the new social mobilization stage of promoting the development through "Four Comprehensive Strategies" (2012present) . Summing up experience is in order to promote the development of China's social mobilization in China, and to improve the efficiency and level of our country's social mobilization.

The fourth chapter mainly explains the basic content of the innovation of China's social mobilization mechanism since the reform and opening up. After the reform and opening up, with a series of reforms of China's economic system, political system and cultural system, China's social mobilization mechanism has also had a lot of changes and developments. These changes and developments specifically lie in the innovations and developments of subjects of social mobilization, objects of social mobilization, means of social mobilization, intrinsic mechanisms of social mobilization and so on. With transferring of the Government's social space, social organizations also have gradually been developed and are able to actively participate in social mobilization activities. Obviously, this has greatly expanded the subjects of social mobilization. At the same time, with the extent of the reform and opening up continuing to increase, the objects of social mobilization have also had a significant expansion. Not only the intellectuals and the democratic parties are seriously mobilized, but also the emerging class such as the private entrepreneurs, the entrepreneurs of the private technology enterprises is also mobilized to the great practice of socialist modernization. Meanwhile, China takes a positive, proactive attitude to the international community and carries out a certain degree of mobilization of the international community. Especially in a crisis period, China's enthusiasm and initiative to mobilize the international community appears more prominent and visible. For example, after Wenchuan Earthquake happened, China actively requested the international community to rescue. There is no doubt that such a positive attitude and initiatives to agglomerate all aspects of forces are not only able to further promote China's modernization, but also conducive to earlier achieve the great revival of the Chinese nation. And the most obvious change of the means of China's social mobilization is to use the incentive mobilization. The ncentive mobilization can inspire the passion and power of the objects of social mobilization from the internal, avoid mandatory, and thus improve the efficiency of social mobilization. Needless to say, this kind of mobilization means is effective, and complies with the requirements of the times. In terms of the content of social mobilization, China mainly focuses on economic mobilization. After all, economy is foundation, and mainly determines the superstructure. Simultaneously, political mobilization, ecological civilization mobilization and cultural mobilization are carried out. There is no doubt that these aspects of social mobilizations make the content of China's social mobilization more comprehensive. At the same time, after the reform and opening up, the intrinsic mechanisms of China's social mobilization have also had significant adjustments and changes. Obviously, the innovation and development of the intrinsic mechanisms greatly promote the innovation and development of the organic system of social mobilization mechanism. From these aspects, it is not difficult to find that compared with China's social mobilization mechanism before the reform and opening up, China's social mobilization mechanism after the reform and opening up has obtained greater innovation and development. Obviously, this part is the emphasis of this thesis.

The fifth chapter takes Wenchuan Earthquake in 2008 as a case, deeply analyzing and discussing the concrete application in reality of China's social mobilization mechanism since the reform and opening up. And the combination of such a typical representative case is to compensate the lack of realistic illustrations of this thesis.

The sixth chapter mainly analyzes some constraints of China's social mobilization mechanism since the reform and opening up, and proposes countermeasures. Since the reform and opening up, although China's social mobilization mechanism has had a great development, there are still some constraints. This not only affects the developing of China's social mobilization mechanism, but also influences the effectiveness of our social mobilization.

Thus, it is particularly necessary for further improving China's social mobilization mechanism to explore certain principles, methods and paths.

Key Words: Social mobilization; Mechanism; Innovation

目　录

绪　论

第一节　选题由来与研究意义

一　选题由来

本书之所以选"改革开放以来我国社会动员机制创新研究"作为论题，主要是基于以下几个方面的原因：

首先，基于对社会问题方面的考虑。社会由个人组成，但不是单个个人的堆积或简单相加，而是人与人之间的联系或关系的总和。现实社会是人的活动场所，是其"生于斯，长于斯"的地方。拥有一个美好的社会一直是人类不懈的追求。如何认识人类社会、如何推动社会发展则是人类永恒的主题。然而，进入 21 世纪以来，人类社会问题也日益凸显，如环境污染、能源危机、生态失衡、人口老龄化、文化冲突等。这些社会问题都现实地摆在了人们的面前，几乎影响到社会中的每一个人。不言而喻，这些存在的社会问题不仅深深地吸引着人文社会科学领域中学习者、探索者的关注，也引起了笔者对社会问题的忧虑以及对社会问题研究的兴趣。由此，笔者将研究的目光投向了关涉如何推动社会发展的社会动员机制这一具体问题上。

其次，基于对我国社会主义现代化建设的考量。现代化是人类文明的一种深刻变化，是人类文明要素的创新、选择、传播和退出交替进行的过程，也是追赶、达到和保持世界先进水平的国际竞争。作为发展中国家，我国实现现代化也是时代发展的要求使然。而如何才能推进我国社会主义现代化建设是值得中国人民深思的一个重要问题。这一问题涉及如何才能把我国各方面的积极性、主动性充分调动起来，如何才能把我国人力、物力、财力凝聚到社会主义现代化建设上来，如何才能协调好我国各阶级、各阶层的关系等。显而易见，这就涉及社会动员及其机制方面的问题。因此，笔者尝试从我国社会主义现代化建设的视角来深入探讨我国社会动员及其机制方面的问题。

最后，基于对笔者专业研究方向的考虑。笔者所学专业是马克思主义中国化研究，具体的研究方向是马克思主义中国化的历史进程与基本经验。实践表明，人们只有将马克思主义的基本原理与各国的具体实际充分地结合起来，才能深刻地把握其精神实质，研究马克思主义才具有真正的理论意义和现实意义。因而，在学习马克思主义理论的基础上，笔者试图把马克思主义与中国的具体实际，特别是与现代中国的具体实际密切地结合起来，以期达到"学以致用"的目标追求。所以，在马克思主义的指导下，笔者以改革开放以来我国社会动员及其机制方面的问题为研究对象，应该是更加符合本专业研究方向的要求。

二　研究意义

不论是在新民主主义革命时期，还是在改革开放以来，社会动员始终与我国的前途命运息息相关，始终影响着我国的革命、建设和改革事业，始终成为推进我国社会主义现代化建设、维护国家统一和实现中华民族伟大复兴的不竭动力。改革开放以来，我国开展的社会动员虽然不如革命战争年代那样轰轰烈烈、激荡澎湃，但也是那么有声有色、精彩纷呈。而在社会动员活动中，社会动员机制发挥着不可或缺的作用。毕竟，机制的力量是无穷的。因此，加强对改革开放以来我国社会动员机制的研究，具有重要的理论意义和现实意义。

第一，加强对改革开放以来我国社会动员机制的研究，有利于进一步丰富和发展中国特色社会主义理论。

"每一个时代的理论思维，包括我们这个时代的理论思维，都是一种历史的产物，它在不同的时代具有完全不同的形式，同时具有完全不同的内容。"[①] 当然，作为在改革开放时代背景下产生的中国特色社会主义理论也不例外。它科学地回答了关于社会主义、党的建设、社会发展等方面的理论问题和现实问题。它是关于我国经济、政治、文化、社会和生态文明等方面建设的指导思想。可以说，中国特色社会主义理论对我国的发展起到非常重要的指导作用。然而，事物是不断地运动和发

---

① 《马克思恩格斯文集》第九卷，人民出版社 2009 年版，第 436 页。

展着的。自然，理论也会随着时代的发展而不断地丰富和发展，以适应不断变化的新情况和新要求。这必然要求人们在社会主义现代化建设的实践中，不断总结新的实践经验，以新的理论和思想来丰富和发展中国特色社会主义理论。而社会动员机制涉及对社会动员基本内涵的分析、价值的评价、运作方式的探讨、鲜明特点的总结、基本原则的把握、实现路径的探索等，涉及如何为充分地动员社会各方面资源和力量以推进社会建设和促进社会发展提供有效的机制保障。由此看来，社会动员理论不仅能够指导社会动员活动，而且能够成为中国特色社会主义理论的有益补充。因此，通过对改革开放以来我国社会动员机制的深入研究，能够进一步丰富和发展中国特色社会主义理论。

　　第二，对改革开放以来我国社会动员机制的研究，可以为进一步提高中国共产党执政能力提供理论借鉴。

　　执政党执政能力的大小起到至关重要的作用。对于执政党来说，执政能力关系到执政地位的巩固与否；对于国家来说，执政能力关乎民族的兴衰存亡。执政党执政能力如何，最为关键的问题是其是否能密切联系人民群众，是否能将人民群众动员起来，真正得到人民群众的支持和拥护。可以说，社会动员能力不仅是执政党执政能力的重要组成部分，而且也是执政党执政能力的综合体现。就中国共产党而言，其执政能力建设不仅关系党的自身建设，而且还涉及中国特色社会主义事业的成败以及中华民族的伟大复兴。这就要求中国共产党必须不断地提高领导的水平和执政的能力，不断地与时俱进，开拓创新。当然，中国共产党已深刻地认识到："衡量一名领导干部是否称职，不能仅仅看本人的工作是否积极，那样就把标准降低到一般干部的水平了，更重要的是要看他能否把广大群众动员和组织起来，把各个方面的智慧和力量凝聚起来，最大限度地调动和发挥广大群众的积极性、主动性、创造性，团结他们为实现国家的经济社会发展目标而共同努力。"① 纵观中国共产党90多年的奋斗历程，可以说，社会动员一直是中国共产党的优势所在。众所周知，正是由于中国共产党能够把广大人民群众充分地动员起来，我国革命、建设和改革才取得了伟大的成就。正如塞缪尔·亨廷顿所言，"'动员'和'组织'，这两个共产党政治行动的孪生口号，精确地指明

---

① 《江泽民文选》第二卷，人民出版社2006年版，第141页。

了增强政党力量之路。"① 因此，加强对改革开放以来我国社会动员机制的研究，可以为进一步提高中国共产党执政能力提供理论借鉴。

第三，加强对改革开放以来我国社会动员机制的研究，是中国特色社会主义事业的必然要求。

在新的历史时期，社会主义现代化建设要求全面地、深入地推进我国经济、政治、文化等各个方面的建设，不断促进生产关系与生产力的协调发展。然而，中国特色社会主义事业并不是一蹴而就的。它不仅需要有坚强的领导核心，而且还需要有社会各方面力量的积极参与，全体中国人民的共同努力。历史已经证明，在近代以来的历史变迁中，大规模的社会动员以及广大人民群众的积极参与始终都是我国迅速发展和赶超世界的必要条件。在中国特色社会主义建设的进程中，尽管我国已不需要进行大规模的社会动员，但是，为了能够充分地调动广大人民群众的积极性，进行一定程度的社会动员也必不可少。对于中国特色社会主义事业来说，社会动员可以起到其独特的作用，发挥其不可替代的功能。可是，在当代中国正处于社会快速转型时期，各种矛盾日益凸显，各种利益格局深刻调整，不同社会力量关系也变得更为错综复杂。因此，在推进中国特色社会主义事业的进程中，如何认识和分析当前我国社会力量之间错综复杂的关系，如何才能充分地调动社会各方面的积极性，如何才能有效地动员社会各方面的力量投身于中国特色社会主义事业中，这是值得人们深思和关注的现实问题。由此看来，中国共产党的坚强领导以及中国人民的共同参与和共同努力可以为中国特色社会主义事业的实现提供有力的保障，而社会动员机制则可以为组织和动员广大社会力量提供坚实的机制保障。因此，加强对改革开放以来我国社会动员机制研究，也是中国特色社会主义事业的必然要求。

第二节　研究现状

从目前研究现状看，国内外众多研究者对社会动员这一问题已进行

---

① ［美］塞缪尔·亨廷顿著：《变化社会中的政治秩序》，王冠华等译，上海人民出版社2008年版，第336页。

了深入的探讨，并取得了丰硕的成果。相比较而言，国内学者主要从微观的视角对社会动员进行分析，而国外学者则侧重于从宏观的视域进行探讨。

一　国内研究现状

目前，国内学术界对社会动员这一问题的研究已取得一些前期的研究成果，大致有如下几个方面：

一是关于社会动员价值意义的探讨。

张伟、王淑贞和刘继昌在《政治稳定论要：社会转型期的政治稳定与社会动员》一书中指出，有效的社会动员对于中国现代化进程可以产生难以替代的作用。它不仅有利于形成社会的内在推动力量，而且还有利于更新与提高社会成员的素质。① 骆郁廷和甘泉在《论社会动员的实践价值》一文中指出，社会动员不仅具有重要的实践价值，而且还具有重要的时代价值。社会实践需要广泛的社会动员统一思想、协调行动、整合资源、推进发展；社会动员是实现社会主义现代化建设历史使命、进行社会变革以及在新的历史条件下应对突发事件的需要。② 吴忠民则认为，对于中国现代化而言，有效的社会动员能够发挥不可替代的推动作用：其一，有助于形成一种内在的推动力量。其二，有助于促进民众素质的更新与提高。其三，可以较为有效地解决中国现代化过程中的某些难题。③

二是关于影响社会动员的因素的研究。

章开沅以"排满"宣传为个案，探讨了辛亥革命时期的社会动员，指出社会动员的主要手段是制造舆论，而"排满"则是辛亥革命时期革命鼓吹的主旋律。他认为舆论宣传是影响社会动员成效的一个重要因素。④ 韩承鹏在《标语口号文化透视》一书中指出："一定的标语口号能引导社会发展，牵引社会前进，激发社会成员的活力，凝聚各方面的

---

① 张伟等著：《政治稳定论要：社会转型期的政治稳定与社会动员》，辽海出版社 2002 年版，第 133—134 页。

② 骆郁廷、甘泉：《论社会动员的实践价值》，《江汉论坛》2010 年第 10 期。

③ 吴忠民著：《渐进模式与有效发展——中国现代化研究》，东方出版社 1999 年版，第 185 页。

④ 章开沅：《辛亥革命时期的社会动员——以"排满"宣传为实例》，《社会科学研究》1996 年第 5 期。

力量，形成合力，把全社会的力量都动员起来，朝既定的目标前进。"① 王楠认为，在社会动员活动中，思想政治教育工作能够发挥不可替代的作用，如引导思想、团结群众、稳定民心、协调关系等，进而使社会动员的效果达到最大化。② 陈露在《浅析民族主义社会动员及其形式》一文中提出："民族主义强烈的思想内容和情感感召力使之成为一种时效最持久、情感最激烈、成本小而收益大的天然的社会动员方式。"③ 而且，作为天然的社会动员工具，民族主义主要借助传媒动员、参与动员以及教育动员来开展社会动员。不难看出，影响社会动员成效的因素涉及诸多方面，既有内在的，也有外在的；不仅有主观方面的，而且还有客观方面的。

三是关于如何进行社会动员的研究。

关于这一问题的研究，学术界基本上涉及战争时期的社会动员、危难期间的社会动员和现代化进程中的社会动员三种情况：

在战争时期如何开展社会动员呢？国内研究者普遍认为，首先，战争动员需要有正确思想的指导。这是能够有效地开展社会动员的前提和条件。张丽梅和艾虹在《抗战时期中共社会动员指导思想评析》一文中指出，抗日战争全面爆发后，中国共产党"确立了以新民主主义、全面抗战以及抗战优先作为其民众社会动员的指导思想，并在抗战的整个过程中得以贯彻并执行，其民众社会动员指导思想的正确也导致了民众社会动员的有效性"④。无疑，正是有了正确思想的指导，社会动员才能最大限度地动员人民群众，争取人民群众的参与和支持。刘颖也认为，抗日战争时期，正是因为坚持了正确的社会动员理念，运用了适当的社会动员方法，中国共产党才取得开展社会动员的成功。⑤ 其次，战争动员需要采取有效的措施，如制定相关的动员法律、法令，制定有效

① 韩承鹏著：《标语口号文化透视》，学林出版社 2010 年版，第 82 页。

② 王楠：《思想政治教育在社会动员中的作用研究》，硕士学位论文，中北大学，2010 年。

③ 陈露：《浅析民族主义社会动员及其形式》，《华南师范大学学报》（社会科学版）2003 年第 5 期。

④ 张丽梅、艾虹：《抗战时期中共社会动员指导思想评析》，《理论前沿》2009 年第 4 期。

⑤ 刘颖：《中国共产党抗日战争时期社会动员研究》，硕士学位论文，安徽师范大学，2005 年。

的动员计划和动员制度，运用灵活的动员机制，实行正确的政策和策略等。陈建民和李晓在《发达国家战争动员制度》一书中指出，"美国政府认为，在紧急情况下要成功地实施动员，关键在于平时就制定出一套完善的动员计划，并形成一个有效的计划协调体制，以确保在各种情况下动员工作都能按预定计划有条不紊地进行。"① 同时，世界各国都非常重视依靠法律、法令对战争动员的保障。我国制定的《中华人民共和国国防动员法》第一条开宗明义地指出："为了加强国防建设，完善国防动员制度，保障国防动员工作的顺利进行，维护国家的主权、统一、领土完整和安全，根据宪法，制定本法。"② 抗日战争时期，中国国民党与中国共产党曾制定过一系列关于战争动员的纲领、法律、法令，如《国家总动员法》《中国共产党抗日救国十大纲领》《民众动员法令》《陕甘宁边区政府三大动员方针》《各省市县动员委员会组织大纲》《安徽省民众动员初步纲要草案》《山西省民族革命十大纲领》《统一河南全省民运方案》等。③ 为了保障平时动员准备和战时动员工作的顺利实施，美国非常重视动员的立法工作。美国战争动员法的代表有1947年制定的《国家安全法》、1973年制定的《战争授权法》和1976年制定的《国家紧急状态法》。其他国家制定的战争动员法还有英国1920年制定的《紧急状态权力法》、1939年制定的《预备役动员法》，法国1938年制定的《总动员法》、1950年制定的《人力动员法》和1959年制定的《国防总组织法》，德国1949年制定的《德意志联邦共和国基本法》、1968年制定的《经济安全法》、《劳动力保障法》和《交通保障法》，俄罗斯1993年制定的《宪法》、1997年制定的《俄联邦动员准备与动员法》，日本1997年制定的《防卫厅设置法》等。再次，战争动员的依靠力量，一方面是科技武器的不断发展，另一方面主要还是依靠人民群众。张羽在《战争动员发展史》一书中指出，战争动员之所以能够与时俱进，不断发展变化，其根本原因应归结为武器的破坏力。对于战争动员而言，武器的破坏力如同社会生产力一样，决定

---

① 陈建民、李晓著：《发达国家战争动员制度》，时事出版社2001年版，第19页、第32—33页。

② 《中华人民共和国国防动员法》，中国法制出版社2010年版，第3页。

③ 陈传钢编著：《动员纲领与动员法令》，新知书店1938年版，第7—20页、第22—40页、第61—62页。

和改变着战争动员所依赖的"力量源"。高技术局部战争之战争伟力仍然存在于民众之中，无论是否拥有高技术优势，都必须"依靠群众，组织群众，动员群众"①。

和平美好的生活始终是人类的追求和期待，但危难的发生有时还是难以避免的，如人们常常会遭遇到的地震、泥石流、雪灾、洪水、旱灾、海啸、龙卷风、核泄漏、金融危机等天灾人祸。这些危难有的难以预料，让人措手不及；有的虽有预期，但应对起来十分困难。针对这一问题，研究者认为，首先，政府需要积极开展社会动员。唐明勇和孙晓辉明确地指出："面对各种重大危机事件，党和国家需要借助社会动员才能有效配置社会各方面人力、物力、财力和信息资源，并在集中民意民智的基础上提升危机应对的科学性和有效性。进行社会动员，是应对危机事件的现实需要。"② 罗阳则深刻地指出，特别是在发展中国家，经济危机会对社会的各个群体产生社会动员的效应。而受经济危机的直接影响，工人、学生农民、城市中产阶级等社会力量常常会成为最先被动员起来的对象。③ 其次，需要转变社会动员方式。姜鹏飞认为，处理公共突发事件的核心机制应该是政府主导、社会动员和全民参与。而要想取得良好的社会动员成效，人们要转变社会动员模式，即实现由行政动员到社会自主动员的转变。同时，还要充分发挥非政府组织、企业、社区、公民等社会主体的力量，进而实现对公共突发事件的有效应对。④ 龙太江提出，危机管理应该重视社会自主动员功能的发挥，应该从"对社会动员"走向"由社会动员"⑤。可以说，危难的应对不仅要发挥政府的主导作用，而且要充分调动社会的积极性，还要转变社会动员的方式。只有这样，社会动员才能有助于人们渡过危难，克服时艰。

现代化的实现不是一蹴而就的事情，需要调动社会各方面的资源和

---

① 张羽著：《战争动员发展史》，军事科学出版社 2004 年版，前言第 3 页、第 347 页。

② 唐明勇、孙晓辉著：《危难与应对：新中国视野下的危机事件与社会动员个案研究》，中共党史出版社 2010 年版，第 276 页。

③ 罗阳：《经济危机、社会动员与政治稳定——亚洲金融危机中的印度尼西亚》，博士学位论文，中共中央党校，2011 年。

④ 姜鹏飞：《一个社会的动员——试析政府在应对公共突发事件的社会动员能力》，硕士学位论文，吉林大学，2009 年。

⑤ 龙太江：《从"对社会动员"到"由社会动员"——危机管理中的动员问题》，《政治与法律》2005 年第 2 期。

力量，需要人民大众的共同努力。在现代化进程中如何才能开展有效的社会动员呢？国内学者吴忠民认为，在我国现代化进程中，适当的社会动员所起的作用是许多其他国家难以比拟的。而要做到这一点，一方面，需要遵循社会动员自身的发展规律；另一方面，必须使社会动员服从于现代化建设这一时代中心任务。① 柳建文则提出，在现代化进程中，适度的社会动员能够最大限度地调动人们的热情，从而避免社会动荡，可以有效地防止群众运动式的社会动员带来的不利影响。这不仅有助于稳定社会秩序，而且也有利于促进发展中国家现代化建设的顺利进行。② 黄文彦从对中日早期现代化比较的视角明确无误地指出："日本和中国的近代历史经验表明，一个国家的现代化，取决于结构变革和社会动员，关键在于这个国家领导层的素质、权力和决策。"③ 可见，现代化的开展和实现始终与社会动员密不可分，而且社会动员切实能够起到重要的推动作用。

四是关于社会动员方式的研究。

国内研究者普遍认为，在社会动员活动中，社会动员方式同样具有非常重要的意义。侯松涛认为，在整个抗美援朝的社会动员活动中，组织动员、宣传动员、行动动员、诉苦动员联合起来，相互影响，共同作用，从而构成了一个立体式的动员网络。④ 孙立平、晋军、何江德、毕向阳则认为，参与式动员、运动式动员以及组织化动员等，都是在改革开放以前的"总体性社会"中国家对社会所采用的主要的动员方式。尽管改革已经使整个社会结构发生了深刻的变化，但这些动员方式在"后总体性社会"中都仍然留有痕迹。尤其是组织化动员在"后总体性社会"中依然发挥重要的作用。然而，随着社会转型，社会呼唤新的社会动员方式的出现。⑤ 费爱华总结了新形势下我国社会动员实践的几

---

① 吴忠民著：《渐进模式与有效发展——中国现代化研究》，东方出版社1999年版，第186页。

② 柳建文：《现代化进程中的适度社会动员——发展中国家实现社会稳定的重要条件》，《社会科学》2005年第1期。

③ 黄文彦：《结构变革和社会动员：中日早期现代化比较》，《历史教学问题》1992年第3期。

④ 侯松涛：《抗美援朝运动中的社会动员》，博士学位论文，中共中央党校，2006年。

⑤ 孙立平等著：《动员与参与——第三部门募捐机制个案研究》，浙江人民出版社1999年版，第62—69页。

种可行性模式，如参与动员、情理动员、内化动员、惩戒动员等社会动员模式。① 我国台湾学者克思明通过对中共 1937—1949 年在农村发动社会动员详尽而充分的研究，认为中共在农村的社会动员之所以能够取得成功，是因为其采取了正确的社会动员方式：经过思想的诱导——诉诸民族主义的宣传、改造基层政权的组织形式——农民协会与党支部的运用、组建武装结构的三级制——民兵、游击队和正规军以及土地革命之开展。② 凡奇、李静和王力尘在《网络政治动员方式与途径的探索和研究》一书中指出，E 度空间里悄然兴起的政治动员正在形成越来越大的社会影响，网络政治动员已成为一种越来越重要的政治动员形式。与传统的政治动员相比，网络政治动员具有虚拟性、开放性、平等性、互动性、迅捷性等特点。③ 陈华在对互联网社会动员初步研究的基础上明确指出，互联网是新时代条件下的一种新型的社会动员方式，具有其独有的特征和功能。在现实的社会动员活动中，互联网发挥着越来越重要的作用，如它已经成为人们表达利益诉求、维护自身权益的重要渠道。④ 这些研究表明，社会动员要取得一定的成效，选择、运用好一定的社会动员方式则具有决定性意义。

二　国外研究现状

国外学术界对社会动员这一问题的研究应该说要早于国内。"动员"和"社会动员"这两个外来词即是明证。目前，国外学术界关于社会动员方面的研究成果大致有如下几个方面：

一是关于社会动员含义的探讨。

"社会动员"一词由美国政治学家道易治（Karl W. Deutsch）开创性地创造出来。他认为"社会动员"就是指正从传统生活方式转向现代生活方式国家中的绝大多数人所经历的整个转变过程。它包含着大量更加具体的变化过程，如居住地的改变、职业的改变、社会环境的改变、面对面交往的改变等。也可以说，社会动员就是从传统社会转向现

---

① 费爱华：《新形势下的社会动员模式研究》，《南京社会科学》2009 年第 8 期。
② 克思明著：《论中共之农村动员——武装、革命与政权（一九三七——一九四九）》，辅仁大学出版社 1988 年版，第 166—184 页。
③ 凡奇、李静、王力尘著：《网络政治动员方式与途径的探索和研究》，辽宁人民出版社 2009 年版，第 2 页、第 6—7 页。
④ 陈华：《互联网社会动员的初步研究》，博士学位论文，中共中央党校，2011 年。

代社会的人们所经历的现代化的过程。①从此以后，"社会动员"被广泛地应用。美国学者布莱克（C. E. Black）认为，一些复杂的变革就会构成一个过程。而"这个过程有时被归诸于社会动员，即义务承诺的中心从诸多个人转向社团，从地方转向国家领域。社会动员是现代社会中大批人口从其传统的农村住所自然迁居的必然结果，也是人们通过通信手段的大大扩展而提高了对国家利益方面以及外部更广大世界的认识的必然结果。"②美国著名的政治学家塞缪尔·亨廷顿（Samuel Huntington）借用道易治关于社会动员的定义，认为社会动员就是"一连串旧的社会、经济和心理信条全部受到侵蚀或被放弃，人民转而选择新的社交格局和行为方式"的过程。③ 不难看出，国外学术界侧重于把社会动员理解为社会活动的一个过程或历程。

二是关于社会动员价值意义的论述。

像国内研究者一样，国外研究者普遍认为社会动员具有非常重要的价值意义。美国社会动员问题研究者杰奎琳·伯瑞德（Jacqueline Behrend）认为，在控制和监督民主体制的表现以及确保它们对公民负责方面，社会动员能够发挥重要的作用。④塞缪尔·亨廷顿认为，社会动员在现代化进程中具有重要的意义。"它意味着人们在态度、价值观和期望等方面与传统社会的人们分道扬镳，并向现代社会的人们看齐。"⑤布莱克也指出，社会动员具有重要的政治意义，因为社会动员可以通过激励民族主义和整合经济社会，从而促进全国民众一致的认同。正是在这一过程中，国家加强了对其所有民众的控制。⑥ 而李侃如（Kenneth

---

① Karl W. Deutsch, "Social Mobilization and Political Development", *The American Political Science Review*, Vol. 55, No. 3, 1961, p. 493.

② ［美］C. E. 布莱克著：《现代化的动力》，段小光译，四川人民出版社1988年版，第33页。

③ ［美］塞缪尔·亨廷顿著：《变化社会中的政治秩序》，王冠华等译，上海人民出版社2008年版，第26页。

④ Jacqueline Behrend, "Mobilization and Accountability: A Study of Social Control in the 'Cabezas' Case in Argentina", in Enrique Peruzzotti, & Catalina Smulovitz, *Enforcing the Rule of Law: Social Accountability in the New Latin American Democracies*, Pittsburgh: University of Pittsburgh Press, 2006, p. 215.

⑤ ［美］塞缪尔·亨廷顿著：《变化社会中的政治秩序》，王冠华等译，上海人民出版社2008年版，第26页。

⑥ ［美］C. E. 布莱克著：《现代化的动力》，段小光译，四川人民出版社1988年版，第34页。

Lieberthal）通过对中共社会动员的研究进一步指出："中共动员民众反抗现存制度的各种方式都取得了显著成功。无论他们提出什么号召（20世纪20年代初的阶级斗争和中期的反帝斗争等），无论他们号召的群体是什么（工人、各阶层农民、社会下层、知识分子），也无论政治运动在哪里发生（东南地区的城乡、北方内地、东北农村），他们都是成功的。所有这些都表明，从20世纪20年代到40年代中国的隐忧已经使它成了一个很好的'可动员的'社会。"① 杰克·贝尔登（Jack Belden）指出，在抗日战争时期，"中共以民族战争代替了阶级战争。这种民族战争本身也是革命战争，它在人民中所起的动员作用，往往比土改的作用更大更快。抗日战争把自古以来就是分散经营、基本上各顾各的农民组织起来了，使他们认识到同心协力、集体行动的力量"②。这些研究表明，在国外，人们同样认识到了社会动员发挥的重要作用。

三是关于社会动员影响因素的分析。

不言而喻，影响社会动员成效有多方面的因素。这些因素既包括一定的内因，也包括一定的外因。从目前掌握的文献看，国外研究者以不同的视角、从多个方面对影响社会动员的因素进行了探讨。美国学者根室·史坦因（Gunther Stein）以中国革命为研究对象，并指出中共开展的群众运动完全是以实践为基础，以民主的方式来进行的。正是因为这样，中共才切实地把广大人民群众动员起来进而投入到现实的斗争中。而且，史坦因进一步指出："中共战区的特殊情形使得报纸成为动员民众和攻击敌人重要工具。"③ 由此，报纸成为中共宣传、动员的一种至关重要的工具。美国著名学者戈德斯通（Jack A. Goldstone）认为，意识形态在社会动员方面同样具有非常重要的作用。他指出，意识形态发挥了身份确认和团体承诺的功能，这有助于维持和扩展社会网络以便动

① ［美］李侃如著：《治理中国：从革命到改革》，胡国成、赵梅译，中国社会科学出版社2010年版，第60页。

② ［美］杰克·贝尔登著：《中国震撼世界》，邱应觉等译，北京出版社1980年版，第191页。

③ ［美］根室·史坦因著：《动员群众篇——红色中国的挑战之五》，梁仁译，晨社1946年版，第7页、第15页。

员大众参与革命行动。① 美国学者凯兰尼（Wasfi Kailani）认为，当今局部的动员不仅会受到国内因素的影响，而且还会受到国外或国际一系列争论的影响。比如，在以色列的美国移民会受到美国模式争论的影响，甚至会输入美国模式争论。这些争论模式不仅是展示、通过网络动员、运用媒体的不同方式，而且也是不同于以色列的民主体验。美国移民给以色列带来了与美国民主更相似的政治理念和规范，比如民间动员和参与。② 美国战争动员研究者爱德华（P. Edward）基于战争动员的视角指出，缜密、完善的计划是社会动员的前提和基础。他认为："战争动员过程的复杂性和巨大规模表明：完善的计划是成功的基础，在不得不仓促实施动员的时候尤为如此。总动员计划的基本目的是为战争动员的决策和实施提供一个框架，从而为军事行动提供支援。这个框架为主要决策者及其辅助机构提供进行决策的全过程。"③ 瑞典学者达格芬·嘉图（Dagefen Cato）在《走向革命——华北的战争、社会变革和中国共产党 1937—1945》一书中指出，正是由于实行减租减息政策、采取群众路线和发动大生产运动，中国共产党才调动了农民的积极性，才有效地把农民动员起来推翻旧的乡村秩序。而且，在此过程中，农民阶级的政治觉悟也得到了极大的提升。④ 美国研究者尤库迪瓦—弗里曼（Jamilya Tolenovna Ukudeeva‐Freeman）则认为，社会动员理念能够激发人们采取行动，使领导人的行动合法化，并表达出对事态发展的决定看法。同时，对更多的追随者来说，社会动员理念是一个行动计划。或者说，它是解决主要问题的方法。而公共演说、文学刊物、现存教义、政治纲领和宣传鼓动是社会动员理念的标志。社会动员理念使社会运动

① Jack A. Goldstone, "Comparative Historical Analysis and Knowledge Accumulation in the Study of Revolution", in James Mahoney & Dietrich Rueschemeyer: *Comparative Historical Analysis in the Social Sciences*, New York: Cambridge University Press, 2003, p. 73.

② Wasfi Kailani, "American Orthodox Immigrants' Mobilization and Integration in Israel", in Elisabeth Marteu: *Civil Organizations and Protest Movements in Israel: Mobilization around the Israeli‐Palestinian Conflict*, New York: Palgrave Macmillan, 2009, p. 58.

③ ［美］P. 爱德华著：《国防部总动员计划》，波拉提等译，军事科学出版社 2007 年版，第 1 页。

④ ［瑞典］达格芬·嘉图著：《走向革命——华北的战争、社会变革和中国共产党 1937—1945》，杨建立等译，中共党史资料出版社 1987 年版，第 168—208 页。

有可能获得更高层次的大众动员。①这些研究表明，国外学术界也认为，影响社会动员的因素是多方面的。这些影响因素不仅包括传媒，也包括方式等。

四是关于社会动员内容和对象的研究。

不言而喻，社会动员是基于一定的目标而开展的。当然，由于社会动员的目标不同，社会动员的内容会迥异有别，而且社会动员的对象也会相差甚远。德国著名军事理论家埃里克·鲁登道夫（Eric Ludendorff）认为，在战争时期，社会动员的内容非徒限于各种部队的动员，同时还须涉及财政方面、经济方面，更关乎国民之生活与其供养，甚至还有民族之精神的团结。德国民族之各分子，不论在前线与后方，均应竭其物质力与精神力以自效于战争。②爱德华从国防动员的视角指出，社会动员的内容包括"应国防建设需要而集中、组织和使用国家的资源。动员过程包括为完成系统的有选择的战争准备所做的必要的全部活动。"③关于社会动员的对象方面，国外研究者则更加强调对具有影响力的人物和阶层的动员。贾恩弗朗哥·波齐（Gianfranco Poggi）指出，在20世纪尤其是第二次世界大战以来，"自由主义民主社会中的国家日益动员（一定程度上国家也是被动员的）和吸纳经过专业培养和职业训练的知识分子和专家，而这在以前的政策过程中是不存在或遭到排斥的。"④戈德斯通指出："许多学者都证明了精英同盟对于社会动员以及社会运动获得成功的重要性。"⑤ 这些研究表明，在战争时期，军事动员异常关键。从动员的内容方面来看，军事动员会涉及人力、财力、物力等；从动员的对象方面来看，军事动员的对象包括社会的各个行业、各个阶级阶层，特别是具有影响力的人物和阶层。

---

① Jamilya Tolenovna Ukudeeva – Freeman, "Collective Action Problem: Mobilization of National – Democratic Movements in Azerbaijan and Kyrgyzstan", a dissertation of the degree of Doctor of Philosophy of University of California, Jun. , 2003, p. 100.

② ［德］埃里克·鲁登道夫著：《总体战》，张君劢译，北京理工大学出版社 2007 年版，第 58 页。

③ ［美］P. 爱德华著：《国防部总动员计划》，波拉提等译，军事科学出版社 2007 年版，第 1 页。

④ ［美］贾恩弗朗哥·波齐著：《国家：本质、发展与前景》，陈尧译，上海人民出版社 2007 年版，第 124 页。

⑤ ［美］杰克·A. 戈德斯通主编：《国家、政党与社会运动》，章延杰译，上海人民出版社 2009 年版，第 200 页。

综上所述，关于社会动员问题的研究，不论是在时间跨度、空间选择，或者问题本身的分析等方面，近些年国内外学术界的研究都已有相当大的突破和进展。研究者们从社会动员内涵、社会动员价值、社会动员方式、社会动员的影响因素等多个层面和视角，对社会动员问题进行了考察、分析和探讨。正是在前人学术积累和努力的基础上，后来者通过学习与思考，进一步展开学术探究，以期能够推进或增补前人的观点。就笔者所掌握的文献资料来看，国内外学术界对社会动员机制问题虽有所关注，但全面、系统、深入探讨的成果则少之又少，而对改革开放以来我国社会动员机制的深入研究还很缺乏。显而易见，这种状况与促进我国社会动员理论发展的要求还很不相适应，与推动我国社会动员机制的发展还很不合拍。因此，本书选择改革开放以来我国社会动员机制研究，也正是希望为进一步深化和拓展这一研究做出些许努力。

第三节　相关概念的界定

一　社会动员

关于社会动员的含义，可以从狭义和广义两个方面来理解：

首先，关于社会动员广义的含义，主要是以西方学者的观点为代表。他们试图从现代化的视角来理解和探讨社会动员的内涵。前文已有这方面的陈述，在此不再赘述。

其次，关于社会动员狭义的含义，主要是以国内学者的观点为代表。国内学者侧重于从现实实践以及价值层面来理解和探讨社会动员的内涵，认为社会动员主要是对社会资源如人力、物力、财力、精神力量等方面的动员。国内著名学者吴忠民认为："社会动员，是指有目的地引导社会成员积极参与重大社会活动的过程。"[①] 郑永廷认为，社会动员是指"人们在某些经常、持久的社会因素影响下，其态度、价值观与期望值变化发展的过程"。[②] 唐明勇和孙晓辉则认为，社会动员是

---

① 吴忠民著：《渐进模式与有效发展——中国现代化研究》，东方出版社 1999 年版，第 184 页。

② 郑永廷：《论现代社会的社会动员》，《中山大学学报》（社会科学版）2000 年第 2 期。

"由动员主体、动员客体、动员介体、动员环体等各个要素组成的，通过主体对客体有目的、有秩序地进行宣传、教育、示范和组织形成一定动员结构的，其功能是为了影响动员客体使其有意识地参与和形成自觉行动的系统活动"[1]。中共四川省委党校课题组指出："社会动员通常指政府或政党为实现某一发展目标，而对社会资源、人力资源以及人的精神的动员。"[2] 而且，该课题组还认为，社会动员有以政治为核心的传统社会动员和以利益为杠杆的现代社会动员两种基本模式。代海军和解永照从社会学和政治学的角度对社会动员进行了对比透视。他们认为，从社会学的角度看，社会动员更加强调对社会资源的合理配置和有效调动，因此，社会动员也可称为"资源动员"；而从政治学的角度看，社会动员更加侧重于对政治资源的动员，如注重引导社会成员参与到政治活动中来。[3]

　　基于上述分析，本书试将社会动员作这样的定义，社会动员是指在一定的背景条件下，为了实现某种特定的目标，一定的社会主体如政府、社会组织等通过一定的方式、方法或手段对一定的社会客体如社会资源、社会力量或社会个体等发动、宣传和组织的一种社会活动。

　　二　机制

　　"机制"是一个比较抽象的概念，界定起来显得相当困难。但是，唯其抽象才使它具有更广阔的应用空间。基于研究社会动员机制的需要，尽可能地界定清楚"机制"的含义显得尤有必要。

　　"机制"一词最早源于希腊文 mechane，英文则为 mechanism。就其原本意思来说，它是一个自然科学术语，是指机器的构造和工作原理。具体说来，其基本含义就是指机器运转过程中各个部件之间相互作用的关系，进而通过机器的运转实现一定的功能。20 世纪 80 年代以来，我国社会科学领域开始广泛使用"机制"一词。《辞海》对"机制"做了这样的定义：一是指"用机器制造的。如机制纸。"二是"指有机体的

　　[1] 唐明勇、孙晓辉著：《危难与应对：新中国视野下的危机事件与社会动员个案研究》，中共党史出版社 2010 年版，第 39 页。
　　[2] 中共四川省委党校课题组：《西部大开发中社会动员与大众参与的现状分析》，《天府新论》2006 年第 4 期。
　　[3] 代海军、解永照：《社会动员问题研究：以群防群治为视角》，《铁道警官高等专科学校学报》2010 年第 2 期。

构造、功能和相互关系。如生理机制。"三是"指一个工作系统的组织或部分之间相互作用的过程和方式。如竞争机制、市场机制。"①《现代汉语词典》对"机制"做了这样的定义:一是指"机器的构造和工作原理,如计算机的机制。"二是指"机体的构造、功能和相互关系,如动脉硬化的机制。"三是"泛指一个工作系统的组织或部分之间相互作用的过程和方式:市场机制、竞争机制。"② 侯光明和李存金从系统论的视角对机制做了这样的定义,"所谓机制就是指系统内各子系统、各要素之间相互作用、相互联系、相互制约的形式及其运动原理和内在的、本质的工作方式。"③

基于上述观点和分析,本书认为,机制是指系统内部诸要素之间的耦合关系与作用机理,它是连接系统结构与其功能之间的桥梁和纽带。从静态来看,机制是指系统内部诸要素之间的相互关联和结构方式;从动态来看,机制是指系统内部诸要素之间的作用关系和运行功能。

三 社会动员机制

在界定清楚"社会动员"和"机制"两个概念后,本书对"社会动员机制"试作如下分析:

社会动员机制的构成要素包括:社会动员主体——社会动员活动的发起者和组织者;社会动员客体——社会动员活动的参与者和组成者;社会动员介体——社会动员主体对社会动员客体动员时所运用的策略、方式和途径;社会动员环体——社会动员活动发生和发展的场所、环境和条件。

社会动员机制的内在基本形态主要包括:动力机制——推动社会动员活动发生、发展的原理及方式,可以分为内源型动力机制和外源型动力机制;运行机制——影响社会动员各因素的结构、功能和相互关系,以及这些因素产生影响、发挥功能的作用过程、原理和方式;协调机制——解决社会动员机制系统内部各系统和各要素之间相互作用、相互

---

① 夏征农主编:《辞海》第六版,上海辞书出版社 2009 年版,第 1000 页。
② 中国社会科学院语言研究所词典编辑室编:《现代汉语词典》(第 5 版),商务印书馆 2005 年版,第 628 页。
③ 侯光明、李存金著:《现代管理激励与约束机制》,高等教育出版社 2002 年版,第 73 页。

联系、相互制约的原则和方式；保障机制——为社会动员活动提供物质和精神等保障条件的原则及方式。

社会动员机制具有这样三种基本的运作方式：行政式的运作方式——以计划、行政的手段进行社会动员的运作方式；指导式的运作方式——以监督、指导的方式进行社会动员的运作方式；激励式的运作方式——以服务、激励的方式进行社会动员的运作方式。

社会动员机制具有这样一些基本特点：结构性——社会动员机制内部各要素是按照一定的结构和功能有序地、规范地存在和运行；整体性——社会动员机制以一个由社会动员主体、社会动员客体、社会动员介体等诸多要素结合而成的有机整体而存在，并以整体形式发挥其独特功能和作用；效用性——社会动员机制的运行必然对外界环境输出信息、能量和作用，从而对社会环境产生作用力和影响；动态性——社会动员机制必然与社会环境一道变迁，从而在不同的社会历史条件下呈现出阶段性、异质性和动态性特征；目的性——社会动员机制为适应和实现某种目标而以一定形式组成有机整体。目的性是一系统区别于它系统的根本标志。没有一定的目的性，社会动员机制就失去了存在的价值和意义。

基于上述分析，本书认为，社会动员机制是指在社会动员活动过程中，社会动员主体、社会动员客体、社会动员介体等诸要素有机地、合理地协调和组合而形成的耦合关系与作用机理。社会动员机制是一个有机的系统。

第四节　研究思路与研究方法

一　研究思路

本书以辩证唯物主义和历史唯物主义为指导，坚持实事求是、与时俱进的精神，按照如下基本思路展开相关研究：

首先，通过对改革开放前我国社会动员主体、社会动员对象、社会动员方式、社会动员的基本内容、社会动员内在机制等进行分析和探讨，本书对改革开放前我国社会动员机制的基本状况有一个大致的了解和把握。同时，这也是研究改革开放以来我国社会动员机制的前提和基础。

　　其次，在掌握改革开放前我国社会动员机制基本状况的基础上，通过对改革开放前与改革开放以来我国社会动员机制的对比和研究，深入探究改革开放以来我国社会动员机制的创新之处，如改革开放以来我国社会动员目标如何进行调整、社会动员主体如何转变、社会动员对象如何拓展、社会动员方式如何发展等。这一部分将是本书的重点。

　　再次，以 2008 年汶川地震为个例，深入分析和探讨改革开放以来我国社会动员机制在现实中的具体实践和运用。毕竟，只有理论方面的阐述而没有实证方面的分析难以令人信服。理论需要和实践相结合。所以，本书将以 2008 年汶川地震为个例，分析和探讨改革开放以来我国社会动员机制变化的具体体现，印证前述所言内容，以弥补本书实证之不足。

　　最后，通过分析和探讨改革开放以来我国社会动员机制仍存在的一些制约因素，本书试图探寻相关应对策略，如进一步完善我国社会动员机制需要坚持什么原则、需要借助什么方法、可以通过什么路径，从而为促进我国社会动员机制不断地完善和发展提供相关借鉴。

　　二　研究方法

　　本书以马克思主义基本原理为指导，坚持辩证唯物主义与历史唯物主义的方法论，在研究过程中主要运用以下具体研究方法：

　　（一）历史逻辑分析法

　　不可否认，无论是在历史学的研究中，还是在社会学的研究中，抑或是在政治学以及管理学的研究中，历史逻辑分析法都起到非常重要的作用。这是因为，人类历史的发展进程决定着人类思想的发展进程，而人类思想的发展进程只不过是对人类历史发展进程的一种能动的、有意识的反映而已。实践表明，马克思主义之所以具有科学性，是因为唯物主义历史观成为其中的一个决定性因素。马克思主义始终坚持历史与逻辑的统一，达到对真理的探求。因此，在研究过程中，本书以改革开放以来我国社会动员机制历史演进分析为基础，注重把握推动理论现象发生、发展的客观条件，通过规范研究，运用逻辑分析的方法进行价值判断和逻辑推理，进而达到对理论的内在机理进行梳理与评价。这样可以更为合乎逻辑地揭示出我国社会动员机制的科学性。

（二）文献研究法

文献研究法，就是根据一定的研究目的，通过对与研究问题相关文献的系统整理、归纳、摘要与分析来获得资料，从而全面、正确地分析、了解和掌握所要研究问题的一种方法。近些年来，国内外学术界关于社会动员理论的研究成果已相当丰富，这些文献资料是考察社会动员理论和机制的主要参考资料，这些文献资料也为本论题的研究提供了坚实的理论基础和资料借鉴。因此，笔者主要依据所能收集到的关于社会动员及其机制的相关材料，在借鉴前人研究成果的基础上，对改革开放以来我国社会动员机制这一研究对象进行透视、分析和探讨，进而为我国社会动员机制的进一步发展做出有益的探索。

（三）系统分析法

系统分析法是指把要解决的问题作为一个系统，对其进行综合分析，从而找出可行性解决对策的一种研究方法。社会动员具有自身的构成要素、运作方式、鲜明特点和独特功能，其本身自成一个有机的系统。而本论题的研究还会涉及社会学、政治学、管理学等相关学科理论。由此，这不仅需要系统地对待社会动员及其机制问题，而且还需要运用系统分析方法才能更好地开展对该问题的研究。因此，本书在坚持以辩证唯物主义和历史唯物主义为指导的基础上，通过对社会动员理论的学习和运用，借助政治学的阶级阶层分析理论、社会学的社会动员理论以及管理学的社会管理理论，对改革开放以来我国社会动员机制进行系统的分析和探讨。

第五节　创新之处

本书主要对社会动员机制进行了创新性的理论探索研究，从而为社会动员理论的更进一步研究和社会动员实践提供全新的思路。具体说来，本书的创新点主要体现在以下几点：

首先，本书把对社会动员机制问题的研究推进到改革开放以来新的历史时期。从目前掌握的资料看，国内外对社会动员、社会动员机制的研究主要集中在改革开放以前。而改革开放以来，国内外学术界对我国社会动员机制的深入研究和探讨基本上还没有涉及。

　　其次，本书认为，在新的历史时期，在吸取历史经验和教训的基础上，我国放弃的只是大规模群众运动式的社会动员。然而，这并不意味着社会动员从此消失或者不被运用。因此，本书尝试从事物运行机制的视角来揭示社会动员、社会动员机制在我国的新发展。这也可以弥补学术界社会动员研究中的一个薄弱环节，为进一步丰富社会动员理论提供一定的借鉴。

　　最后，本书将业已成熟的历史学理论、政治学理论、管理学理论、社会学理论应用于社会动员机制的分析中，同时还借鉴这些学科的方法于本书中。这不仅为本书的创新提供了前提条件，而且为多学科、宽领域的理论和方法的交叉、融合提供了积极的启示意义。

第一章　改革开放前我国社会动员机制的形成与基本状况

改革开放前，我国社会属于封闭型的社会。在封闭型的社会中，我国社会动员机制不可避免地带有当时的时代特征，具有中国特色的独特内涵，发挥着其不可替代的作用。然而，不可否认，改革开放前，我国社会动员机制仍存在一定的缺陷与不足。通过对改革开放前我国社会动员机制状况的分析，可以清晰地把握我国社会动员机制形成、发展的来龙去脉，能够更加深入地透视我国社会动员机制的基本状况。

第一节　改革开放前我国社会动员机制形成的社会基础

任何事物都是在一定的历史条件下产生和发展的。"人们自己创造自己的历史，但是他们并不是随心所欲地创造，并不是在他们自己选定的条件下创造，而是在直接碰到的、既定的、从过去承继下来的条件下创造。"① 不言而喻，改革开放前，我国社会动员机制的形成和发展，也是由当时的现实环境和历史条件所决定的。

一　客观的现实环境为社会动员机制预设了场景

（一）错综复杂的国际环境

新中国成立前后，世界上已经存在以苏联为首的社会主义阵营和以美国为首的资本主义阵营，两极世界格局初显雏形。同时，亚非拉民族解放运动正在兴起，一些原来的殖民地或半殖民地国家逐步走向独立。此后，整个国际环境集中表现为两大阵营的尖锐对立和两极格局下的紧

---

① 《马克思恩格斯文集》第二卷，人民出版社 2009 年版，第 470—471 页。

张"冷战"。美国从其全球战略出发，妄图扼杀新生的社会主义国家和镇压民族解放运动，四处扮演着"世界警察"的角色。而新中国的诞生打破了帝国主义在东方划定的势力范围。这是以美帝国主义为首的西方资本主义阵营所不愿看到的。它们企图通过实行强硬的对华政策，即政治上孤立、经济上封锁、军事上威胁，从根本上搞垮新中国。在这种国际环境下，我国决定实行"一边倒"的外交政策，即选择倒向以苏联为首的社会主义阵营。实践证明，这一外交政策是正确的，适合当时的历史环境，也符合当时我国的利益要求和目标追求。但不可否认的是，这也留下了诸多后遗症，如深受苏联的影响和制约、遭到以美帝国主义为首的资本主义阵营的敌对与报复等。这给我国以后的发展带来了诸多阻挠和困难。20 世纪 50 年代后期起，随着中苏两党关系由意识形态分歧公开到关系破裂，两国关系逐渐由恶化走向敌对。此时，苏联表现出的霸权主义和修正主义逐渐抬头。60 年代末，中苏之间爆发的珍宝岛事件表明了当时两国关系之间紧张以及敌对的状态。苏联霸权主义修正主义造成中苏之间的交恶和敌对迫使我国不得不把外交政策调整为由"一边倒"到同时反对美苏两个超级大国的"反帝反修"、"两面开弓"的外交政策。然而，这一时期我国的外交政策既缺乏对客观事实的清醒认识，也没有达到"反帝"、"反修"的战略目标。相反，这种战略将我国置于空前孤立的境地，使我国的国家安全面临四面受敌的严重威胁。70 年代初，随着尼克松访华，中美之间尖锐的对立和激烈的斗争才有所缓和，中美关系开始走向正常化。此时，我国外交政策再次被调整为"一条线"、"一大片"。可以看出，改革开放前，当时国际风云急剧的变化以及中、美、苏大三角的博弈和较量使得我国始终处于错综复杂的国际环境之中。

大环境影响、决定着小环境。社会动员机制的形成与发展必然也会受到当时国际大环境的影响和制约。改革开放前，我国社会动员机制形成于上述国际环境之中。

（二）严峻的国内环境

改革开放前，我国国内面临着重重困难。在政治方面，人民政权缺乏执政经验，能否经受住执政的考验还是一个严肃的问题。毛泽东曾经不无忧虑地指出，由于取得了革命的胜利，党内可能会出现骄傲自满、以功臣自居、停顿不前、贪图享乐的情绪；由于取得了革命的胜利，不仅人民感谢中国共产党，而且资产阶级也会出来捧场。而资产阶级的捧场则可能征服中国共产党队伍中的意志薄弱者。① 除了苏联的经验，我国可资借鉴的外国经验和做法几乎没有。从"以俄为师"到"以苏联为鉴戒"充分表明苏联对我国影响和左右的程度之深刻。这导致的一个直接后果就是，像苏联一样，我国逐渐形成了高度集权的政治体制。政治体制集中表现为高度集权的党政领导体制、自上而下的干部任命规制、形同虚设的监督机制、软弱低效的法律制度等；在经济方面，我国逐渐形成了高度集中的计划经济体制。实践表明，这种高度集中的计划经济体制的弊远远大于利，成为导致改革开放前我国经济发展缓慢的一个重要原因。1952 年，我国国内生产总值为 679 亿元，人均国内生产总值为 119 元。② 尽管经过"大跃进式"的发展，但由于高度集中的计划经济体制自身的弊端以及过分运用行政手段对经济的干预，我国经济发展缓慢如蜗牛爬行。到 1976 年，我国国内生产总值为 2961.5 亿元，人均国内生产总值才达到 318 元。③ 在文化方面，我国文化发展水平还是相当低下。直到 1976 年，我国艺术表演团体才到达 2906 个，艺术表演场馆只有 1458 个，文化馆（站）和群众艺术馆也只有 5575 个，公共图书馆仅有 768 个，博物馆只有 263 个，广播电台仅有 89 个，电视台仅有 32 个，而广播电视台还是 0 个。④ 这一组组数字从一个侧面反映出当时我国文化水平低下的程度。在军事方面，新中国受到军事方面的威胁依然存在。

改革开放前，我国社会动员机制正是形成于这样特殊的国内环境之中。由此，我国社会动员机制具有了中国特色的独特内涵。

二 中国共产党执政地位的确立为社会动员机制提供了政治保证

随着新民主主义革命的胜利和中华人民共和国的成立，不仅整个国家和中华民族的地位发生了历史性的变化，而且中国共产党的历史地位也发生了深刻而巨大的变化。此时，"中国共产党已经是执政的党，已

---

① 参见《毛泽东选集》第四卷，人民出版社 1991 年版，第 1438 页。

② 参见国家统计局国民经济综合统计司编《新中国六十年统计资料汇编》，中国统计出版社 2010 年版，第 9 页。

③ 同上。

④ 同上书，第 78 页。

经在全部国家工作中居于领导地位"。①

　　既然中国共产党执政地位已经被确立下来，那么它必然要为这个国家和社会的方方面面提供坚实的保证。而提供坚实的政治保证成为一切社会活动的前提和条件。社会动员曾经在新民主主义革命时期发挥了不可替代的作用。自然，由于惯性的作用，改革开放前社会动员继续在我国得以充分运用和发展。由此，中国共产党也不会放弃对曾经在新民主主义革命时期发挥过不可替代作用的社会动员机制提供相关的政治保证。具体表现在，改革开放前，作为执政党的中国共产党保证我国社会动员目标及时进行调整，以便促使社会动员能更好地为社会主义服务、为党和国家服务，而不致偏离方向；保证社会动员方式不断优化和转变，尽可能地根据时代的要求而采取不同的动员方式和手段，以提高动员的效率；保证社会动员机制良性地运行，以促进社会动员功能的发挥等。相反，如果缺乏足够的政治保证，那么社会动员机制恐怕难以运行，社会动员难以取得预期的成效，甚至还会出现适得其反的情境。正如亨廷顿所指出的那样，"社会的动员和政治参与的扩大日新月异，而政治上的组织化和制度化却步履蹒跚。结果，必然发生政治动荡和骚乱"②。实践证明，改革开放前，我国社会动员机制的运行切实需要执政党为其提供充分的政治保证，而中国共产党执政地位的确立和巩固使得这种可能变为了现实。

三　社会主义制度的建立为社会动员机制提供了制度保障

　　改革开放前，社会主义基本制度已经在我国得到确立和发展。我国社会主义基本制度包括基本的政治制度、经济制度、文化制度等。随着这些基本制度的确立和发展，我国社会动员机制也得到了相应制度方面的保障。

　　在政治制度方面，我国实行的是人民代表大会制度、中国共产党领导的多党合作和政治协商制度、民族区域自治制度等。毋庸置疑，这些基本的政治制度为我国人民当家做主、民主协商、促进民族的平等、团结和共同繁荣提供了坚实的政治制度保障，也为我国社会动员机制提供

---

　　① 《邓小平文选》第一卷，人民出版社1994年版，第214页。
　　② ［美］塞缪尔·亨廷顿著：《变化社会中的政治秩序》，王冠华等译，上海人民出版社2008年版，第4页。

了社会主义"集中力量办大事"的政治优势。在经济制度方面，我国实行的是全民所有制和集体所有制的计划经济体制。这种经济体制对保障我国经济沿着社会主义道路发展起到重要的作用。但是，这种经济体制难以发挥市场优势的弊端也是显而易见的。这样，一方面，计划经济体制为我国社会动员机制的运行创设了计划经济的环境；另一方面，在计划经济体制下，我国社会动员机制也不可避免地带有计划性的色彩。在文化教育制度方面，我国政府主要以提高全国人民的文化教育水平，培养社会主义现代化建设所需要的人才，肃清封建的、买办的、法西斯主义的思想，发展为人民服务的文化教育为根本任务。① 这种文化教育制度对于服务社会主义建设、提供思想保障和智力支持都具有积极的意义。自然，我国社会主义的文化教育制度为社会动员机制的发展也能够提供思想保障和智力支持。改革开放前，我国所实行的这些基本制度不仅有利于我国保持社会主义的发展方向，而且有利于推动政治、经济、文化和社会全面的发展；不仅使我国能够有效地应对前进道路上的种种风险和挑战，而且有利于我国"集中力量办大事"。不过，任何事物都有两面性。"社会主义基本制度已经在中国大地上扎根并初步显示出优越性，但是它的经济、政治、文化体制和某些具体制度还存在不少缺陷和弊端。"② 具体到我国社会动员机制方面，社会主义制度既可以从制度方面在一定程度上为我国社会动员机制稳定地、规范地和有效地运行提供制度保障，同时，也给我国社会动员机制带来一定程度上行政化、制约性的影响。

第二节 改革开放前我国社会动员机制的基本状况

特定的时代形成特定的事物。正如恩格斯所指出的那样，"每一个时代的理论思维，包括我们这个时代的理论思维，都是一种历史的产

---

① 参见《建国以来重要文献选编》第一册，中央文献出版社1992年版，第10—11页。

② 中共中央党史研究室著，胡绳主编：《中国共产党的七十年》，中共党史出版社1991年版，第578页。

物，它在不同的时代具有完全不同的形式，同时具有完全不同的内容"①。改革开放前，我国社会动员机制就是在前述时代背景下形成的必然产物，因而也具有了带着那一时代印记的独特内涵。

一　以社会主义建设为目标

目标具有导向的功能。社会动员目标不仅为社会动员主体和对象积极性的发挥指明了方向，而且也是吸引和凝聚社会动员主体和对象动力的附着点。没有目标或目标不明必然导致社会动员主体和对象人心涣散，无所适从，或者会降低社会动员的效率。

（一）从新中国成立到"文化大革命"爆发前的社会动员目标

在中国共产党的领导下，中国人民最终推翻了帝国主义、封建主义和官僚资本主义的统治。而新民主主义革命的胜利和人民民主专政国家政权的建立则标志着中华民族取得了独立、人民实现了解放，标志着近代以来中华民族所要解决的一大历史任务得以完成。这也意味着新民主主义革命时期我国争取民族独立、人民解放和建立社会主义社会动员目标的实现。然而，"路漫漫其修远兮"，中国人民还需要"上下而求索"。随之，中国人民又要面对着新的历史任务。这是因为，在任何社会主义革命中，当无产阶级夺取政权这一根本任务得以解决以后，随着剥夺者被剥夺以及剥夺者的反抗被镇压的任务基本上解决，创造高于资本主义社会的劳动生产率的根本任务必然要被提到历史日程上来。② 中国人民面临的另一新的历史任务是：实现国家富强、人民富裕和建设社会主义。毕竟，"贫穷不是社会主义，社会主义要消灭贫穷"。③ 创造高度发达的社会生产力才是社会主义最根本的要求。具体到我国社会动员方面来说，新中国成立后我国社会动员的目标要围绕着实现国家富强、人民富裕和建设社会主义而开展。这标志着我国社会动员目标实现了由新民主主义革命时期争取民族独立、人民解放和建立社会主义到新中国成立后实现国家富强、人民富裕和建设社会主义的转变。为此，新中国成立后直至"文化大革命"前，我国充分运用行政动员、媒介动员等方式和手段，开展了大量的政治动员、经济动员、军事动员等社会动员

---

① 《马克思恩格斯文集》第九卷，人民出版社 2009 年版，第 436 页。
② 参见《列宁专题文集——论社会主义》，人民出版社 2009 年版，第 96 页。
③ 《邓小平文选》第三卷，人民出版社 1993 年版，第 116 页。

活动。这集中体现在抗美援朝的军事动员、镇压反革命的军事动员和政治动员、"三大改造"的政治动员、"大跃进"的政治动员和经济动员、"人民公社化"运动的政治动员、社会主义教育运动的文化动员、"农业学大寨"的经济动员、"工业学大庆"的经济动员等社会动员之中。历史事实表明，新中国成立后直至"文化大革命"前，不论我国开展的军事动员和政治动员，抑或是经济动员和文化动员，始终都是围绕着实现国家富强、人民富裕和建设社会主义这一社会动员目标而进行的，尽管在开展的过程中出现过这样或那样的偏差，甚至出现某些失误。

事实表明，新中国成立后直至"文化大革命"前，我国社会动员目标的转变是根据当时我国具体国情所作出的合理调整，符合当时时代发展的要求，也符合当时中国人民的热情愿望。

(二)"文化大革命"时期的社会动员目标

目标是行动的指南。目标一旦出现偏差，甚至会造成"差之毫厘，谬以千里"的结果。所以，社会动员目标的正确与否至关重要。令人遗憾的是，由于"文化大革命"的发动，我国社会动员目标也随之偏离了方向，出现了偏差。1966年5月中共中央政治局扩大会议通过的《中国共产党中央委员会通知》和1966年8月中国共产党中央委员会通过的《关于无产阶级文化大革命的决定》认为，相当多数单位的领导权已经被一大批资产阶级的代表人物、反革命的修正主义分子所篡夺。由此，在"无产阶级专政下继续革命的理论"的指导下，为了把被走资派篡夺的权力重新夺回来，毛泽东发动了"文化大革命"。毛泽东发动"文化大革命"，不仅是要惊天动地，而且试图通过"天下大乱"而达到"天下大治"的目的。于是，"文化大革命"这场运动像狂风暴雨一般席卷了整个中国大地，剧烈而深刻地影响到我国社会的方方面面。这样，我国社会动员也不得不参与到"文化大革命"中来，不得不为"无产阶级专政下继续革命"而服务。换言之，我国社会动员的目标也随之被调整为为"无产阶级专政下继续革命"而服务。这就取代了"文化大革命"前为实现国家富强、人民富裕和建设社会主义的社会动员目标。为此，大大小小的批判会、斗争会、声讨会被充分组织开展起来；遍及机关、学校、工厂、农村的大字报、大标语被充分利用起来；身着军装、手举小红书的青年学生被充分调动起来而狂热地奔走着、串连着和呼号着；突然从中国大地上涌现出来的形形色色的群众组织也被动员起来而展开激烈的抗争、辩论，甚至武斗。

历史证明，"文化大革命"是一场为了错误的目的、运用错误的方法而发动的错误运动。可以说，"无产阶级专政下继续革命"的根本任务背离了马克思主义关于无产阶级专政根本任务的理论。"无产阶级将利用自己的政治统治，一步一步地夺取资产阶级的全部资本，把一切生产工具集中在国家即组织成为统治阶级的无产阶级手里，并且尽可能快地增加生产力的总量。"[①] 显而易见的是，这一时期我国社会动员目标偏离了我国社会主义建设的主题，完全违背了人民的意愿。

二　党和政府成为动员主体

社会动员主体是社会动员活动的发起者、组织者和引导者。不言而喻，在整个社会动员活动中，社会动员主体始终处于主导性的地位，对社会动员具有决定性的作用。社会动员主体可以分为个体主体和组织主体。改革开放前，党和政府成为我国社会动员的主体。

首先，党成为我国社会动员的主体。新民主主义革命时期，党发挥了重要的社会动员作用。随着执政党地位的确立及其领导地位的巩固，中国共产党成为领导国家一切事务的核心力量。因此，中国共产党成为我国社会动员的主体是自然而然的事情。而中国共产党开展社会动员主要是依靠各级党组织来进行的。在所有的社会动员活动中，各级党组织发挥着重要的动员作用。一方面，党组织起到导向的作用。中国共产党在社会上建立自己的各级党组织。党员生活在群众中。正是通过各级党组织、通过党员同群众建立起来的广泛联系，中国共产党汲取群众的意见，概括群众的创造，从而贯彻和实现自己的决策和意志。这样，在社会动员活动中，各级党组织对动员对象就可以起到思想和意志引导的作用，以保障社会动员在党的领导之下。另一方面，党组织发挥重要的动员作用。中国共产党联系群众，关键还是依靠自己的党组织来联系群众，引导群众认识自己的利益，动员和组织群众自己解放自己，和群众一道前进。"各级党组织必须团结广大群众，做好深入细致的思想政治工作。"[②] 于是，中国共产党通过自己在全国范围建立起来的各级党组织来开展社会动员。而这些党组织组成的又是一个庞大的、自上而下

---

① 《马克思恩格斯文集》第二卷，人民出版社 2009 年版，第 52 页。
② 《十三大以来重要文献选编》（上），人民出版社 1991 年版，第 521 页。

的、规范有序的网络。由此，中国共产党开展的动员活动既可以说是随时随地的行为，也可以说是轻而易举的事情。

其次，政府成为我国社会动员的主体。国家是政府的依托和载体，政府是国家的代理人和管理者；国家的职能通过政府体现出来，政府是国家推动社会发展的一个重要主体。这样，政府成为一切社会资源的掌控者，成为一切社会活动的主要组织者、管理者和监督者。任何一个国家的经济与社会发展都离不开政府的有效参与和积极推进。从某种意义上说，政府就是通过组织和管理来实现对社会的引导与控制，通过调查和研究来制定国家的方针和政策，通过治理和建设为社会和公众提供服务。由此，在社会动员方面，政府也成了社会动员的主体。这是因为中国共产党虽然作为执政党来领导国家，但现实操作层面还是要通过政府这个具体的行政组织来完成。这样，一切活动都可以依靠党来领导，一切事情都可以依靠政府来组织。这也可以说是社会主义制度能够集中力量办大事的优势。改革开放前，我国政府作为社会动员主体的作用主要表现在这些现实方面：政治上，通过从中央到地方层层动员的方法来开展社会动员。在政策确定以后，党政系统或共同或分别以"传达"的形式，将政策公之于众，用以"统一思想"、"统一行动"和"发动群众"。但是，"传达""不论是以会议的形式，还是以下达文件的方式，都是一个过程。这个过程的基本套路是，由高级干部到一般干部、先党内后党外，最后通过新闻媒介和其他手段广泛宣传、动员。"[1] 经济上，我国实行高度的计划经济体制，运用行政的权力，制订计划，预定指标，如规划国有企业年度的产量，指定集体所有制企业生产的种类等；在文化教育上，实行全民所有制的文化教育体制，进而培养"又红又专"的社会主义建设者和接班人。这样，毫无疑问，政府成为改革开放前我国社会动员的主体。

三 以工人、农民为主要的动员对象

社会动员对象是社会动员活动的组成者、参与者和主力军，是社会动员主体所指向的客体。社会动员对象在社会动员活动中处于客体性的地位，对社会动员同样具有重要的意义。改革开放前，工人、农民则成为我国社会动员的主要对象。

---

① 朱光磊著：《当代中国政府过程》，天津人民出版社2008年版，第151页。

　　在新民主主义革命时期，我们党正是依靠工农联盟，联合城市小资产阶级以及民族资产阶级，结成强大的统一战线，经过长期斗争，才取得了新民主主义革命的胜利，进而建立了工人阶级领导的、以工农联盟为基础的人民民主专政的国家政权。而随着社会主义三大改造的完成，城市小资产阶级和民族资产阶级被改造、消灭而成为自食其力的劳动者和社会主义的建设者。这样，我国的社会阶级状况就由原来的四个阶级逐渐转变为"两个阶级，一个阶层"的基本结构形式，即工人阶级、农民阶级两大基本阶级和一个知识分子阶层。由此，工人阶级、农民阶级和知识分子成为我国社会的主要构成部分，也是我国社会主义现代化建设的主要力量。同时，工人阶级、农民阶级和知识分子自然也成为社会动员的主要对象。在 1949 年 3 月党的七届二中全会上，毛泽东明确指出："要求我们党去认真地团结全体工人阶级、全体农民阶级和广大的革命知识分子，这些是这个专政的领导力量和基础力量。"[1] 在 1957 年 3 月中国共产党全国宣传工作会议上，毛泽东又着重强调，此时，我国社会主义社会的主要成员包括三大部分：工人、农民和知识分子。[2] 由此，新中国成立后直至"文化大革命"前，工人阶级和农民阶级始终都是我国进行社会主义建设的主要依靠力量，也是我国社会动员的主要对象。这已是不争的事实。

　　四　依赖行政动员与传媒动员

　　社会动员方式是社会动员主体在开展社会动员时所运用的方法或手段。社会动员方式是社会动员活动中的关键因素，是联系社会动员主体与社会动员对象的桥梁和纽带，影响着社会动员的效果。社会动员方式有传媒动员、行政动员、激励动员、组织动员、参与动员等。改革开放前，我国社会动员主要依赖行政动员与传媒动员。

　　（一）行政动员成为主要动员方式

　　行政动员是指社会动员主体运用法律法规、行政命令等对社会动员对象开展动员的一种方法或手段。社会动员的开展主要是由高端的政府通过行政的方式来确立的，进而通过各级政府自上而下地逐级传达、层层动员进行的，其效果也是显而易见的。改革开放前，行政动员成为我

---

[1] 《毛泽东选集》第四卷，人民出版社 1991 年版，第 1436—1437 页。
[2] 参见《毛泽东文集》第七卷，人民出版社 1999 年版，第 270 页。

国社会动员的主要方式。

改革开放前，行政动员之所以成为我国社会动员的主要动员方式，首先，是因为行政动员具有自身鲜明的特点：一是强制性，即社会动员主体依靠法律法规、政府权威强力开展动员和组织。这是由政府的权威性所决定的。二是有序性，即社会动员主体依靠法律法规、行政命令等有序地开展动员和组织。这样，社会动员活动就可以有条不紊地进行。其次，是因为中国共产党已十分娴熟于行政动员。毫不夸张地说，行政动员历来都是中国共产党有效地克服重重困难、战胜各种危机的制胜法宝。新中国成立后，中国共产党成为国家的领导者和执政者，自然倾向于沿用已被实践证明是有效的、成功的社会动员方式来克服各种困难。由此，改革开放前，无论是在"抗美援朝"、"大跃进"中，还是在"人民公社化"运动、"文化大革命"中，行政动员方式都得以充分运用和体现。最后，是因为我国逐步建立起高度集中的政治体制。在高度集中的政治体制下，行政权力发挥着举足轻重的作用。"毛主席一声令下，全国人民行动起来"就是对当时行政动员最真实的写照。改革开放前，行政权力是我国政府实现自身意志和目标最有效的手段和方式，而行政动员乃是动员社会力量、社会资源最有效的手段和方式。"横向的政府对社会资源的动员、纵向的上级对下级的动员大都依靠行政权力、通过行政方式来进行的。"[1]

（二）传媒动员成为关键动员方式

传媒动员是指社会动员主体利用口号、标语、戏剧、传单、报纸、会议、广播、电影、电视、互联网等传播媒介对社会动员对象进行宣传、影响和引导而运用的一种方法或手段。改革开放前，尽管我国传媒发展的水平还很落后，但传媒动员确实已经成为我国社会动员的关键方式。

改革开放前，传媒动员之所以成为我国社会动员的关键动员方式，一方面，是由传媒动员具有自身鲜明的特点所决定的：一是迅速性。传媒动员使得信息瞬息就可以到达动员对象，其传播速度是其他动员方式无法比拟的，其影响也是广泛而深远的。二是多样性。由于传媒动员所

---

① 赵全军著：《社会转型与压力型动员：改革后中国农村义务教育供给制度研究》，上海人民出版社 2009 年版，第 190 页。

要传递的内容处在经常的变动之中，因而其形式也要千变万化，不可千篇一律。这决定了传媒动员形式的多样性，如面对接受信息困难的普通民众，可以采用标语、口号、戏剧、广播等形式。而针对宣传对象涉及面比较广泛的问题，则可以运用报纸、广播、电视等形式。三是感染性。传媒动员以多样、生动、具体的方式可以将所要传递的信息内容艺术化、形象化，使其具有较强的感染性和渗透力，从而给动员对象留下深刻的印象。传媒动员的上述特点决定其在社会动员中的重要意义。另一方面，是因为传媒动员在我国社会动员中曾经发挥过极其重要的作用。实践充分证明，在整个新民主主义革命时期，中国共产党正是充分运用了传媒动员，进行宣传和动员工作，才取得了巨大的成就。不论是在领导工人罢工运动中，还是在组织学生游行过程中，无论是在唤醒中国人民积极参加抗日战争的宣传活动中，抑或是在揭露国民党反动派暴行的宣传动员中，传媒动员都是最直接、最明显、最有效的方法和手段。于是，在经验的昭示和惯性的作用下，改革开放前，党和政府继续沿用传媒动员方式来开展社会动员成为历史的必然。

第三节　改革开放前我国社会动员机制的实证

改革开放前，我国社会动员机制得以在抗美援朝、镇压反革命、社会主义三大改造、整风运动、"大跃进"、人民公社化运动、"文化大革命"等运动中继续发挥其独特的功能和作用。透过这些具体实践，人们从中既可以清晰地领略到社会动员积极的促进性作用，又可以深刻地认识到社会动员消极的破坏性影响，从而更好地把握社会动员这一"双刃剑"的角色。基于篇幅的局限，这里只就抗美援朝、人民公社化运动、"文化大革命"三个极具代表性运动中的社会动员机制来展开论述。

一　抗美援朝的社会动员

1950 年 6 月 25 日，朝鲜战争爆发。我国再次感受到了来自西方的严重威胁。"中国人民决不能容忍外国的侵略，也不能听任帝国主义者对自己的邻人肆行侵略而置之不理。"① 此时，增强军事防御力量、加强对朝鲜的支持与援助成为当时我国所面临的首要课题。由此，党和政府需要充分运用各种方式和手段加强对社会力量和社会资源的组织和动员。这决定了当时开展社会动员的必要性和紧迫性。

根据朝鲜政府的请求以及我国自身安全的考量，党和政府最终作出了"抗美援朝、保家卫国"的决策。随即，我国迅速动员、组织中国人民志愿军于 1950 年 10 月 19 日入朝参战。于是，在抗美援朝的社会动员中，党和政府成为社会动员主体。这也是对"抗美援朝"社会动员活动的基本保障。当然，党和政府开展社会动员是对我国社会各阶级阶层的动员，而最基本的是对我国工人阶级、农民阶级、民族资产阶级和知识分子的动员。换言之，工人阶级、农民阶级、民族资产阶级和知识分子成为"抗美援朝"运动中最主要的社会动员对象。"全国人民必须动员起来，响应毛主席的号召，更加努力地增产节约，紧张工作，来支持抗美援朝的伟大运动。"② 在抗美援朝的社会动员中，我们党和政府综合运用了行政动员、媒介动员、激励动员、参与动员等方式来开展社会动员。其中，行政动员和媒介动员更是发挥到极致，如下达行政命令以及运用报纸、广播、画报、传单等。运用这些动员方式，党和政府开展了军事动员、政治动员、经济动员等社会动员内容。抗美援朝要依靠武装力量来支援朝鲜、对抗美帝国主义。如果没有武装力量，"抗美援朝"只能是纸上谈兵。所以，开展军事动员是首要的社会动员内容。其次，开展政治动员也是必不可少的。"什么是政治动员呢？首先是把战争的政治目的告诉军队和人民。必须使每个士兵和人民都明白为什么要打仗，打仗和他们有什么关系。"③ 然而，我国出兵朝鲜的最大困难就在于经济实力不足。众所周知，由于多年战争的破坏，新中国百废待兴，既要应付战争，又要恢复经济，可谓困难重重。可是，在抗美援朝的社会动员中，开展经济动员同样是必不可少的内容。由此，我国不仅动员中国人民从军事上、政治上支持朝鲜战争，而且从财力上、物力上支援朝鲜战争。

---

① 《周恩来选集》下卷，人民出版社 1984 年版，第 37 页。
② 《周恩来军事文集》第四卷，人民出版社 1997 年版，第 242 页。
③ 《毛泽东选集》第二卷，人民出版社 1991 年版，第 481 页。

历史事实证明，在抗美援朝的活动中，我国社会动员取得了显著成效。在军事动员方面，从 1950 年 10 月 19 日中国人民志愿军赴朝参战起，我国先后组织动员入朝作战的志愿军部队总兵力先后达 200 多万之多。截至 1951 年 9 月 3 日，各地人民认捐的武器已达飞机 2752 架，大炮 170 门，高射炮 84 门，坦克 5 辆。① 在政治动员方面，党和政府运用行政动员、媒介动员、参与动员等方式，使"抗美援朝，保家卫国"的观念深入人心，激发了人们参与的热情，使几乎所有的中国人都认识到抗美援朝的重要意义，并积极投入到"抗美援朝"中来。中国保卫世界和平大会委员会于 1950 年 7 月 1 日开始发起"保卫世界和平宣言签名运动周"活动，动员广大的人民群众起来反对侵略。据统计，截至 1950 年 10 月 16 日，参加保卫世界和平宣言签名的人数已经达到 192109938 人，占全国总人口 40.4%。② 当时，黑龙江全省有 2849802 人参加了对美、日、蒋匪罪行的控诉会。③ 即使处在祖国边疆的云南省，其抗美援朝活动也有很大开展。1951 年 5 月 1 日，云南省包括汉族、苗族、彝族等 25 个民族的人民都举行了盛大的爱国示威游行。据保山、蒙自、宜良、大理、丽江等 18 个县统计，当时参加示威游行的人数达 90 万。④ 在经济动员方面，1951 年 1 月 15 日，《人民日报》发表社论，号召全国人民踊跃参加爱国募捐运动来支援抗美援朝。据不完全统计，截至 1951 年 9 月 3 日，全国人民捐款已达 4766 亿余元。⑤ 其中，在抗美援朝总会发出号召并进行动员之后的几天中，截至 8 月 15 日，就连处在西南边疆的西康藏族自治区人民已捐献了人民币 1.4 亿余元。⑥ 在精神动员方面，我国慰问团的同志们在朝鲜历尽艰辛、不辱使命地完成了祖国人民委托给他们的艰巨任务。在朝鲜前线、农村与工厂，他们受到中朝人民部队将士和朝鲜人民热烈的欢迎。他们不但带去了全中国人民的关怀与爱心，同时也把全中国人民抗美援朝的坚定意志与对抗美援朝强大无比的支援力量带给了前方。巨大的精神力量极大地

---

① 参见《抗美援朝动态》，《人民日报》1951 年 9 月 5 日第 4 版。
② 参见《全国保卫世界和平签名人数统计》，《人民日报》1950 年 10 月 19 日第 5 版。
③ 参见《抗美援朝动态》，《人民日报》1951 年 5 月 30 日第 4 版。
④ 同上。
⑤ 参见《抗美援朝动态》，《人民日报》1951 年 9 月 5 日第 4 版。
⑥ 参见《抗美援朝动态》，《人民日报》1951 年 8 月 15 日第 4 版。

鼓舞了中朝人民军队和朝鲜人民对抗美战争的胜利信心，进一步提高了他们坚持不懈的战斗意志。

从整个抗美援朝的社会动员中，人们可以清楚地看到，党和政府充分运用行政动员、媒介动员、激励动员、参与动员等社会动员方式对广大中国人民开展了积极的社会动员，并取得了显而易见的成效。可以说，在这次重大的社会动员活动中，我国社会动员机制又一次得到了淋漓尽致的展现和发挥。

二　"人民公社化"运动的社会动员

随着"一五"计划的提前完成，全国人民希望能在短时间内彻底改变中国"一穷二白"面貌的斗志被极大地激发了出来。与此同时，中国共产党人领导社会主义建设的信心可谓增强了百倍，甚至千倍。于是，在这样的背景下，毛泽东以及中央和地方不少领导干部也滋长了骄傲的情绪，夸大了主观意志的能动性，忽视了经济发展的规律，进而出现急于求成的状况。党和政府领导人对社会主义建设的长期性、复杂性估计严重不足继而促成"人民公社化"运动的发生。而在"人民公社化"运动中，社会动员又起到推波助澜的作用。

1958 年年初，毛泽东在视察河南省新乡县七里营一个人民公社时就曾指出办人民公社的好处。他认为人民公社的好处是，一方面，可以集中工农商学兵于一起，充分发挥他们的优势；另一方面，也便于对他们的组织和领导。[①] 而且，当时毛泽东还认为，"一大二公"的人民公社在促进农业发展的基础上可以为农村向共产主义过渡创造良好的条件。毛泽东的上述谈话发表后，全国许多地方相继仿效，一些地区出现了联乡并社转公社的热潮。1958 年 3 月，成都会议提出建立大型合作社的意见。1958 年 5 月，根据毛泽东的提议，中共八大二次会议提出了"鼓足干劲，力争上游，多快好省地建设社会主义"的总路线，力图在探索我国社会主义建设的道路上打开一个新局面。会后，党和政府便发动了以"一大二公"为特征的人民公社化运动。1958 年 8 月中下旬，在北戴河召开的中央政治局扩大会议通过了《中共中央关于在农村建立人民公社问题的决议》，决定在全国范围内普遍建立人民公社。由此，农村人民公社化运动被推向了高潮。截至 1958 年 11 月初，在没

---

① 参见《建国以来毛泽东文稿》第七册，中央文献出版社 1992 年版，第 318 页。

有经过任何试验的情况下，在短短的几个月之内，"全国各族农民的
99.1％，一亿两千六百九十多万户，组成了两万六千五百多个又大又公
的人民公社，平均每个公社达四千七百五十六户"。① 从这一组数据中
人们不难看出，"人民公社化"运动中社会动员的成效是相当显著的。
当时，毛泽东无不自豪地说："我们的大跃进和人民公社化，不仅把杜
勒斯吓了一跳，也把赫鲁晓夫吓了一跳。"②

　　在整个"人民公社化"运动中，党和政府成为社会动员的主体。
特别是作为党和国家领导人的毛泽东本人，扮演了关键性的角色，起到
决定性的作用。从某种意义上说，这主要是源于毛泽东对大同社会的神
往使然。"毛早年关于大同社会的梦想，到晚年又重新燃起火焰。从给
徐水送《大同书》，到武昌会议印《张鲁传》，尽管前者是公社初期之
时，后者是开始降温之际，却有着前后完全一致的思想底蕴，即对空想
社会主义的迷恋与神往。"③ 而人民公社是政社合一、农工商学兵五位
一体的组织形式。"下田是农民，进厂是工人"，"工农群众知识化，知
识分子劳动化"。因此，"人民公社化"运动中的社会动员自然主要是
对广大农民阶级，同时也对工人阶级、商业阶层、知识分子和部队官兵
进行积极动员，动员和组织他们积极地、迅速地、一蹴而就地加入到人
民公社中来。换言之，在"人民公社化"运动中，农民阶级、工人阶
级、商业阶层、知识分子以及部队官兵等都成为社会动员对象。在
"人民公社化"运动中，党和政府主要运用激励性的传媒动员、暗示性
的行政动员和规劝性的组织动员等方式来开展社会动员，推动"人民
公社化"运动急速发展。同时，轰轰烈烈的"人民公社化"运动又大
大强化了传媒动员、行政动员和组织动员等这些社会动员方式的重要地
位。在"人民公社化"运动中，政治动员成为我们党和政府开展社会
动员的主要内容。这是因为，只有提高了社会动员对象的政治觉悟、思
想认识，社会动员工作才能取得显著成效，"人民公社化"运动才能顺
利开展。

---

　　① 苏木：《旭日东升光芒万丈人民公社威力大张》，《人民日报》1958 年 12 月 31 日第 1
版。
　　② 吴冷西著：《忆毛主席——我亲自经历的若干重大历史事件片段》，新华出版社 1995
年版，第 111—112 页。
　　③ 李锐著：《大跃进亲历记》，南方出版社 1999 年版，第 387 页。

历史充分表明，"人民公社化"运动是在"左"倾思想指导下、急于向共产主义过渡的背景中进行的。正如康濯在《徐水人民公社颂》中所指出的那样，人民公社好像要"在不远的期间，把社员们带向人类历史上最高的仙境，这就是那'各尽所能，各取所需'的自由王国的时光"。① 然而，"人民公社化"运动却消解了人民群众的现实物质利益，挫伤了人民大众建设社会主义的热情和积极性。其中，社会动员起到的推波助澜的作用以及带来的消极、负面的影响是显而易见的。"人民公社化"运动中的社会动员造成的直接后果是，不仅导致"人民公社化"运动失去了循序渐进的谨慎性，也冲掉了因地制宜的原则性；不但使"大跃进"日行万里，而且使"人民公社"一哄而上。

三 "文化大革命"的社会动员

历史事实表明，基于防止资本主义复辟、维护党的纯洁性以及探索社会主义建设道路的考量，依据"无产阶级专政下继续革命"的理论，1966年5月16日，毛泽东发动了"文化大革命"。而在"文化大革命"中，社会动员再一次发挥了其重要的作用，显示出其非凡的身手。

20世纪60年代中期，由于对社会主义经济体制改革和存在问题认识的局限，在"以阶级斗争为纲"指导思想的支配下，毛泽东对当时国内阶级斗争形势、党和国家的政治状况以及国际局势作出严重错误的估计。当时，毛泽东甚至认为，"中央出了修正主义"，整个国家面临资本主义复辟的危险。正如在《中国共产党中央委员会通知》中所指出的那样，"混进党里、政府里、军队里和各种文化界的资产阶级代表人物，是一批反革命的修正主义分子，一旦时机成熟，他们就会要夺取政权，由无产阶级专政变为资产阶级专政"②。而在过去几年时间里，以挖资产阶级的社会基础、挖资本主义的根子、挖修正主义的根子为目的的"四清"运动、"五反"运动③以及在意识形态领域开展的批判都不能解决这一问题。而要彻底地解决这一问题，唯一办法就是实行"文化大革命"，即自下而上地发动广大工农兵群众、革命干部和革命的知识分子，"横扫盘踞在思想文化阵地上的大量牛鬼蛇神"，"把所谓

---

① 康濯：《徐水人民公社颂》，《人民日报》1958年9月1日第3版。
② 《中国共产党中央委员会通知》，《人民日报》1967年5月17日第1版。
③ "四清"即清理账目、清理仓库、清理财务、清理工分。"五反"即反对贪污盗窃、反对投机倒把、反对铺张浪费、反对分散主义、反对官僚主义。

资产阶级的'专家'、'学者'、'权威'、'祖师爷'打得落花流水，使他们威风扫地"①。只有这样，才能把被"走资本主义道路的当权派"篡夺的权力重新夺回来。可见，防止资本主义复辟、维护无产阶级专政不可避免地成为"文化大革命"时期我国社会动员的主要目标。既然"文化大革命"的发动者是党和国家的主要领导人毛泽东，那么在"文化大革命"的社会动员中，毛泽东成为社会动员的主体。可以说，当时也只有他才具有"振臂一呼，应者云集"这样的感召力。同时，毛泽东还可以轻而易举地发动政府通过"中央文革小组"来开展社会动员。这是因为，"毛泽东依靠自己在长期革命斗争中形成的崇高威望，建立了自己领导下的全能政府"。② 这样，党和国家的主要领导人毛泽东和当时的政府成为主要的、正向的动员主体。当然，历史已经证明，"文化大革命"中的社会动员主体还应包括后来形成的两个反革命集团——林彪反革命集团和"四人帮"反革命集团。只不过这两个社会动员主体发挥的是次要的、反向的动员作用。到1966年年底，"文化大革命"的范围正式扩大到工矿企业以及农村。毛泽东告诫工人和农民要同时"抓革命、促生产"，引导、动员他们加入到"文化大革命"中来。在"文化大革命"中，学生的积极性也极为高涨，摇身一变成为"红卫兵"，不断进行着"大串连"。"革命者就是孙猴子"，"就是要抡大棒、显神通、施法力，把旧世界打个天翻地覆，打个人仰马翻，打个落花流水，打得乱乱的，越乱越好！"③ 这样，广大工人阶级、农民阶级、学生便成为"文化大革命"中社会动员的主要对象。而"文化大革命"的社会动员主要是依靠传媒动员的方式来开展的。在"文化大革命"中，传媒动员的作用再次得以彰显。聂元梓等七人所写的《宋硕、陆平、彭佩云在文化革命中究竟干些什么？》成为"文化大革命"中的第一张大字报。由此揭开了大字报宣传动员的序幕。毛泽东写的大字报——《炮打司令部——我的一张大字报》更是把大字报的宣传动员推向了高潮。于是，大字报铺天盖地般地席卷神州大地。"文化大革命"中的标语和口号同样充分印证了传媒动员的重要意义。如当时的

---

① 《横扫一切牛鬼蛇神》，《人民日报》1966年6月1日第1版。
② 吴敬琏著：《当代中国经济改革》，上海远东出版社2004年版，第38页。
③ 《无产阶级的革命造反精神万岁》，《红旗》1966年第11期。

政治标语有："千万不要忘记阶级斗争"、"阶级斗争，一抓就灵！"、"×××不投降就叫他灭亡"、"打倒美帝！打倒苏修！"、"宁要社会主义的草，不要资本主义的苗"等。当时的宣传口号有："横扫一切牛鬼蛇神！"、"三忠于四无限"、"踢开党委闹革命"、"造反有理"、"毛泽东是人民心中最红的红太阳"、"要斗私批修！"、"文攻武卫针锋相对"等。社会动员主体正是充分运用大鸣、大放、大字报、大辩论、标语、口号等方式进行宣传动员，把广大人民群众充分动员起来，与所谓"走资本主义道路当权派"作斗争，通过斗争重新夺回被"走资本主义道路当权派"篡夺的领导权。可以说，"文化大革命"释放了社会动员对象在原有政治、经济、文化等体制下不曾有的政治热情，使他们能够以"主人"的身份直接参与到这场政治活动中来。显而易见，"文化大革命"使政治动员成为社会动员的主要内容。然而，只有符合时代发展要求与人民利益诉求的政治动员才能推动社会的进步。"文化大革命"中频繁的政治动员使我国经济活动近乎停顿，同时也消耗了不少的资源。"文化大革命"初期的红卫兵"大串连"，使全国交通十分拥挤，"铁路运输不堪其负担，车厢厕所内挤进了六七个人，车厢下的弹簧到了要断裂的程度。"① "文化大革命"期间，"在经济上，只是国民收入就损失人民币五千亿元。这个数字相当于建国 30 年全部基本建设投资的百分之八十，超过了建国 30 年全国固定资产的总和。"② 可见，"文化大革命"期间，我国经济动员不仅不能有效地开展，而且被严重地干扰和破坏。在"宁要没有文化的劳动者"、"知识越多越反动"、"读书无用"等谬论的影响下，我国教育事业、文化事业普遍遭到破坏。"文化大革命"使全国所有的学校陷入停课状态，大学入学考试被取消。"据 1982 年全国人口普查提供的可靠资料，全国文盲和半文盲竟有二亿二千五百八十多万人之多！"③ 在"破四旧"的口号下，全国大量文物都当作"四旧"或被破坏，或被毁掉。这给中华民族灿烂的文化造成了难以估计的损失。同时，知识分子不仅不被尊重，而且大多数被下放进行体力劳动，有些甚至遭到残酷对待。闻名中外的伟大文学家

---

① 王年一著：《大动乱的年代》，人民出版社 2009 年版，第 60 页。
② 同上书，第 467 页。
③ 同上书，第 469 页。

老舍惨遭拷打，被迫害致死。我国著名的昆虫学会理事长刘崇乐一夜之间变成了"反动学阀"。这位年近七旬的昆虫学家即使患有严重的糖尿病，全身浮肿，但仍被押解到农村参加劳动。"文化大革命"后期的"批林批孔"，则是直接对准了中华文化中影响最深远的儒家文化。可见，"文化大革命"中，政治动员成为主角，广大人民群众被动员参与到这场政治运动中来；经济动员受到轻视和忽视，经济遭到严重破坏和影响；文化动员遭遇冷落，尽管这场运动冠之以"文化大革命"之名。

历史已经充分证明，"'文化大革命'不是也不可能是任何意义上的革命或社会进步。它根本不是'乱了敌人'而只是乱了自己，因而始终没有也不可能由'天下大乱'达到'天下大治'。"① 毕竟，在社会主义制度已经建立的前提条件下，再进行所谓的"一个阶级推翻一个阶级"的革命运动，不仅没有经济基础，而且也没有政治基础，而只能造成严重的混乱、破坏和倒退。尽管如此，在"文化大革命"中，我国社会动员机制再次得以运用、发挥和检验。然而，社会动员起到了推波助澜的作用，发挥了巨大的负能量。可以说，正是由于社会动员的推动，"文化大革命"才能如火如荼，才能似狂风暴雨般席卷神州大地。毫无疑问，"文化大革命"中的社会动员造成的偏差和破坏不仅涣散了中国共产党的凝聚力，动摇了中国共产党执政地位的合法性，而且降低了我国政府的威望。

第四节　改革开放前我国社会动员机制存在的问题探讨

一　政治动员的过激与经济动员的乏力

（一）政治动员过激

改革开放前，由于还缺乏相应的治国方略和一定的建设经验，又由于受"人定胜天"思想的影响，党和政府想继续沿用以政治运动的手段来推进社会主义建设的意图非常明显。"1949 年以后毛泽东领导下的共产党国家给人的印象是，似乎可以用人的意志来改造中国社会。它一

① 《三中全会以来重要文献选编》（下），人民出版社 1982 年版，第 811 页。

再地以大规模的政治动员掀起民众的狂热。"① 改革开放前，我国政治动员具有明显的过激性。

有学者认为，政治动员具有三大重要功能："一是实现政治动员主体的目标；二是激发政治动员客体的参与；三是促使社会经济加快发展。"② 这决定了改革开放前我国积极开展政治动员的历史必然性。然而，首先，由于社会动员目标出现偏差，我国政治动员也随之偏离其本应该面对的主题。政治动员由"文化大革命"前的为社会主义建设服务转变到为"无产阶级专政下继续革命"而服务。这样，政治动员目标的转变为政治动员过激性的发生创造了前提。其次，政治动员激发过度。由于惯性的作用，在革命取得胜利后，政治动员的传统仍然被延续和传承，并内化为我国政治的基本经验。从新中国成立初期的"清匪反霸"、"抗美援朝"、"大跃进"、"人民公社化"，到后来的"整风运动"、"四清"运动、"五反"运动、"文化大革命"，几乎每一个重大的、具有转折意义的政策变化都是以一次全国性的政治动员为开端的。透过这些大大小小充斥在中国历史中的政治运动，我们可以发现，事实上，政治动员构成了我国社会运作的一个相当基本的方式，成为我国社会运作机制的一个基本特征。可是，事物的运动与发展，一旦超过规定自身的度，突破了质所固有的量的界限，质变就会发生。"运动的量的增加或减少会引起相应物体的状态的质变，所以在这些关节点上，量转化为质。"③ 改革开放前，随着政治动员一枝独大，它马上就暴露出自身的傲慢、偏见、任性、疯狂等所有的缺陷，表现出极大的过激性。

（二）经济动员乏力

改革开放前，由于可资借鉴的相关经验缺乏，又由于出现冒进的倾向，我国对经济动员重视不够，使用的方法也很不科学，政治运动又严重影响了经济动员。所有这些最终导致改革开放前我国经济动员严重乏力。

首先，社会动员目标的偏离导致对经济动员顾之而不及。新中国成

---

① ［美］李侃如著：《治理中国：从革命到改革》，胡国成、赵梅译，中国社会科学出版社 2010 年版，第 3 页。

② 徐彬著：《前进中的动力：中国共产党政治动员研究（1921—1966）》，新华出版社 2007 年版，第 50 页。

③ 《马克思恩格斯文集》第九卷，人民出版社 2009 年版，第 467 页。

立后，我国确定以大力发展生产力为重要任务。可是，随着"文化大革命"的爆发，我国社会动员随之转变为为"无产阶级专政下继续革命"而服务。于是，在政治运动开展得如火如荼之际，发展经济这一重要任务早已被抛之脑后，经济动员只能是顾之而不及。其次，方法不科学导致经济动员难以取得预期效果。尽管发展经济也是我国人民热切的渴望，但是，由于没有科学的方法，致使我国经济动员出现这样那样的问题和缺陷。由于革命思维惯性的作用，此时，我国想依靠社会运动的方式来发展经济、推进社会主义建设的意图非常明显。于是，"大跃进"日行千里，"人民公社化"一哄而上，"文化大革命"要"由天下大乱，达到天下大治"。这些社会运动不仅打乱了我国政治、经济、文化等各方面发展的进程，而且还阻碍了我国政治动员、经济动员、文化动员等各方面工作的正常开展。由此，这种不科学的方法致使改革开放前我国经济动员难以取得预期效果。最后，政治运动影响经济动员成效。改革开放前，我国开展的政治运动可谓一个接着一个，使人感觉政治运动无处不在，政治动员无时不有，让人眼花缭乱，使人感觉无比压抑。众所周知，新中国正是以政治革命为手段建立起来的，新中国的社会主义社会正是通过以政治动员为动力实现的，新中国的社会主义建设则是在不断发动群众运动中展开的。不难看出，改革开放前，我国不断大规模地、频繁地开展政治运动严重影响着我国经济动员，影响了人民群众对物质文化的需求与大力发展生产力之间矛盾的解决，致使我国经济发展徘徊不前。

二　偏离原有的动员目标

由前述内容可知，新中国成立后至改革开放前这一时期，我国社会动员目标进行了两次重大的调整：其一，新中国成立后至"文化大革命"前，随着我国面临的主要任务的转变，我国社会动员目标也被调整为为实现国家富强、人民富裕和建设社会主义而服务。其二，"文化大革命"至改革开放前，随着"文化大革命"的爆发，我国社会动员的目标随即被调整为为"无产阶级专政下继续革命"而服务。

众所周知，新中国成立后，我国社会动员目标的调整符合当时时代发展的要求和我国现实的国情。也可以说，这次调整是实事求是地按照当时我国社会发展的状况来进行的。随着新民主主义革命取得胜利和中华人民共和国的成立，我国所要解决的问题不再是革命和战争，而是要解决落后的社会生产状况与人民群众对物质、文化需求之间的矛盾。所以，这一目标的调整顺应了我国社会发展的客观现实要求，也符合我国人民群众的期盼。"得民心者得天下"。新中国成立后，正是由于社会动员目标的正确调整，我国人民群众建设社会主义的激情才被极大地激发出来。可是，在"文化大革命"期间，由于要为"无产阶级专政下继续革命"这一任务而服务，我国社会动员也不得不为配合从"天下大乱"达到"天下大治"而行动。本来，在阶级斗争已经成为历史、社会矛盾已成为人民内部矛盾的情况下，我国本应顺应社会发展的要求和人民群众的期盼而大力发展社会生产力、提高人民群众的生活水平、增强国家的综合实力以及最终实现中华民族的伟大复兴。然而，"文化大革命"仍要继续开展政治斗争，进行所谓的"一个阶级打倒另一个阶级"的"革命"。历史已经充分证明，这种极端错误的目标指向给中华民族带来的只能是浩劫和灾难。毫无疑问，"文化大革命"时期，我国社会动员目标的调整严重偏离了当时我国社会动员本应该面对的主题。可以说，改革开放前，我国社会动员目标的偏离不仅严重影响了我国社会动员的成效，而且严重地影响到我国社会主义现代化建设所需要凝聚的力量。"失民心者失天下"。"文化大革命"时期，正是由于社会动员目标的错误调整，我国人民群众建设社会主义的积极性被极大地抑制。

三 动员方式缺乏先进性、科学性和规范性

改革开放前，尽管我国社会动员方式起到了非常重要的作用，但是其缺乏先进性、科学性和规范性也是显而易见的。改革开放前，我国社会动员方式存在的这些缺陷和不足又不同程度地影响了我国社会动员的成效。

（一）缺乏先进性

要提高社会动员的成效，就必须采用先进的动员方式、方法和手段。改革开放前，由于当时我国科学技术和生产力发展水平都非常落后，我国社会动员方式的发展也非常滞后。在行政动员的方式中，口耳相传的古老方式有之；在传媒动员的方式中，宣传单、大字报、小黑板等传媒有之；在激励动员的方式中，口头表扬的激励方式有之。从这些社会动员方式中人们可以看出，一方面，改革开放前，我国社会动员方式丰富多彩，灵活多样。这对社会动员是有益的。另一方面，这也反映

出改革开放前我国社会动员方式发展滞后，缺乏先进性。特别是与发达国家相比，改革开放前我国社会动员方式更是落后异常。如直到1976年，全国广播电台仅仅只有89个，电视台也仅仅只有32个，而广播电视台还是0个①，而互联网、手机等完全现代化的传媒则是闻所未闻，见所未见。毫无疑问，改革开放前，我国社会动员方式明显缺乏先进性。

（二）科学性有待加强

改革开放前，我国社会动员方式缺乏科学性。一方面，改革开放前，我国科学发展水平落后直接导致我国社会动员方式缺乏科学性。本来，传媒动员如运用得当可以取得事半功倍的效果。可是，在进行社会动员时，由于传媒动员被过度地、频繁地使用，造成适得其反的结果——动员对象变得熟视无睹，甚至麻木迟钝。激励动员要么是口头表扬一下，要么是发个荣誉证书了事。这样，激励动员难以激发出动员对象内在的动力。"出工不出力"成为普遍现象，"大锅饭"比比皆是。另一方面，由于我国实行的是高度集中的政治体制，我国的社会动员主要依靠行政命令、"一把手"说了算等方式进行。这极易造成权力的失控。正如孟德斯鸠所说的那样，"任何有权力的人，都易滥用权力，这是万古不易的一条经验。有权力的人们使用权力一直到遇有边界的地方为止"②。改革开放前，我国社会动员存在的凭领导主观臆断、强制执行、机械贯彻等现象使我国社会动员不可避免地具有随意性、强制性、呆板性。而随意性、强制性、呆板性则意味着非科学性。同样，组织动员如运用得当就可以发挥组织、协调、动员的作用。可是，强制性的组织动员极大地挫伤了动员对象的积极性、主动性。无疑，改革开放前，我国社会动员方式不可避免地呈现出非科学性。

（三）规范性明显不足

社会动员方式要发挥出自身积极的效能，还要注意规范性的问题。"没有规矩，不能成方圆"。改革开放前，我国社会动员方式缺乏规范性显而易见。造成这种状况的原因主要有两方面的因素：一方面，也是

---

① 参见国家统计局国民经济综合统计司编《新中国六十年统计资料汇编》，中国统计出版社2010年版，第78页。

② ［法］孟德斯鸠著：《论法的精神》上册，张雁深译，商务印书馆1961年版，第154页。

最重要的因素，改革开放前，涉及社会动员相关法律法规严重缺失。这就使我国社会动员难以受到法律法规的制约。于是，改革开放前，我国社会动员方式的运用始终处于一种无法可依、"逍遥游"的状态之中。也可以说，相关法律法规的严重缺失是造成改革开放前我国社会动员方式缺乏规范性的总根源。另一方面，改革开放前，我国采用的动员方式主要是行政动员和媒介动员。而行政动员、媒介动员自身具有极大的局限性。行政动员的强制性、随意性使我国社会动员明显表现出不规范性。而媒介动员在有意或无意中又极易偏离原初本意，甚至还会歪曲事实。由此，改革开放前，我国社会动员方式难以避免地带有极大的不规范性。

四 频繁的政治运动制约了动员对象

由前述内容可知，改革开放前，在国内，由于政治运动接连不断，人们的阶级意识相当浓重，无形中具有了极大的局限性和制约性。这导致我国只注重对工人和农民的动员，从而排斥了知识分子和民主党派；在国际上，由于国内政治运动接连不断，波及并影响到我国对外政策。外交是内政的延续。当时我国出现盲目排外的倾向使海内外华人华侨以及国际社会力量难以充分动员起来。这样，改革开放前，这种画地为牢与盲目排外的倾向严重地制约了我国社会动员的对象，失去了把国内外、党内外一切积极因素都充分调动起来的大好时机。

（一）知识分子受到打击和改造

社会主义现代化建设不仅需要工人和农民"武"力的支撑，而且还需要知识分子智力的支持。只有这样，社会主义现代化建设才能有基本依靠力量。而"知识分子是脑力劳动者"。[①]"已经是工人阶级的一部分，是实现四个现代化的一支重要骨干力量。"[②] 历史事实证明，对于一个国家、一个民族来说，只有"文"、"武"双全，才能举世无双；只有"硬实力"和"软实力"同时增强才能屹立于世界民族之林。这就需要充分动员全国工人、农民和知识分子为社会主义现代化建设贡献自己的全部力量和聪明才智。

新中国成立后，尽管知识分子已被明确地提升到"重要骨干力量"

---

① 《毛泽东文集》第七卷，人民出版社 1999 年版，第 270 页。
② 《十一届三中全会以来重要文献选读》（上），人民出版社 1987 年版，第 97 页。

的地位，可是，随着 1957 年反"右"运动的扩大化，这一部分重要力量不仅不是成为被动员起来投入到社会主义现代化建设中来的主要对象，而是成了受打击、被改造的重点对象。在整个反"右"运动扩大化期间，"估计有 40 万到 70 万知识分子失去职位，并下放到农村或工厂中劳动改造"①。相反，在"大跃进"期间，刚从文盲状态中摆脱出来的农民和工人则被捧成科学家、哲学家和诗人。由于他们的"无产阶级"觉悟，农民和工人实际上可以取得任何成就。相比较之下，知识分子由于沾染上了资产阶级个人主义、自由主义和无政府主义思想而受到诽谤。虽然知识分子在"大跃进"中比反"右"运动时较少地成为直接的攻击对象，但是他们在我国社会中的相对地位却已进一步降低了。而在"文化大革命"期间，知识分子却被当作"牛鬼蛇神"对待，更是成为被打击、遭迫害的对象。在一夜间，一向在中国传统社会最受尊敬的知识分子却变成了"臭老九"。随后，知识青年或是被要求上山下乡，或是要到农村接受改造。由此，改革开放前，我国知识分子本应该是被充分动员起来投入到社会主义现代化建设中的对象，却成为受打击、被改造、遭迫害的角色。

（二）民主党派受到制约

民主党派本来是要与共产党进行亲密合作的友党，应该被充分调动起来参政议政，参加社会主义现代化建设的。可历史事实表明，改革开放前，我国民主党派受到极大的制约，并没有被充分动员起来。

新中国成立后直到反"右"扩大化之前，民主党派也被充分动员起来，并与中国共产党紧密配合，为巩固新生的人民政权做出了重大贡献。1949 年 6 月，毛泽东就明确地提出，"必须召集一个包含各民主党派、各人民团体、各界民主人士、国内少数民族和海外华侨的代表人物的政治协商会议"②。1956 年 4 月，毛泽东又进一步指出，"现在看来，恐怕是几个党好。不但过去如此，而且将来也可以如此，就是长期共存，互相监督。"③ 1956 年 9 月，刘少奇在做八大政治报告时郑重宣布

---

① ［美］R. 麦克法夸尔、费正清编：《剑桥中华人民共和国史》上卷，谢亮光等译，中国社会科学出版社 1990 年版，第 236 页。

② 《毛泽东选集》第四卷，人民出版社 1991 年版，第 1463 页。

③ 《毛泽东文集》第七卷，人民出版社 1999 年版，第 34 页。

了中国共产党与各民主党派"长期共存、互相监督"的基本方针。① 可是，随着反"右"运动的扩大化，中国共产党对民主党派的态度悄然发生了变化。1957 年下半年，毛泽东明确要求各地党委要"注意各民主党派中反动分子的猖狂进攻。"② 1957 年 7 月 1 日，《人民日报》社论提到，资产阶级右派"在民主党派中，特别在某几个民主党派中却有力量，不可轻视"③。8 月 29 日，《人民日报》再次发表社论，指出"就现状说，各民主党派在总的方面还是资产阶级性的政党，还没有成为真正为社会主义服务的政治力量"④。至此，人们不难看出，中国共产党对民主党派的认识和态度发生了巨大的转变。于是，由于反"右"运动进一步扩大化以及我党对我国社会主要矛盾的误判，许多民主党派人士被打成了资产阶级右派分子。而在"文化大革命"期间，民主党派则遭受更大的冲击，日常活动被迫停止，组织处于瘫痪状态，工作人员被迫下放。当时，民主党派实际处于名存实亡的境况。在"文化大革命"期间，各民主党派早已不是同共产党"互相监督"的关系，只剩下共产党对民主党派的单向监督。于是，这些曾发挥过重要作用的友党本应该是统战、团结、动员的对象，却一下变成了要改造的对象，甚至变成了专政的对象。结果，"文化大革命"造成民主党派内部出现草木皆兵、人人自危的气氛。由此，改革开放前，民主党派受到了极大的制约。

（三）华人华侨没有被充分动员起来

我国社会主义建设的伟大事业不仅需要国内人民的艰苦奋斗，而且还需要所有海外华人华侨的大力支持。毛泽东曾经提出："我们一定要努力把党内党外、国内国外的一切积极的因素，直接的、间接的积极因素，全部调动起来，把我国建设成为一个强大的社会主义国家。"⑤ 可事实证明，改革开放前，海外华人华侨这一部分力量并没有被充分动员起来。

1954 年，《中华人民共和国宪法》已明确规定："全国人民代表大

① 《建国以来重要文献选编》第九册，中央文献出版社 1994 年版，第 85 页。
② 《建国以来重要文献选编》第十册，中央文献出版社 1994 年版，第 284 页。
③ 《文汇报的资产阶级方向应当批判》，《人民日报》1957 年 7 月 1 日第 1 版。
④ 《各民主党派的严重任务》，《人民日报》1957 年 8 月 29 日第 4 版。
⑤ 《毛泽东文集》第七卷，人民出版社 1999 年版，第 44 页。

会由省、直辖市、少数民族、军队和华侨选出的代表组成。"可以说，这为华人华侨参政、议政提供了法律上的保证。而华人华侨政治地位的确立又直接地促进了他们对祖国的向心力，有利于他们为祖国做出贡献。1956 年毛泽东在与黄炎培等人的谈话中强调："华侨投资的二十年、一百年不要没收，可以开投资公司，还本付息。"① 可是，随着反"右"运动的扩大化，我国对华人华侨的政策也发生了巨大变化。一批极"左"派激进分子批判国内侨务工作中的"资产阶级的错误观点"和"右派言行"，认为"侨务政策右了"，强调归侨、侨眷要"面向生产"，"立足改造"。他们极力主张对新归来的华人华侨要"回来一批，改造一批"。当时，随着反"右"运动的扩大化，许多归侨知识分子、上层干部和侨务干部被错误地划为"右"派分子或资产阶级分子。随后，接踵而来的"文化大革命"使侨务领域变成了重灾区。1966 年秋，"林彪集团"和"四人帮"开始批判"文化大革命"前的华侨政策。一方面，他们指责"文化大革命"前的"侨务政策都是反动的"，"归侨中混进了坏人"，并且提出今后"一律不吸收有海外、港澳关系的人当干部"。② 另一方面，因为华人华侨主要居住在资本主义社会，极"左"派认为"华侨都是资产阶级。"他们把"海外关系"与"反革命关系"和"特务关系"直接等同起来，认为"有海外关系的无好人，信任他们无根据，接触他们无好处"，直接把"侨"字号的人与地、富、反、坏、右、资并列为"黑七类"。在这种极"左"思潮的干扰、破坏下，全国自上而下的侨务工作机构被撤销，大批的侨务干部被打成"资产阶级代理人"、"走资派"；广大归侨、侨眷被打入"另册"。此外，他们还制造了一大批冤假错案。根据全国仅 19 个省区的不完全统计，"文化大革命"时期，归侨、侨眷和侨务干部遭诬陷迫害的达到 1.3 万多人。③ 在此期间，中国政府几乎停止了与海外华人华侨的经济往来。随着华侨投资公司的撤销，华人华侨在华投资完全被中断。这进而又影响到了侨汇业的发展。仅在 1966—1969 年间，我国侨汇就下降到 1.67 亿

---

① 《毛泽东文集》第七卷，人民出版社 1999 年版，第 170 页。
② 粤侨：《"海外关系黑六条"的反动实质》，《人民日报》1978 年 2 月 16 日第 2 版。
③ 清风：《我国国内侨务工作历史演变的回顾》，《八桂侨史》1991 年第 2 期。

美元。而 1967 年和 1968 年更降至 1.56 亿和 1.59 亿美元。[①] 不难看出，极 "左" 思潮的泛滥，不但给国家建设造成了严重的损失，而且在海内外华人华侨中造成极坏的影响。这不仅挫伤了广大华人华侨投身于国家建设的积极性，而且还割断了海外华侨华人与祖国的联系，甚至还影响海外侨胞的生存和发展。直到 "文化大革命" 结束时，海外华人华侨通常都被看作是与资本主义相关联的因素，从而被演绎为反面的角色。由此，改革开放前，华人华侨不是被当作可以团结、动员的力量，而是成了要斗争、教育的对象。

（四）国际社会力量被拒绝或排斥

事物的形成和发展是内因和外因共同作用的结果。内因是根本，决定着事物的根本属性；外因是条件，起到推动和促进作用。我国社会主义现代化建设不仅需要国内力量的努力，而且还需要国际社会力量的推动。可是，历史事实证明，改革开放前，本可以充分动员起来的国际社会力量却被拒绝或排斥。

改革开放前，出于对社会主义制度优越性非理性、盲目的自信以及一段时期内 "左" 倾错误思想的影响，党和国家轻视对国际社会力量的动员。1959—1961 年，我国发生了严重的饥荒。可以说，此时，我国面临着相当严峻的国内形势。而且，中国与曾经的 "老大哥" 苏联之间的关系日渐交恶。在此情况下，美国总统肯尼迪及其政府认为，这为美国调整对华政策带来了良好的历史机遇。为此，美国决定试图通过粮食援助，以改善与中国的关系。然而，在中美双方沟通的过程中，王炳南特使则表示，中国人民绝不会依赖别人的施舍而生活，更不会拿原则来做交易。[②] 这样，美国所提出的粮食援助提议遭到中国方面的断然拒绝。1976 年 7 月 28 日，唐山发生了大地震。不言而喻，灾区需要大量的救援。然而，在面对国际社会提出援助的愿望时，我国政府的回应则是正式谢绝，一切依靠党和政府以及中国人民的 "自力更生"。7 月 29 日，联合国秘书长瓦尔德海姆则表示，联合国愿意为中国抗震救灾提供援助。当时，美国、英国、日本等一些国家和地区也向我国政府公

---

① 林金枝：《侨汇对中国经济发展与侨乡建设的作用》，《南洋问题研究》1992 年第 2 期。

② 参见中央电视台《中国财经报道》栏目组编，特约撰稿人周立、刘永好《粮食战争》，机械工业出版社 2008 年版，第 61 页。

开表达了援助的意愿。可是，由于当时我国政府的过度谨慎，国际社会提供援助的意愿和热情未能在我国激起任何涟漪。事实表明，在唐山大地震的抗震救灾过程中，我国确实完全依靠自力更生的力量，动员全国各地的人力、物力和财力进行抗震救灾。当时，《人民日报》的一篇社论不无自豪地指出，"所有这一切，深刻地说明用马克思主义、列宁主义、毛泽东思想武装起来的，经过无产阶级文化大革命锻炼的英雄的人民，是不可战胜的；说明我们无产阶级专政的社会主义制度，具有极大的优越性"①。随后，这篇社论又被我国驻联合国代表团散发出来。显而易见，我国政府拒绝了包括联合国在内的一切国际社会提出的援助建议。由是观之，改革开放前，社会主义现代化建设的艰巨任务要求我国不仅要动员国内各方面的社会力量，而且还要加强对国际社会力量的动员。然而，令人遗憾的是，我国不但不去积极动员、充分运用这部分力量，而且还采取盲目排斥、断然拒绝的态度。显而易见，这对我国社会主义现代化建设事业是不利的。

历史事实证明，改革开放前，由于极"左"思潮的影响，党和政府不但没有把党内党外的一切积极力量完全动员起来，而且没有把国内国外的一切积极力量充分动员起来；既没有把直接的积极因素全部调动起来，又没有把间接的积极因素充分调动起来。不言而喻，这不但使本可以依靠和团结的力量越来越少，而且使社会主义道路越走越狭窄。

五　内在机制存在的问题

社会动员机制主要包括动力机制、运行机制、保障机制和协调机制。动力机制是根本。只有动力机制发展良好，社会动员才能动力十足，持续不断。运行机制是基础。只有运行机制运行顺畅，社会动员目标的实现才有可能。协调机制是前提。只有协调机制运行良好，社会动员诸要素才能井然有序，社会动员效率才能高。保障机制是保障。只有有了完善的保障机制，社会动员的运行和发展才能有保证。改革开放前，我国社会动员内在机制存在一定的问题，影响了我国社会动员的成效。

（一）动力机制存在的问题

动力机制是推动系统发生、发展的机理和方式。完善的社会动员动

---

① 《英雄的人民不可战胜》，《人民日报》1976 年 8 月 2 日第 1 版。

力机制是社会动员得以持续、健康发展的根本保证。社会动员动力机制越成熟，社会动员的效率就会越高。

改革开放前，我国社会动员动力机制存在这样两个方面的问题：一是动力不足。本来，激励可以增强社会动员的动力，推进社会动员的发展。可是，改革开放前，我国社会动员动力机制是依靠计划管理、集中运行、行政驱动来进行的，缺乏相对正确而有效的激励举措。这致使改革开放前我国社会动员难以取得应有的成效。二是缺乏创新。"创新是一个民族进步的灵魂，是一个国家兴旺发达的不竭动力。"[①] 改革开放前，我国社会动员动力机制创新明显不足。一成不变地运用"人定胜天"的传统思想形成的只能是蛮干和疯狂。这必然导致我国社会动员不能取得预期的效果。因而，客观的现实表明，我国社会动员动力机制亟待创新和改进。

（二）运行机制存在的问题

运行机制是指系统自身运行的机理和方式。社会动员运行机制是社会动员系统自身运行的机理和方式，是社会动员机制的基础性机制。只有社会动员运行机制良好，社会动员才具有生机与活力。

改革开放前，我国社会动员运行机制存在这样三个方面的问题：一是行政化运行模式占主导。改革开放前，在党委领导、政府主导的行政管理模式下，我国社会动员运行机制形成了明显的行政化的运作模式。这决定了改革开放前我国社会动员机制处处都带有行政化的痕迹。自然，这就使我国社会动员运行机制不可避免地陷入行政化模式的框框之中。二是运行渠道不顺畅。运行机制的有效运行，需要有良好的环境提供保障。改革开放前，我国社会动员运行机制并没有得到有效的环境保障。特别是大规模政治运动的泛滥必然造成我国社会动员机制运行渠道不顺畅。三是社会动员运行机制发展滞后。任何事物都是要随着时代的发展而发展的。否则，必将遭到淘汰。改革开放前，我国社会动员运行机制仍带有革命时代的浓烈色彩，高强度，超负荷，缺乏科学性。自然，这就要求我国社会动员运行机制需要根据时代的变化和发展而不断地调整。

---

① 《江泽民文选》第二卷，人民出版社 2006 年版，第 392 页。

（三）协调机制存在的问题

"协调机制其实就是解决组织系统内各子系统和要素间相互作用、相互联系、相互制约的原则及方式。"[1] 社会动员协调机制，无论是对促进社会动员的发展，还是对提高社会动员的效率，都具有重要的意义。

改革开放前，我国社会动员协调机制存在这样两个方面的问题：一是协调不到位。改革开放前，由于受种种因素的影响，我国社会动员协调机制难以充分协调社会动员这一系统的方方面面。特别是仅仅依靠政府这一"看得见的手"，而不充分发挥市场这一"看不见的手"以及社会这一"隐形的手"的功能，最终导致我国社会动员协调机制协调不到位。二是机制不健全。改革开放前，由于社会发展的滞后，我国社会动员协调机制的发展受到一定程度的制约和局限，其科学性更是严重不足。由此，这就需要进一步健全我国社会动员协调机制。

（四）保障机制存在的问题

保障机制是指保障系统运行、发展的机理和方式。社会动员保障机制能够为社会动员活动有序地开展提供坚实的保障，促进社会动员良性地发展。同样，社会动员保障机制对社会动员具有重要的意义。

改革开放前，我国社会动员保障机制存在的问题有：一是制度不够完善。我国社会动员制度设计有待进一步改进，最为明显的是，相关法律和法规或缺失，或滞后。这严重制约了我国社会动员保障机制作为社会动员的"安全阀"和"稳压器"作用的发挥。二是机制发展缓慢。我国社会动员保障机制所需要的政策保障、资源保障、组织保障等不够完善，进而形成的是较低水平的保障。不言而喻，这种低水平的保障对社会动员难以发挥充分的保障作用。

综上所述，改革开放前，由于时代的局限和环境的影响，尽管我国社会动员机制也能发挥其应有的功能和作用，确实也起到一定正向的推动作用和促进效能，但仍然存在这样或那样的缺陷和不足，仍然面临着重重叠叠的考验和难题。当然，这既为社会动员机制的创新发展提供了广阔空间，又对社会动员机制进一步发展和完善发出了热切的呼唤。

---

① 温承革、王勇、杨晓燕：《组织内部协调机制研究》，《山西财经大学学报》2004 年第 6 期。

第二章 改革开放后我国社会动员机制面临的形势和条件的变化

随着国际国内形势发生的巨大变化，我国实行了改革开放的政策。改革开放后，在新的历史时期，新的形势呼唤着我国社会动员机制创新和发展，而新的条件则为我国社会动员机制的创新和发展提供了保障。

第一节 时代主题的转换

"世界潮流，浩浩荡荡，顺之者昌，逆之者亡。"世界的发展不仅要求人们要适应时代发生的变化，而且还要深刻地把握时代的主题。只有"首先估计到区别不同'时代'的基本特征（而不是个别国家历史上的个别情节），我们才能够正确地制定自己的策略；只有认清了这个时代的基本特征，我们才能够以此为根据估计这国或那国的更详细的特点"①。

一 "战争与革命"时代主题向"和平与发展"时代主题的转换

当人类进入 20 世纪的时候，战争已经持续不断，革命则如火如荼。特别是在 20 世纪上半叶，"战争与革命"完全成为那个时代的主题。

第一，帝国主义是"战争与革命"时代主题形成的根本原因。当人类进入 20 世纪时，资本主义的充分发展则拉开了这一时代的序幕。随着资本主义垄断代替了自由竞争，世界进入帝国主义时代。在帝国主义时代，资本主义国家政治经济的发展极为不平衡。于是，为了争夺原料产地、投资场所以及重新瓜分世界，帝国主义内部、帝国主义和帝国主义之间以及帝国主义和殖民地半殖民地国家之间矛盾重重，冲突不

---

① 《列宁全集》第二十六卷，人民出版社 1990 年版，第 143 页。

断，进而不断发动帝国主义战争。"'世界霸权'是帝国主义政治的内容，而帝国主义政治的继续便是帝国主义战争。"① 1898 年爆发的美西战争、1904—1905 年爆发的日俄战争、1914—1918 年爆发的第一次世界大战、1937 年日本发动的大规模侵华战争、1939—1945 年爆发的第二次世界大战、1950 年美国参与的朝鲜战争等，都是由帝国主义发动、参与或主导的战争。由此，帝国主义成为战争的总根源。然而，帝国主义战争在客观上必然引起一系列的革命，如 1905 年俄国爆发的"二月革命"、1910—1917 年爆发的墨西哥资产阶级革命，1917 年具有划时代意义的俄国"十月革命"、1919—1949 年的中国新民主主义革命、1952 年埃及爆发的"七月革命"等亚非拉民族民主革命运动。特别是在第二次世界大战之后，多达 91 个国家发动革命而获得了独立。可以说，当时，世界政治和国际关系主要是围绕着"战争与革命"的时代主题而展开的。

第二，资本主义与社会主义之间的对立和斗争是"战争与革命"时代主题形成的主要原因。资本主义和社会主义之间存在对立和斗争。资本主义是建立在生产资料私有制基础之上的，资本主义制度必然要为维护资产阶级的利益而服务；而社会主义是建立在生产资料公有制基础之上的，社会主义制度必然因无产阶级的利益而存在。由于资产阶级的利益与无产阶级的利益显然是根本对立的，资本主义与社会主义存在着对立和斗争。不论是在科学社会主义初创时期，还是在社会主义由一国发展到多国的进程中，资产阶级和无产阶级的斗争、资本主义和社会主义的较量无时无刻不在进行之中。第二次世界大战后美英结成的反苏联盟、1950—1953 年的朝鲜战争、1961—1973 年的越南战争、"冷战"后的"和平演变"等都是资本主义和社会主义之间尖锐对立和激烈斗争的集中表现。可以说，自从社会主义这个作为资本主义的对立面在世界上出现以来，西方资本主义国家就"千方百计同社会主义进行斗争，这种斗争尽管形式不断变换，但从未停止过"②。由此，资本主义与社会主义之间的对立和斗争又促使"战争与革命"时代主题的形成。

第三，亚非拉民族解放运动是"战争与革命"时代主题形成的重

---

① 《列宁选集》第二卷，人民出版社 1995 年版，第 740 页。
② 《江泽民文选》第三卷，人民出版社 2006 年版，第 79 页。

要原因。帝国主义国家穷凶极恶地对殖民地和半殖民地的侵略、控制和掠夺极大地激起殖民地和半殖民地人民的反抗和斗争。19 世纪后半叶，亚非拉人民已经不断开展民族解放运动。朝鲜东学党人起义、印度民族运动、菲律宾资产阶级革命、伊朗立宪运动、土耳其改革运动和中国的维新运动以及义和团运动、埃及人民抗英斗争、苏丹的马赫迪大起义、埃塞俄比亚的抗意斗争、古巴独立战争、墨西哥资产阶级革命、巴西争取共和的斗争等。到了 20 世纪，亚非拉人民争取民族独立的民族解放运动更是成为不可抗拒的历史潮流。而第一次世界大战重创了除美国之外的几乎所有的世界强国，"不列颠破产了；法国流血过多脸色苍白；俄德两国陷入革命的荆棘之中；奥匈帝国消失了；奥斯曼土耳其帝国解体了；意大利也已发狂；欧洲所有其他国家都已经被战火烧成了焦土——整个时代都已经被投入烈焰之中"①。在第二次世界大战中，德意日三个法西斯国家被打败，英法两个帝国主义国家再次受到削弱，帝国主义的殖民体系从根本上受到了动摇。而长期受奴役、掠夺的殖民地、半殖民地人民在反抗法西斯侵略的战争中得到了锻炼，并为反法西斯战争的胜利做出了杰出的贡献。殖民地、半殖民地的独立已经势不可当。第二次世界大战后，民族解放运动首先从亚洲开始，然后向非洲，向拉美扩展，促使一系列殖民地、半殖民地摆脱了殖民统治，赢得了民族独立。到 1955 年，已有 30 多个国家获得独立，帝国主义的殖民体系也彻底瓦解。

然而，随着"冷战"的结束和国际局势的缓和，时代主题的转换表现得逐渐明朗。世界要和平，人民要发展。特别是在 20 世纪 70 年代以后，时代主题开始由"战争与革命"转向"和平与发展"。正如邓小平所指出的那样，"现在世界上真正大的问题，带全球性的战略问题，一个是和平问题，一个是经济问题或者说发展问题"②。

第一，资本主义国家和社会主义国家可以求同存异。历史现实表明，资本主义和社会主义虽然存在对立和斗争的一面，但也有统一与共存的另一面。"世界各种文明和社会制度，应该长期共存，在竞争比较

---

① ［英］富勒著：《战争指导》，李磊、尚玉卿译，广西人民出版社 2008 年版，第 105 页。

② 《邓小平文选》第三卷，人民出版社 1993 年版，第 105 页。

中取长补短，在求同存异中共同发展。"① 一方面，资本主义可以借鉴
社会主义的经验来调整。1936 年英国经济学家凯恩斯发表其代表作
《就业、利息和货币流通》，其中心思想就是在不触动资本主义私有制
的前提下，在坚持市场经济的基础上，加强国家干预和宏观调控。事实
证明，战后资本主义正是凭借这个理论实现了 30 年的大发展。另一方
面，社会主义也可以吸收资本主义的文明成果。"社会主义要赢得与资
本主义相比较的优势，就必须大胆吸收和借鉴人类社会创造的一切文明
成果，吸收和借鉴当今世界各国包括资本主义发达国家的一切反映现代
社会化生产规律的先进经营方式、管理方法。"② 实践证明，我国改革
开放过程中对资本主义先进技术、资金、管理方法等方面的借鉴、吸收
和利用切实为我国社会主义的发展提供了大力的支持。与此同时，资本
主义与社会主义还可以进行合作。随着经济全球化、政治多极化、网络
信息化、文化多元化的深入发展，人类所面临的世界问题越来越多，如
恐怖主义威胁、环境污染、毒品走私、资源枯竭、生态危机、人口爆
炸、地区冲突等。毋庸置疑，唯有共同面对，一道努力，人类才能解决
这些世界问题。现实表明，资本主义国家与社会主义国家在诸如反恐问
题、环境污染、毒品走私、地区冲突等方面展开交流与合作并已取得了
一定的成就即是明证。"无论哪一个社会形态，在它所能容纳的全部生
产力发挥出来以前，是决不会灭亡的；而新的更高的生产关系，在它的
物质存在条件在旧社会的胎胞里成熟以前，是决不会出现的。"③ 既然
资本主义还有它的生命力以及社会主义的优越性还没完全体现出来，那
么二者就完全有必要求同存异。

第二，发展经济成为世界大多数国家的中心任务。国家的富强和人
民的富裕都需要经济的发展。生产力决定生产关系，经济基础决定着上
层建筑。如果经济发展的水平低下或者停滞不前，那么不论是对于国家
富强也好，抑或是对于人民富裕也罢，一切都只能是空谈。进入新的历
史时期，世界大多数国家越来越充分认识到经济利益的意义已远远超越
了政治对抗，大力发展经济才是硬道理。一是经济在综合国力中起到决

---

① 《江泽民文选》第三卷，人民出版社 2006 年版，第 311 页。
② 《邓小平文选》第三卷，人民出版社 1993 年版，第 373 页。
③ 《马克思恩格斯文集》第二卷，人民出版社 2009 年版，第 592 页。

定性的作用。一个国家的综合实力是由硬实力和软实力两个方面决定的。硬实力由经济力量、军事力量、科技力量等因素综合而成。而在硬实力的所有因素中，经济力量又起到决定性的作用。由此，大力发展经济是提高综合国力的重要举措。二是发展经济是促使人民走向富裕幸福的必由之路。20 世纪的战争史告诉人们：战乱频仍使经济难以得到发展，经济得不到发展使人民群众基本的物质需求难以得到满足和保障。所以，只有大力发展经济，才能为人民的富裕幸福创造良好的条件。于是，"社会主义各国正动员国内人民的一切力量，从事社会主义的和平建设，工农业生产以资本主义国家所难以比拟的速度向前发展着。"①三是大力发展经济对促进世界和平起到保障作用。维护世界和平需要有坚实的硬实力作保障。如果没有坚实的硬实力作后盾，维护世界和平只能是纸上谈兵而已。而经济力量则是硬实力中的重中之重。由此，世界各国纷纷把发展经济放到至关重要，甚至放到优先发展的地位。

第三，维护世界和平的力量不断壮大。随着民族解放运动的胜利，亚非拉民族国家所形成的第三世界力量已经成为维护世界和平的一支重要力量。20 世纪 50 年代末 60 年代初，许多新兴民族独立国家不愿介入美苏之间的斗争，而希望在两极化的国际格局中保持和平中立，采取不结盟的外交政策。20 世纪 70 年代中期，第三世界作为一支独立的政治力量登上了国际政治舞台。可以说，这为制约战争的发生提供了重要的力量保障。当时，邓小平认为："第三世界的力量，特别是第三世界国家中人口最多的中国的力量，是世界和平力量发展的重要因素。"②历史表明，只要世界人民共同努力，避免战争的发生与争取长期的和平都是可以做到的。江泽民也指出："尽管和平与发展这两个问题一个也没有解决，但世界大战打不起来，我国被迫卷入周边局部战争的可能性不大。经过努力，我们仍然可以赢得较长时期的国际和平环境。"③毫不夸张地说，随着世界革命的、进步的、和平的力量不断发展和壮大，战争可以受到遏制，和平能够得以维护。

"求和平、谋发展、促合作已经成为不可阻挡的时代潮流。"④ 十一

---

① 《建国以来重要文献选编》第九册，中央文献出版社 1994 年版，第 96 页。
② 《邓小平文选》第三卷，人民出版社 1993 年版，第 105 页。
③ 《江泽民文选》第三卷，人民出版社 2006 年版，第 367 页。
④ 《十七大以来重要文献选编》（上），中央文献出版社 2009 年版，第 35 页。

届三中全会以后，"中国又开启了一个全新的时代，在毛的继任者的领导下以更加和平的方式推进现代化"①。由此，改革开放以来，时代主题的转换要求我国社会动员作出相应的调整和转变，同时，也呼唤着我国社会动员机制不断地创新和发展。

二　冷战思维渐趋式微

冷战思维是指在东西方冷战的国际背景下，由于社会制度、经济体制、价值观念、生活方式等诸方面的不同所形成的具有对抗性的、非和平性的一种思维模式。冷战思维是在冷战这一特定历史时期所形成的特定产物，是当时世界现实在人们头脑中的客观反映。"意识都不过是存在的反映，至多也只是存在的近似正确的（恰当的、十分确切的）反映。"② 可以说，在整个冷战期间，冷战思维表现得异常活跃。东西方都视对方为对手和敌人，并努力把自己认定的社会制度、意识形态、生活方式等一味地强加给对方。然而，到了 20 世纪 80 年代末 90 年代初，随着东欧剧变和苏联解体，世界开始走向多极化。此时，冷战期间东西方之间所形成的尖锐对立和激烈斗争渐趋缓和。由此，冷战思维也失去了存在的客观依据而渐趋式微。

首先，东欧剧变和苏联解体使冷战思维失去了存在的合理性。自1917 年俄国十月革命取得胜利以后，资本主义民主政治制度与社会主义共产制度之间就形成了根深蒂固的对立和斗争。在冷战时期，以美国为首的西方资本主义阵营与以苏联为首的社会主义阵营之间的对立和斗争进入到白热化程度。这里面既有美苏各自为了自身国家利益及霸权主义而战的因素，又有资本主义与社会主义生来就存在矛盾对立的因素。为了遏制苏联，以美国为首的西方资本主义阵营在欧洲建立了北大西洋公约组织；为了遏制中国和越南以及镇压东南亚地区民族解放运动，以美国为首的西方资本主义阵营在亚洲建立了东南亚条约组织。与此同时，为了打破西方资本主义阵营的遏制，以苏联为首的社会主义阵营则针锋相对地建立了华沙条约组织；为了打破西方资本主义阵营的遏制，中国联合其他第三世界国家发起南南合作运动。随后，为了反对美苏霸

---

　　① ［美］R. R. 帕尔默等著：《冷战到全球化：意识形态的终结?》，牛可等译，世界图书出版公司 2010 年版，第 59 页。

　　② 《列宁专题文集——论辩证唯物主义和历史唯物主义》，人民出版社 2009 年版，第112 页。

权主义，中国又联合其他第三世界国家发起不结盟运动。可以说，冷战状况下的尖锐对立和激烈斗争为冷战思维的形成创造了条件。然而，20世纪80年代末90年代初，东欧剧变和苏联解体使冷战的一方不复存在。战争是双方或多方之间进行的事情。既然对手已不复存在，那么，战争就没有必要进行了。由此，冷战就失去了存在的现实依据。于是，冷战思维也就失去了存在的合理性。

其次，和平成为世界各国人民的追求。在20世纪，人类经历了大大小小几百次的战争。而两次世界大战的破坏性令人触目惊心，让世界各国人民深深感受到和平之珍贵。而在第一次世界大战中，"参战各国动员人力总共达6500万人"[①]。但是，永远没有人知道这场战争具体的伤亡数字。有人曾估计，"大约1100万人死于这场战争。"[②] 而战争造成的财产损失又极为惨重，令人触目惊心。"如果把战争期间的产品、船只和财产损失以及死亡人员的经济价值计算在内的话，那么这场战争所造成的全部损失至少要达到33000亿美元（1918年的美元价格）。"[③] 第二次世界大战则是迄今为止人类社会所进行的规模最大、伤亡最惨重、造成破坏最大、影响最深远的全球性战争。在这场血腥的战争中，世界上先后有5500万人失去生命，物资损失总计约40000亿美元。[④] 20世纪不仅有两次世界大战的浩劫，而且各种局部战争和武装冲突此起彼伏。据不完全统计，从1945年至今，世界上总共发生了150—160场战争或冲突，造成的死亡人数达到3300万—4000万人。可以说，连绵不断的战争以及旷日持久的军事对抗，构成了20世纪人类生活中一道非常独特的景象。然而，世界人民既不要世界大战，也不要局部战争；既不要热战，也不要冷战。正如爱因斯坦所说的那样，"地球上的和平是一切事业中最伟大的事业"。这也充分表明，冷战思维已变得僵化呆板，已越来越不合时宜，已越来越不得人心。

最后，我国实行的独立自主和平外交政策为解决国际争端树立了典范。20世纪80年代以后，我国实行独立自主和平外交政策，在和平共

---

① ［美］彼得·博斯科著：《美国人眼中的第一次世界大战》，孙宝寅译，当代中国出版社2005年版，第178页。

② 同上。

③ 同上书，第175页。

④ 参见凌立主编《世界大战》（下），中国人民大学出版社2004年版，第212、214页。

处五项原则的基础上同世界上一切国家求同存异、友好交往、平等相待、互利合作推动人类进步事业不断前进。"国与国之间应超越社会制度和意识形态的差异，相互尊重，友好相处。"① 这证明了国际中各种争端、矛盾和分歧，可以通过友好协商来解决，而不一定必须通过对抗、战争等形式来解决。我国实行的独立自主和平外交政策体现了中国人民热爱和平的真诚愿望，提高了我国在国际上的地位，不断开创我国外交工作的新局面，得到了世界人民的普遍赞赏。这不仅为我国社会主义现代化建设赢得有利的国际环境，而且为世界和平和人类社会文明进步做出了重要贡献，为解决国际争端树立了光辉典范。显而易见，这种和平思维使得冷战思维相形见绌。

进入新的历史时期，尽管东西方两种社会制度和意识形态之间的对立和斗争并没有完全结束，但是冷战思维越来越不合时宜，越来越不得人心，已经失去了存在的客观依据。而冷战思维的逐渐式微则为我国社会主义现代化建设提供了一定的前提条件。

第二节　"社会主义现代化建设"任务的新要求

改革开放前后，我国对社会主要矛盾和社会主要任务的认识发生了反复，经历了一段曲折的历史过程。十一届三中全会最终纠正了这些错误认识，将偏离了方向的错误认识再次调整过来。与此同时，"社会主义现代化建设"的主要任务为我国社会动员指出了新的目标和方向，也对我国社会动员机制提出了新的要求。

一　社会主要矛盾的再认识

1956 年 9 月，中共八大已经明确指出："我们国内的主要矛盾，已经是人民对于建立先进的工业国的要求同落后的农业国的现实之间的矛盾，已经是人民对于经济文化迅速发展的需要同当前经济文化不能满足人民需要的状况之间的矛盾。"② 历史充分证明，中共八大对我国所面

---

① 《十五大以来重要文献选编》（上），人民出版社 2000 年版，第 43 页。
② 《建国以来重要文献选编》第九册，中央文献出版社 1994 年版，第 341 页。

临的主要矛盾的分析是客观的、正确的。1957 年 2 月，毛泽东还依然认为，我国社会主义社会的基本矛盾仍然是生产力与生产关系、经济基础与上层建筑之间的矛盾。① 然而，时隔不久，随着反"右"运动的扩大化，中国共产党对社会主要矛盾的认识开始出现偏差。在 1957 年 10 月党的八届三中全会上，毛泽东指出："无产阶级和资产阶级的矛盾，社会主义道路和资本主义道路的矛盾，毫无疑问，这是当前我国社会的主要矛盾。"② 而在 1958 年 5 月召开的党的八大二次会议上，刘少奇则郑重地宣布："无产阶级同资产阶级的斗争，社会主义道路同资本主义道路的斗争，始终是我国内部的主要矛盾。"③ 这表明，中国共产党正式改变了八大对我国社会主要矛盾的根本判断。在"文化大革命"时期，中国共产党对国内社会主要矛盾的分析进一步延续了这种根本错误的看法。"无产阶级同资产阶级的斗争，马克思主义的真理同资产阶级以及一切剥削阶级的谬论的斗争，不是东风压倒西风，就是西风压倒东风。"④ 从中人们不难看出，此时，中国共产党认为，无产阶级同资产阶级的斗争已相当严重，这一社会主要矛盾解决不好必然导致"党变修，国变色"。

我党对国内社会主要矛盾判断的失误造成了严重后果，给中华民族带来了浩劫。这使人们在"文化大革命"结束后重新思考和认识这个问题。1978 年 12 月，党的十一届三中全会断然停止使用"以阶级斗争为纲"的口号，做出了把工作重点转移到社会主义现代化建设上来的战略决策。实际上，这就纠正了长期以来人们对我国社会主要矛盾认识上的错误。1979 年 3 月，邓小平又明确地指出："我们的生产力发展水平很低，远远不能满足人民和国家的需要，这就是我们目前时期的主要矛盾，解决这个主要矛盾就是我们的中心任务。"⑤ 此后，党的十一届六中全会进一步对我国社会主义社会的主要矛盾及中心任务做了权威性的表述："在社会主义改造基本完成以后，我国所要解决的主要矛盾，

---

① 参见《毛泽东文集》第七卷，人民出版社 1999 年版，第 214 页。
② 《建国以来重要文献选编》第十册，中央文献出版社 1994 年版，第 606—607 页。
③ 《建国以来重要文献选编》第十一册，中央文献出版社 1995 年版，第 288 页。
④ 《中国共产党中央委员会通知》，《人民日报》1967 年 5 月 17 日第 1 版。
⑤ 《邓小平文选》第二卷，人民出版社 1994 年版，第 182 页。

是人民日益增长的物质文化需要同落后的社会生产之间的矛盾。"① 至此，中国共产党又郑重地把对社会主要矛盾的错误认识纠正了过来。

二　社会主要任务的重新认识

众所周知，能否对社会主要任务正确地认识具有重要意义。1956年9月，中共八大根据对社会主要矛盾的重新认识，明确提出当前我国所面临的主要任务，"就是要依靠已经获得解放和已经组织起来的几亿劳动人民，团结国内外一切可能团结的力量，充分利用一切对我们有利的条件，尽可能迅速地把我国建设成为一个伟大的社会主义国家"②。这表明，随着我国社会主要矛盾发生转变，我国所面临的历史任务也已发生了改变，大力进行社会主义建设已成为重要的课题。同时，这也要求我国要团结国内外一切可以团结的力量，利用一切可以利用的有利条件，来完成当时我国所面临的主要任务。当时，毛泽东认为，在正确处理人民内部矛盾的基础上，我国的主要任务就是要团结全国各族人民，发展我国的经济、文化，使我国能够比较顺利地走过社会主义过渡时期，进而建设我们伟大的国家。③ 可是，随着反"右"运动的扩大化以及人们对社会主要矛盾认识出现了偏差，我国对社会历史任务的认识也发生了重大的转变。在1957年10月党的八届三中全会上，毛泽东又明确地提出，"现在是社会主义革命，革命的锋芒是对着资产阶级"④。这标志着此时我国国内的主要任务有转到无产阶级与资产阶级斗争上来的趋势。1958年5月，在党的八大二次会议上，尽管刘少奇还仍然提"尽快地把我国建成为一个具有现代工业、现代农业和现代科学文化的伟大的社会主义国家"⑤ 的主要任务，但是他还提出："今后，应当使整风的方法，用大鸣、大放、大辩论、大字报进行批评和自我批评的方法，用大鸣、大放、大辩论、大字报进行批评和自我批评的方法，成为改造思想和改进工作的经常的方法，并且应当每隔一段时间就进行一次全面的整风运动，系统地处理当时所暴露出来的人民内部的以及其他性

---

① 《三中全会以来重要文献选编》（下），人民出版社1982年版，第839页。
② 《建国以来重要文献选编》第九册，中央文献出版社1994年版，第40页。
③ 参见《毛泽东文集》第七卷，人民出版社1999年版，第216页。
④ 《建国以来重要文献选编》第十册，中央文献出版社1994年版，第607页。
⑤ 《建国以来重要文献选编》第十一册，中央文献出版社1995年版，第304页。

质的矛盾。"① 而在"文化大革命"时期，我国要完成的主要任务是，彻底揭露那批反党反社会主义的所谓"学术权威"的资产阶级反动立场，彻底批判文艺界、学术界、新闻界、教育界、出版界的资产阶级反动思想，夺取在这些文化领域中的领导权。这标志着开展无产阶级与资产阶级的斗争的任务全面铺展开来。

随着"文化大革命"的结束，全国人民迫切期望国内的主要任务尽快转移到社会主义现代化建设上来。结合当时的现实需要，我党调整了对我国面临的主要任务的看法。党的十一届三中全会则明确要求"全党、全军和全国各族人民同心同德，进一步发展安定团结的政治局面，并且立即动员起来，鼓足干劲，群策群力，为在本世纪内把我国建设成为社会主义的现代化强国而进行新的长征"②。党的十一届六中全会又进一步明确地指出："党和国家工作的重点必须转移到以经济建设为中心的社会主义现代化建设上来，大力发展社会生产，并在这个基础上逐步改善人民的物质文化生活。"③ 由此，改革开放后，进行"社会主义现代化建设"再次被确认为我国所要解决的主要任务。

在新的历史时期，既然我国所面临的主要矛盾以及所要解决的主要任务都已发生了转变，那么这自然而然要求社会动员要为这一关涉国家命运和人民利益的任务而不断调整自己，也要求社会动员机制不断创新和发展。

第三节　社会动员机制自身发展的需要

社会动员机制是客观存在的自然现象，有其发生、发展的规律性。社会动员机制在社会发展中起到非常重要的作用，而社会发展又要求和促进社会动员机制不断地创新和发展。

一　社会动员仍然是推动社会发展的巨大动力

在新的历史时期，尽管时代发生了很大的变化，但是社会动员仍然

---

① 《建国以来重要文献选编》第十一册，中央文献出版社1995年版，第316页。
② 《三中全会以来重要文献选编》（上），人民出版社1982年版，第5页。
③ 《三中全会以来重要文献选编》（下），人民出版社1982年版，第839—840页。

可以发挥推动社会发展的巨大动力的作用。"中国近现代史上所形成的社会动员的传统，可以为中国的现代化进程提供一种重要的推动力量。"①

第一，社会动员能够发挥集聚社会力量的作用。不论是社会的发展，还是人类的进步，都需要社会力量的推动。没有社会力量的推动，社会的发展就没有动力。社会发展缺乏动力，则人类难以进步。已经十分清楚的是，"不管未来的社会是根据什么路线加以组织，它都必须考虑到一股新的力量、一股最终仍会存在下来的现代至高无上的力量，即群体的力量"②。而社会动员不仅可以迅速集聚社会发展所需要的人力、物力和财力，而且还可以充分调动人们的精神力量和智慧能力来支持社会的发展。这样，社会动员就可以实现社会资源的有效整合，使整个社会的潜能得到充分的释放，从而形成社会发展的巨大推动力量。在我国近现代历史上，由于种种历史的、社会的原因，出现了前所未有的社会动员。"这种社会动员曾经极为有力地推动了民族解放运动的高涨直至民族获得了独立。由于近现代距今较近，因而社会动员这种传统对于现今中国的现代化进程具有更为直接、更为重要的作用。"③ 从某种意义上说，社会动员为"集中力量办大事"奠定了坚实的基础，充分发挥着集聚社会力量的重要作用。

第二，社会动员可以有效地应对社会危机。进入新的历史时期，人类所面临的危机显得越来越多：天灾不断，如地震、海啸、龙卷风、泥石流、洪水、旱灾、雪灾、饥荒等；人祸频仍，如恐怖主义、金融危机、局部冲突、国家内战、民族分裂、核战威胁等。重重危机不仅影响到社会的发展，而且还严重威胁到人类的生存。如何应对和处理社会所面临的重重危机考验着人类的智慧和能力。而通过社会动员，人们可以探寻应对的策略。一方面，社会动员能够增强人们应对危机的信心，充分地调动其积极性、主动性和创造性。"通过社会动员，可以使社会成

---

① 吴忠民著：《渐进模式与有效发展——中国现代化研究》，东方出版社1999年版，第184页。

② ［法］古斯塔夫·勒庞著：《乌合之众：大众心理研究》，冯克利译，中央编译出版社2004年版，第2页。

③ 吴忠民著：《渐进模式与有效发展——中国现代化研究》，东方出版社1999年版，第184页。

员的价值观念、需求取向向更高层面认同，从而更为主动地进行自我素质更新，激发人们的积极性、主动性和创造性精神。"① 另一方面，社会动员可以迅速、充分地集聚应对危机的社会力量。社会动员不仅可以集群策群智，而且还可以汇民意民力，从而运用方方面面的力量来克服困难、战胜危机。"'紧急动员，拯救文明'意味着重构经济、修复自然对经济的支持系统、消除贫困、稳定人口和气候，还有最重要的是恢复希望。"② 由此，社会动员仍然可以发挥有效应对社会危机的重要作用。

第三，社会动员能够提高执政党的执政能力。一般而言，在政党制的国家，几乎所有的国家事务都需要执政党的领导、组织和发动。毫无疑问，这对执政党的执政能力提出了极高的要求。然而，通过开展社会动员，执政党可以从中积蓄力量、经验和智慧，从而能够不断提高自身的执政能力以及执政水平。由此，人们不难看出，在新的历史时期，社会动员对于提高执政党的执政能力以及执政水平同样能够起到非常重要的作用。"强大的政党要求有高水平的政治制度化和高水平的群众支持。'动员'和'组织'，这两个共产党政治行动的孪生口号，精确地指明了增强政党力量之路。"③ 在抗日战争时期，南京国民政府之所以无法抵御日本发动的大规模侵华战争，"这不仅仅是因为敌人力量太过强大，还因为没有实现完全统一与中央集权的国民党政权的内部虚弱性：它无法动员中国潜在的财富，更不愿冒危及到上层社会的军事统治的危险来发动民众参与"④。可以说，社会动员既是对执政党执政能力的一种现实检验，又是促使执政党不断地提升其执政能力的一种有效方式。

二 社会动员机制需要进一步创新发展

时代在不断地发展，社会在不断地进步，事物也在不断地发展和变

---

① 张伟、王淑贞、刘继昌著：《政治稳定论要：社会转型期的政治稳定与社会动员》，辽海出版社 2002 年版，第 133 页。

② ［美］莱斯特·R. 布朗著：《B 模式 3.0：紧急动员拯救文明》，刘志广等译，东方出版社 2009 年版，第 335 页。

③ ［美］塞缪尔·亨廷顿著：《变化社会中的政治秩序》，王冠华等译，上海人民出版社 2008 年版，第 336 页。

④ ［美］西达·斯考切波著：《国家与社会革命：对法国、俄国和中国的比较分析》，何俊志、王学东译，上海人民出版社 2007 年版，第 303 页。

化着。毫无疑问，在新的历史时期，社会动员机制需要不断地创新和发展也是历史的必然。

第一，社会动员机制创新发展的必然性。世界处在永不停息的运动、变化和发展之中。而发展的实质是新事物代替旧事物。"青山遮不住，毕竟东流去。"世界中的一切事物莫不如此。任何事物在其产生的时候，具有强大的生命力。可是，随着时代的发展，新事物也会逐渐变得不合时宜。这自然要求事物不断地改革、创新和发展。像其他事物一样，社会动员机制也有其产生、发展以及消亡的过程。就我国社会动员机制而言，改革开放后，尽管我国社会动员机制曾经发挥了重要的作用，但仍存在诸多问题。不论从社会动员的主体、对象来看，还是从社会动员方式来说，抑或是从社会动员自身机制来看，我国社会动员机制都存在着不合时宜、自身缺陷等诸多方面的问题。不言而喻，这些存在的问题和缺陷不仅阻碍了社会动员机制自身的发展，而且还阻碍着社会动员机制功能和作用的发挥。由此，事物的发展规律揭示了社会动员机制进一步创新发展的历史必然性。

第二，社会动员机制创新发展的重要性。社会动员活动的开展需要有组织、有秩序地进行，否则，难以取得应有的效果。社会动员机制不仅对社会动员起到内在约束的作用，而且还起到为社会动员提供外在保障的功能。一方面，由于目标明确、动员主体具有主观能动性、动员对象具有一定的制约性、社会动员方式具有确定性以及社会动员环境的特殊性，社会动员往往是在一定时间、一定的地点开展的特定活动。这样，无形中，社会动员机制就会对社会动员起到内在约束的作用。另一方面，正是因为动员目标明确、动员主体具有主观能动性、动员对象具有一定的制约性、社会动员方式多样化以及社会动员环境的特殊性，社会动员机制又能为社会动员提供外在的保障。然而，随着时代的发展，社会动员又将出现新情况、新问题、新发展。在社会动员出现新情况、新问题、新发展的时候，如果社会动员机制不能与时俱进，不能跟上社会动员变化发展的步伐，那么它就会失去其应有价值和重要意义。不言而喻，社会动员机制对社会动员的重要意义决定了其不断创新发展的重要性。

第三，社会动员机制创新发展的紧迫性。在瞬息万变的世界中，在日新月异的时代里，事物需要不断地发展，否则，就难以跟上时代的步伐，难以存在于世间。当然，社会动员机制也是如此。如果不能创新发展，社会动员机制就不能跟上时代的步伐，就会失去存在的价值和意义。在新的历史时期，社会动员机制存在的现实条件与所面临的历史任务都发生了根本改变。"和平与发展"的时代主题已迥然有别于"战争与革命"的时代主题，国家富强、人民富裕的历史任务已截然不同于民族独立、人民解放的历史任务。可谓时过而境迁。同样，这也要求社会动员机制要与时俱进，不断开拓创新。

改革开放后，我国社会动员机制面临着错综复杂的国际环境、严峻的国内形势以及自身发展的客观要求。这一切形势和条件的变化要求我国社会动员机制创新发展，呼唤着新的社会动员机制的产生。

第三章　改革开放以来我国社会动员的历史进程及基本经验

自 1978 年改革开放以来，中国发生了 5000 多年历史上最为深刻的一场社会变革，中国特色社会主义在改革开放中重新焕发出蓬勃生机的客观事实，中华民族再度崛起的巨大成就，无可辩驳地证实了这场社会变革的必要性和正确性。不容忽视的一个现象是，社会动员伴随改革开放始终，并发挥着重要的作用。回顾改革开放以来我国社会动员的历史进程，系统总结改革开放以来我国社会动员的基本经验，无论对于中国全面深化改革和扩大开放，还是对于中国特色社会主义现代化建设事业，都有着极为重要的意义。

第一节　改革开放以来我国社会动员的历史进程

从总体上看，改革开放以来我国社会动员的历史演进可以分为六个历史阶段——土地制度改革社会动员阶段（1978—1984 年）、以城市为中心全面改革社会动员阶段（1984—1988 年）、总结经验和整顿调整社会动员阶段（1988—1992 年）、以创立社会主义市场经济体制为核心内容的综合改革社会动员阶段（1992—2003 年）、"以工业化、城镇化、农业现代化推动经济社会发展"社会动员阶段（2003—2012 年）、以"四个全面"战略布局推动经济社会发展社会动员新阶段（2012 年至今）。

一　土地制度改革社会动员阶段（1978—1984 年）

在从 1978 年 12 月中共十一届三中全会召开到 1984 年 10 月中共十二届三中全会《中共中央关于经济体制改革的决定》发表这一社会动

员阶段，我国主要是通过土地制度改革，充分调动农民生产的积极性。

1978 年，按我国政府确定的贫困标准统计，贫困人口为 2.5 亿人，占农村总人口的 30.7%。导致这一时期大面积贫困的原因是多方面的，主要是农业经营体制不适应生产力发展需要，造成农民生产积极性低下。因此，变革农村土地制度以调动广大农民群众的积极性、主动性和创造性，成为当时我国社会动员的主要目标和重要内容。

自 1978 年改革开始，我国首先进行的是土地经营制度的变革，即以家庭承包经营制度取代人民公社的集体经营制度。这种土地制度的变革极大地激发了农民的劳动热情，从而极大地解放了生产力，提高了土地生产效率。与此同时，在农村进行的农产品价格逐步放开、大力发展乡镇企业等多项改革，也为进一步释放农村劳动力的活力打开了出路。可以说，土地经营制度的变革促进了国民经济快速发展，并通过农产品价格的提升、农业产业结构向附加值更高的产业转化以及农村劳动力在非农领域就业三个方面的渠道，充分调动起农民群众的积极性、主动性、创造性，极大地促进了农村经济社会的发展。

据统计，从 1978 年到 1985 年，农村人均粮食产量增长 14%，棉花增长 73.9%，油料增长 176.4%，肉类增长 87.8%；农民人均纯收入增长了 2.6 倍；没有解决温饱的贫困人口从 2.5 亿人减少到 1.25 亿人，占农村人口的比例下降到 14.8%；贫困人口平均每年减少 1786 万人。

从总体上看，这一时期，通过土地制度改革社会动员，我国在指导思想上实现三个转变：即从以阶级斗争为纲转变到以经济建设为中心，从封闭转变到开放，从固守陈规转变到大胆改革。实施这三个具有全局意义的战略转变，揭开了中国历史的新篇章。以此为标志，中国进入了以改革、开放、发展和思想解放为鲜明特色的新的历史时期。

二 以城市为中心全面改革社会动员阶段（1984—1988 年）

在从 1984 年 10 月中共中央作出关于经济体制改革的决定到 1988 年 9 月中共中央作出《关于治理经济环境整顿经济秩序全面深化改革的决议》这一社会动员阶段，我国改革的重点从农村转移到城市，从经济领域扩展到政治、科技、教育及其他社会生活领域。在这一时期，我国改革的深度和广度都较前一时期有显著进展。与此同时，我国社会动员的深度和广度较之以前也都有了显著进展，故称为全面改革社会动员阶段。

1984 年 10 月，中共十二届三中全会通过了《中共中央关于经济体制改革的决定》。这是一个有关改革的纲领性文件。这个文件的公布和实施，表明我们党和政府对改革的认识达到了一个新的高度，其最重要的认识成果，就是创造性地提出了社会主义经济是有计划的商品经济这一新论断，首次把社会主义与商品经济结合起来。从而为经济体制改革提供了新的理论指导，标志着中国改革正在走向深入，中国社会动员也随之进入了不断深化的阶段。

1987 年 10 月，中国共产党召开十三大。这次大会有两个突出贡献：一是比较系统地论述了社会主义初级阶段理论，明确概括和全面阐发了党在社会主义初级阶段的基本路线；二是阐述了政治体制改革的方针、内容和实施方案。从而把政治体制改革提到了议事日程，发起了政治动员号令。

这一阶段社会动员是在改革首先在农村开始实施并取得了显著成果之后，在城市从扩大企业自主权入手，进行了综合和专项改革试点，取得了初步成效，积累了有益经验。扩大企业自主权的结晶是新的生产关系的产生，即企业承包制。这种新体制的理论基础就是"两权分离"说，即要实现所有权和经营权的分离。

三　总结经验和整顿调整社会动员阶段（1988—1992 年）

在从 1988 年 9 月中共中央作出治理整顿深化改革的决策到 1992 年初邓小平南方谈话的发表这一社会动员阶段，与其他国家的改革一样，我国的改革开放并非一帆风顺。到 20 世纪 80 年代后期，我国在改革进程中出现了一些问题，主要是物价波动较大，市场秩序混乱，重复建设比较严重等。针对这种情况，1988 年 9 月，中共十三届三中全会作出了《关于治理经济环境整顿经济秩序全面深化改革的决定》。其目的是治理经济环境，整顿经济秩序，调整完善政策，为深化改革扩大开放创造一个良好的社会经济环境。

1989 年 11 月，中共十三届五中全会通过了《中共中央关于进一步治理整顿和深化改革的决定》。全会指出，党的十一届三中全会以来的十年中，我们以经济建设为中心，坚持四项基本原则，坚持改革开放，国民经济持续发展，国家经济实力显著增强，城乡居民生活明显改善，各项事业都取得了巨大成就，整个国家的面貌发生了深刻的历史性变化。同时，我国经济在前进中也存在许多问题和困难。这些问题和困难是多年积累下来的。就我们目前面临困难的性质来说，是前进中的困难，暂时的困难，是完全有条件加以克服的。

全会决定，用 3 年或者更长一点的时间，基本完成治理整顿任务。治理整顿的主要目标是：逐步降低通货膨胀率，使全国零售物价上涨幅度逐步下降到 10% 以下；扭转货币超经济发行的状况，逐步做到当年货币发行量与经济增长的合理需求相适应；努力实现财政收支平衡，逐步消灭财政赤字；在着力提高经济效益、经济素质和科技水平的基础上，保持适度的经济增长率，争取国民生产总值平均每年增长 5%—6%；改善产业结构不合理状况，力争主要农产品生产逐步增长，能源、原材料供应紧张和运力不足的矛盾逐步缓解；进一步深化和完善各项改革措施，逐步建立符合计划经济与市场调节相结合原则的，经济、行政、法律手段综合运用的宏观调控体系。

全会要求，治理整顿必须抓住四个重要环节。一是继续压缩社会总需求，坚持执行紧缩财政和信贷的方针，解决好国民收入超额分配的问题，下决心过几年紧日子。二是大力调整产业结构，增加有效供给，增强经济发展后劲。特别是要迅速在全党全国造成一个重视农业、支援农业和发展农业的热潮，齐心合力把农业搞上去，确保粮食、棉花等主要农产品的稳定增长。三是认真整顿经济秩序，继续下大力量清理整顿各种公司特别是流通领域的公司，克服生产、建设、流通、分配领域的严重混乱现象。四是深入开展增产节约、增收节支运动，下功夫改进企业的经营管理，挖掘内部潜力，提高科技水平，走投入少、产出多、质量高、效益好的经济发展路子。

这段历程，从实践中看，是整顿调整的社会动员时期；从理论上看，是总结改革经验的社会动员时期，以便确立更加全面的改革思路，确保我国改革开放事业能够顺利稳妥地向前推进。

四 以创立社会主义市场经济体制为核心内容的综合改革社会动员阶段（1992—2003 年）

在从 1992 年初邓小平发表南方谈话到 2003 年 10 月中共十六届三中全会召开这一社会动员阶段，集中体现为我国开展了综合改革的社会动员。

1992 年初，邓小平视察南方时发表重要讲话，深刻回答了长期困扰和束缚人们思想的许多重要思想理论问题，特别是社会主义与市场经济的关系问题。谈话围绕"抓住时机，加快发展"这一主题，从理论上对诸如社会主义本质、判断是非得失的三个"有利于"标准、改革也是解放生产力、计划与市场都是手段、"发展才是硬道理"、中国要警惕右但主要是防止"左"等问题，进行了深刻的阐述和概括，深化了对改革开放和建设中国特色社会主义的认识。

邓小平南方谈话是新一轮改革潮的理论准备和思想动员，也为1992年召开的中共十四大，做了直接的思想理论准备。这是标志邓小平理论走向成熟的代表作，是把改革开放和社会主义现代化事业推进到新阶段的宣言书。

1992年10月，中国共产党第十四次全国代表大会召开。这次大会作出了三项具有深远意义的重大决策：一是抓住机遇，加快发展；二是明确提出我国经济体制改革的目标是建立社会主义市场经济体制；三是确立邓小平建设有中国特色社会主义理论在全党的指导地位。同时，十四大把建设有中国特色社会主义理论的主要内容归结为九个方面，指出这一理论"第一次比较系统地初步回答了像中国这样经济文化比较落后的国家如何建设社会主义、如何巩固和发展社会主义的一系列基本问题，用新的思想、观点，继承和发展了马克思主义"①。

1993年11月，《中共中央关于建立社会主义市场经济体制若干问题的决定》颁发。它是我国经济体制改革进入攻坚阶段的一个重大战略决策，是实现从旧经济体制向新经济体制过渡的宏伟蓝图，其意义在于把邓小平南方谈话的思想和中共十四大精神，转化为深化改革、扩大开放、加快发展的行动纲领。其中最突出的贡献，就是提出了建立现代企业制度，这是发展社会化大生产和市场经济的必然要求，是我国国有企业改革的方向。

1997年9月，中国共产党召开了第十五次全国代表大会。中国共产党第十五次全国代表大会高举邓小平理论伟大旗帜，总结了我国改革和建设的新经验，把邓小平理论确定为党的指导思想，把依法治国确定为治国的基本方略，把坚持公有制为主体、多种所有制经济共同发展，坚持按劳分配为主体、多种分配方式并存，确定为我国在社会主义初级

---

① 中共中央文献研究室编：《十四大以来重要文献选编》（上），人民出版社1996年版，第10页。

阶段的基本经济制度和分配制度。党的十五大对建设有中国特色的社会主义事业的跨世纪发展做出了全面部署。

1998年10月，中共十五届三中全会通过了《中共中央关于农业和农村工作若干重大问题的决定》。全会认为，农业、农村和农民问题是关系我国改革开放和现代化建设全局的重大问题。完成党的十五大确定的我国跨世纪发展的宏伟任务，必须进一步加强农业的基础地位，保持农业和农村经济的持续发展，保持农民收入的稳定增长，保持农村社会的稳定。我国改革率先从农村突破，在改革开放20周年之际，面对亚洲金融危机的冲击和经济全球化的挑战，这次会议集中研究农业和农村问题。

中共十五届三中全会通过的《中共中央关于农业和农村工作若干重大问题的决定》高度评价农村改革20年所取得的巨大成就和创造的丰富经验，指出，实行家庭联产承包责任制，废除人民公社，突破计划经济模式，初步构筑了适应发展社会主义市场经济要求的农村新经济体制框架。这个根本性改革，解放和发展了农村生产力，带来农村经济和社会发展的历史性巨变。《决定》认为农村改革20年的基本经验有：一是必须承认并充分保障农民的自主权，把调动广大农民的积极性作为制定农村政策的首要出发点。二是必须发展公有制为主体的多种所有制经济，探索和完善农村公有制的有效实现形式，使生产关系适应生产力发展的要求。实行土地集体所有、家庭承包经营，使用权同所有权分离，建立统分结合的双层经营体制，理顺了农村最基本的生产关系。这是能够极大促进生产力发展的农村集体所有制的有效实现形式。三是必须坚持以市场为取向的改革，为农村经济注入新的活力。四是必须尊重农民的首创精神，依靠群众推进改革的伟大事业。五是必须从全局出发，高度重视农业，使农村改革和城市改革相互配合、协调发展。《决定》按照十五大确定的我国社会主义初级阶段的基本纲领和总体部署，从经济、政治、文化三个方面，提出了从20世纪末起到2010年建设有中国特色社会主义新农村的奋斗目标，确定了实现这些目标必须坚持的十条方针。

《决定》强调，以公有制为主体、多种所有制经济共同发展的基本经济制度，以家庭承包经营为基础、统分结合的经营制度，以劳动所得为主和按生产要素分配相结合的分配制度，必须长期坚持。要在这个基础上，按照建立社会主义市场经济体制的要求，深化农村改革。

《决定》还具体阐述了"长期稳定以家庭承包经营为基础、统分结合的双层经营体制"、"深化农产品流通体制改革，完善农产品市场体系"、"加快以水利为重点的农业基本建设，改善农业生态环境"、"依靠科技进步，优化农业和农村经济结构"、"推进农村小康建设，加大扶贫攻坚力度"、"加强农村基层民主法制建设"、"加强农村社会主义精神文明建设"、"加强农村基层党组织建设和干部队伍建设"等问题。《决定》强调必须切实加强农村基层民主法制建设、社会主义精神文明建设、基层党组织和干部队伍建设。实行村民自治，是党领导亿万农民建设有中国特色社会主义民主政治的伟大创造。这项工作要在党的统一领导下有步骤、有秩序地进行，建立健全各项制度，并同健全法制紧密结合。

全会号召，全党动员起来，团结全国各族人民，在以江泽民同志为核心的党中央领导下，高举邓小平理论伟大旗帜，认真贯彻党的十五大精神，艰苦奋斗，扎实工作，努力开创我国农业和农村工作新局面，全面推进建设有中国特色社会主义伟大事业。

2001 年 7 月，江泽民在庆祝中国共产党成立 80 周年大会上发表讲话，系统总结了中国共产党 80 年奋斗的历史经验，顺应时代发展的进步潮流，在事关党和国家发展的一系列重大问题上进行了理论创新。这种理论创新主要表现在：一是阐述了"三个代表"重要思想的基本内涵和精神实质；二是提出了不断增强党的阶级基础和扩大党的群众基础的执政党建设新思路；三是做出了我国改革开放以来出现的新社会阶层是中国特色社会主义建设者的重要论断；四是提出促进人的全面发展，是建设社会主义新社会的本质要求。这些新思想和新思路，为中国的改革开放和现代化建设提供了新的思想理论基础。

2002 年 11 月，中国共产党第十六次全国代表大会召开。全会指出，开创中国特色社会主义事业新局面，必须高举邓小平理论伟大旗帜，坚持贯彻"三个代表"重要思想。"三个代表"重要思想是对马克思列宁主义、毛泽东思想和邓小平理论的继承和发展，反映了当代世界和中国的发展变化对党和国家工作的新要求，是加强和改进党的建设、推进我国社会主义自我完善和发展的强大理论武器，是全党集体智慧的结晶，是党必须长期坚持的指导思想。始终做到"三个代表"，是我们党的立党之本、执政之基、力量之源。

贯彻"三个代表"重要思想，必须使全党始终保持与时俱进的精神状态，不断开拓马克思主义理论发展的新境界。坚持党的思想路线，解放思想、实事求是、与时俱进，是我们党坚持先进性和增强创造力的决定性因素。与时俱进，就是党的全部理论和工作要体现时代性，把握规律性，富于创造性。能否始终做到这一点，决定着党和国家的前途命运。

贯彻"三个代表"重要思想，必须把发展作为党执政兴国的第一要务，不断开创现代化建设的新局面。马克思主义执政党必须高度重视解放和发展生产力。离开发展，坚持党的先进性、发挥社会主义制度的优越性和实现民富国强都无从谈起。党的先进性是具体的、历史的，必须放到推动当代中国先进生产力和先进文化的发展中去考察，放到维护和实现最广大人民根本利益的奋斗中去考察，归根结底要看党在推动历史前进中的作用。

贯彻"三个代表"重要思想，必须最广泛、最充分地调动一切积极因素，不断为中华民族的伟大复兴增添新力量。最大多数人的利益和全社会全民族的积极性、创造性，对党和国家事业的发展始终是最具有决定性的因素。在我国社会深刻变革、党和国家事业快速发展的进程中，妥善处理各方面的利益关系，把一切积极因素充分调动和凝聚起来，至关紧要。

贯彻"三个代表"重要思想，必须以改革的精神推进党的建设，不断为党的肌体注入新活力。高度重视和不断加强自身建设，是我们党从小到大、由弱到强，从挫折中奋起、在战胜困难中不断成熟的一大法宝。总结党80多年来的历史经验，最根本的一条，就是党的建设必须按照党的政治路线来进行，围绕党的中心任务来展开，朝着党的建设总目标来加强，不断提高党的创造力、凝聚力和战斗力。

全会指出，全面建设小康社会的奋斗目标。经过全党和全国各族人民的共同努力，我们胜利实现了现代化建设"三步走"战略的第一步、第二步目标，人民生活总体上达到小康水平。这是社会主义制度的伟大胜利，是中华民族发展史上一个新的里程碑。

必须看到，我国正处于并将长期处于社会主义初级阶段，现在达到的小康还是低水平的、不全面的、发展很不平衡的小康，人民日益增长的物质文化需要同落后的社会生产之间的矛盾仍然是我国社会的主要矛盾。我国生产力和科技、教育还比较落后，实现工业化和现代化还有很长的路要走；城乡二元经济结构还没有改变，地区差距扩大的趋势尚未扭转，贫困人口还为数不少；人口总量继续增加，老龄人口比重上升，就业和社会保障压力增大；生态环境、自然资源和经济社会发展的矛盾日益突出；我们仍然面临发达国家在经济科技等方面占优势的压力；经济体制和其他方面的管理体制还不完善；民主法制建设和思想道德建设等方面还存在一些不容忽视的问题。巩固和提高目前达到的小康水平，还需要进行长时期的艰苦奋斗。

综观全局，21 世纪头 20 年，对我国来说，是一个必须紧紧抓住并且可以大有作为的重要战略机遇期。根据党的十五大提出的到 2010 年、建党 100 年和新中国成立 100 年的发展目标，我们要在 21 世纪头 20 年，集中力量，全面建设惠及十几亿人口的更高水平的小康社会，使经济更加发展、民主更加健全、科教更加进步、文化更加繁荣、社会更加和谐、人民生活更加殷实。这是实现现代化建设第三步战略目标必经的承上启下的发展阶段，也是完善社会主义市场经济体制和扩大对外开放的关键阶段。经过这个阶段的建设，再继续奋斗几十年，到 21 世纪中叶基本实现现代化，把我国建成富强民主文明和谐的社会主义现代化国家。

这次大会确立的全面建设小康社会的目标，是中国特色社会主义经济、政治、文化全面发展的目标，是与加快推进现代化相统一的目标，符合我国国情和现代化建设的实际，符合人民的愿望，意义十分重大。为完成党在新世纪、新阶段的这个奋斗目标，发展要有新思路，改革要有新突破，开放要有新局面，各项工作要有新举措。各地各部门都要从实际出发，采取切实有效的措施，努力实现这个目标。有条件的地方可以发展得更快一些，在全面建设小康社会的基础上，率先基本实现现代化。可以肯定，实现了全面建设小康社会的目标，我们的祖国必将更加繁荣富强，人民的生活必将更加幸福美好，中国特色社会主义必将进一步显示出巨大的优越性。

全会指出，加快经济建设和经济体制改革、政治建设和政治体制改革、文化建设和文化体制改革、国防和军队建设、落实"一国两制"和实现祖国的完全统一、国际形势和对外工作、加强和改进党的建设。

　　全会指出，全面建设小康社会，开创中国特色社会主义事业新局面，就是要在中国共产党的坚强领导下，发展社会主义市场经济、社会主义民主政治和社会主义先进文化，不断促进社会主义物质文明、政治文明和精神文明的协调发展，推进中华民族的伟大复兴。

　　中国共产党深深扎根于中华民族之中。党从成立那一天起，就是中国工人阶级的先锋队，同时也是中国人民和中华民族的先锋队，肩负着实现中华民族伟大复兴的庄严使命。在新民主主义革命时期，我们党团结和带领全国各族人民完成民族独立和人民解放的历史任务，为实现中华民族伟大复兴创造了前提。新中国成立后，我们党创造性地完成由新民主主义到社会主义的过渡，实现中国历史上最伟大、最深刻的社会变革，开始了在社会主义道路上实现中华民族伟大复兴的历史征程。十一届三中全会以来，我们党找到建设中国特色社会主义的正确道路，赋予民族复兴新的强大生机。中华民族的伟大复兴展现出灿烂的前景。

　　全面建设小康社会，加快推进社会主义现代化，使社会主义中国发展和富强起来，为人类进步事业做出更大贡献，这是我们党必须勇敢担负起来的历史任务。完成这个任务，必须紧紧依靠全党和全国各族人民的团结。团结就是力量，团结就是胜利。我们党和我国人民经历了艰难曲折，积累了丰富经验，愈益成熟起来。面对很不安宁的世界，面对艰巨繁重的任务，全党同志一定要增强忧患意识，居安思危，清醒地看到日趋激烈的国际竞争带来的严峻挑战，清醒地看到前进道路上的困难和风险，倍加顾全大局，倍加珍视团结，倍加维护稳定。①

　　2003 年 10 月，中共中央召开十六届三中全会，会议审议通过了《中共中央关于完善社会主义市场经济体制若干问题的决定》，这个决定的发表，对于全面推进我国的改革开放和现代化建设事业，具有特殊的意义。这种特殊意义集中到一点，就是标志着我国的改革开放进入了一个新的发展阶段。这个发展阶段的突出特点是：制度创新。特别是以完善社会主义市场经济体制为核心内容的制度创新。

　　这次会议的突出贡献是提出了科学发展观。科学发展观的要点有四个：一是强调发展的全面性，即社会主义物质文明、政治文明和精神文明协调发展全面进步；二是强调统筹兼顾，协调发展，即城乡协调、区

_____

　　① 《江泽民文选》第三卷，人民出版社 2006 年版，第 574—575 页。

域协调、经济社会协调、人与自然和谐协调、国内发展与对外开放协调；三是强调可持续发展，即要使经济发展与资源、环境和人口相适应；四是突出以人为本，即经济社会发展的目标是为了提高人的生活水平，改善人的生存环境，提升人的综合素质，促进人的自由全面发展。党的一切奋斗和工作都是为了造福人民。把以人为本作为发展观的核心，作为党的执政理念，其意义重大而深远。

五 以工业化、城镇化、农业现代化推动经济社会发展社会动员阶段（2003—2012 年）

在从 2003 年 10 月通过的《中共中央关于完善社会主义市场经济体制若干问题的决定》到 2012 年 11 月中国共产党第十八次全国代表大会的召开这一社会动员阶段，集中体现为"以工业化、城镇化、农业现代化推动经济社会发展"的特征。

随着 2003 年 10 月通过《中共中央关于完善社会主义市场经济体制若干问题的决定》之后，2004 年 3 月召开的十届人大二次会议，通过了《宪法》修正案。其中，最为值得关注的是：一是把保护私有财产写入了宪法；二是把保障人权写入了宪法。

2004 年 9 月，党的十六届四中全会通过的《中共中央关于加强党的执政能力建设的决定》，把树立和落实科学发展观作为提高党的执政能力的重要内容。会议指出，当前，国际形势继续发生深刻变化，我国改革发展正处于关键时期。我们党要适应新形势、新任务的要求，团结带领全国各族人民推动全面建设小康社会的进程，必须大力加强党的执政能力建设，不断提高党的执政水平。要坚持以邓小平理论和"三个代表"重要思想为指导，认真总结我们党执政的历史经验，进一步认识和把握共产党执政规律、社会主义建设规律和人类社会发展规律，把加强党的执政能力建设建立在更加自觉地运用客观规律的基础之上。要明确加强党的执政能力建设的指导原则，坚持用发展着的马克思主义指导新的实践，坚持推进社会主义制度的自我完善，坚持抓好发展这个党执政兴国的第一要务，坚持立党为公、执政为民，树立和落实科学发展观，不断促进社会主义物质文明、政治文明和精神文明协调发展。要大力加强马克思主义执政理论建设，坚持理论联系实际，深入研究党的执政方略、执政体制、执政方式、执政基础等问题，为加强党的执政能力建设提供强有力的理论指导。要紧紧抓住制度建设这个更具根本性、全局性、稳定性、长期性的重要环节，积极稳妥地推进经济和政治体制改革，坚持和健全民主集中制，贯彻依法治国的基本方略，坚持依法执政，不断改进和完善党的领导方式和执政方式。

2006 年 10 月，中共十六届六中全会通过了《中共中央关于构建社会主义和谐社会若干重大问题的决定》，提出了构建社会主义和谐社会的重要性和紧迫性、指导思想、目标任务和原则等，是社会动员在社会建设方面的体现。

2007 年 10 月，中国共产党第十七次全国代表大会召开。全会提出，深入贯彻落实科学发展观。在新的发展阶段继续全面建设小康社会、发展中国特色社会主义，必须坚持以邓小平理论和"三个代表"重要思想为指导，深入贯彻落实科学发展观。

科学发展观，是对党的三代中央领导集体关于发展的重要思想的继承和发展，是马克思主义关于发展的世界观和方法论的集中体现，是同马克思列宁主义、毛泽东思想、邓小平理论和"三个代表"重要思想既一脉相承又与时俱进的科学理论，是我国经济社会发展的重要指导方针，是发展中国特色社会主义必须坚持和贯彻的重大战略思想。

相关情况表明，经过新中国成立以来特别是改革开放以来的不懈努力，我国取得了举世瞩目的发展成就，从生产力到生产关系、从经济基础到上层建筑都发生了意义深远的重大变化，但我国仍处于并将长期处于社会主义初级阶段的基本国情没有变，人民日益增长的物质文化需要同落后的社会生产之间的矛盾这一社会主要矛盾没有变。当前我国发展的阶段性特征，是社会主义初级阶段基本国情在新世纪、新阶段的具体表现。强调认清社会主义初级阶段基本国情，不是要妄自菲薄、自甘落后，也不是要脱离实际、急于求成，而是要坚持把它作为推进改革、谋划发展的根本依据。我们必须始终保持清醒头脑，立足社会主义初级阶段这个最大的实际，科学分析我国全面参与经济全球化的新机遇新挑战，全面认识工业化、信息化、城镇化、市场化、国际化深入发展的新形势新任务，深刻把握我国发展面临的新课题新矛盾，更加自觉地走科学发展道路，奋力开拓中国特色社会主义更为广阔的发展前景。

科学发展观，第一要义是发展，核心是以人为本，基本要求是全面协调可持续，根本方法是统筹兼顾。

全会要求全党同志要全面把握科学发展观的科学内涵和精神实质，

增强贯彻落实科学发展观的自觉性和坚定性，着力转变不适应不符合科学发展观的思想观念，着力解决影响和制约科学发展的突出问题，把全社会的发展积极性引导到科学发展上来，把科学发展观贯彻落实到经济社会发展各个方面。

全会提出，实现全面建设小康社会奋斗目标的新要求。我们已经朝着十六大确立的全面建设小康社会的目标迈出了坚实步伐，今后要继续努力奋斗，确保到 2020 年实现全面建成小康社会的奋斗目标。

我们必须适应国内外形势的新变化，顺应各族人民过上更好生活的新期待，把握经济社会发展趋势和规律，坚持中国特色社会主义经济建设、政治建设、文化建设、社会建设的基本目标和基本政策构成的基本纲领，在党的十六大确立的全面建设小康社会目标的基础上对我国发展提出新的更高要求：增强发展协调性，努力实现经济又好又快发展；扩大社会主义民主，更好保障人民权益和社会公平正义；加强文化建设，明显提高全民族文明素质；加快发展社会事业，全面改善人民生活；建设生态文明，基本形成节约能源资源和保护生态环境的产业结构、增长方式、消费模式。

到 2020 年全面建设小康社会目标实现之时，我们这个历史悠久的文明古国和发展中社会主义大国，将成为工业化基本实现、综合国力显著增强、国内市场总体规模位居世界前列的国家，成为人民富裕程度普遍提高、生活质量明显改善、生态环境良好的国家，成为人民享有更加充分民主权利、具有更高文明素质和精神追求的国家，成为各方面制度更加完善、社会更加充满活力而又安定团结的国家，成为对外更加开放、更加具有亲和力、为人类文明做出更大贡献的国家。

全会提出，促进国民经济又好又快发展。实现未来经济发展目标，关键要在加快转变经济发展方式、完善社会主义市场经济体制方面取得重大进展。要大力推进经济结构战略性调整，更加注重提高自主创新能力、提高节能环保水平、提高经济整体素质和国际竞争力。要深化对社会主义市场经济规律的认识，从制度上更好发挥市场在资源配置中的基础性作用，形成有利于科学发展的宏观调控体系。这就要提高自主创新能力，建设创新型国家；加快转变经济发展方式，推动产业结构优化升级；统筹城乡发展，推进社会主义新农村建设；加强能源资源节约和生态环境保护，增强可持续发展能力；推动区域协调发展，优化国土开发格局；完善基本经济制度，健全现代市场体系；深化财税、金融等体制改革，完善宏观调控体系；拓展对外开放广度和深度，提高开放型经济水平。

全会提出，加快推进以改善民生为重点的社会建设。社会建设与人民幸福安康息息相关。必须在经济发展的基础上，更加注重社会建设，着力保障和改善民生，推进社会体制改革，扩大公共服务，完善社会管理，促进社会公平正义，努力使全体人民学有所教、劳有所得、病有所医、老有所养、住有所居，推动建设和谐社会。这就要求优先发展教育，建设人力资源强国；实施扩大就业的发展战略，促进以创业带动就业；深化收入分配制度改革，增加城乡居民收入；加快建立覆盖城乡居民的社会保障体系，保障人民基本生活；建立基本医疗卫生制度，提高全民健康水平；完善社会管理，维护社会安定团结。

全会指出："和谐社会要靠全社会共同建设。我们要紧紧依靠人民，调动一切积极因素，努力形成社会和谐人人有责、和谐社会人人共享的生动局面。"①

2008 年 2 月，中共十七届二中全会提出了《关于深化行政管理体制改革的意见》和《国务院机构改革方案》，明确了深化行政管理体制改革的指导思想、基本原则和总体目标。这标志着新一轮行政管理体制改革开始启动。这既是深化经济体制改革的必然要求，也是政治体制改革的重要内容。

2009 年 9 月，中共十七届四中全会通过了《中共中央关于加强和改进新形势下党的建设若干重大问题的决定》。全会指出，世情、国情、党情的深刻变化对党的建设提出了新的要求，党面临的执政考验、改革开放考验、市场经济考验、外部环境考验是长期的、复杂的、严峻的，落实党要管党、从严治党的任务比过去任何时候都更为繁重和紧迫。全党必须居安思危，增强忧患意识，常怀忧党之心，恪尽兴党之责，勇于变革、勇于创新，永不僵化、永不停滞，继续推进党的建设新的伟大工程，确保党在世界形势深刻变化的历史进程中始终走在时代前列，在应对国内外各种风险和考验的历史进程中始终成为全国人民的主

---

① 胡锦涛：《高举中国特色社会主义伟大旗帜　为夺取全面建设小康社会新胜利而奋斗》，人民出版社 2007 年版，第 41 页。

心骨，在发展中国特色社会主义的历史进程中始终成为坚强的领导核心。

2011 年 10 月，中共十七届六中全会通过了《中共中央关于深化文化体制改革推动社会主义文化大发展大繁荣若干重大问题的决定》。全会研究了深化文化体制改革、推动社会主义文化大发展大繁荣若干重大问题，认为总结我国文化改革发展的丰富实践和宝贵经验，研究部署深化文化体制改革、推动社会主义文化大发展大繁荣，进一步兴起社会主义文化建设新高潮，对夺取全面建设小康社会新胜利、开创中国特色社会主义事业新局面、实现中华民族伟大复兴具有重大而深远的意义。

全会指出，中国共产党从成立之日起，就既是中华优秀传统文化的忠实传承者和弘扬者，又是中国先进文化的积极倡导者和发展者。我们党历来高度重视运用文化引领前进方向、凝聚奋斗力量，团结带领全国各族人民不断以思想文化新觉醒、理论创造新成果、文化建设新成就推动党和人民事业向前发展，文化工作在革命、建设、改革各个历史时期都发挥了不可替代的重大作用。

全会指出，改革开放特别是党的十六大以来，我们党始终把文化建设放在党和国家全局工作重要战略地位，坚持物质文明和精神文明两手抓，实行依法治国和以德治国相结合，促进文化事业和文化产业同发展，推动文化建设不断取得新成就，走出了中国特色社会主义文化发展道路。我国文化改革发展，显著提高了全民族思想道德素质和科学文化素质、促进了人的全面发展，显著增强了国家文化软实力，为坚持和发展中国特色社会主义提供了强大精神力量。

全会指出，当今世界正处在大发展大变革大调整时期，文化在综合国力竞争中的地位和作用更加凸显，维护国家文化安全任务更加艰巨，增强国家文化软实力、中华文化国际影响力要求更加紧迫。当代中国进入了全面建设小康社会的关键时期和深化改革开放、加快转变经济发展方式的攻坚时期，文化越来越成为民族凝聚力和创造力的重要源泉、越来越成为综合国力竞争的重要因素、越来越成为经济社会发展的重要支撑，丰富精神文化生活越来越成为我国人民的热切愿望。全面建成惠及十几亿人口的更高水平的小康社会，既要让人民过上殷实富足的物质生活，又要让人民享有健康丰富的文化生活。我们必须抓住和用好我国发展的重要战略机遇期，在坚持以经济建设为中心的同时，自觉把文化繁荣发展作为坚持发展是硬道理、发展是党执政兴国第一要务的重要内容，作为深入贯彻落实科学发展观的一个基本要求，进一步推动文化建设与经济建设、政治建设、社会建设以及生态文明建设协调发展，为继续解放思想、坚持改革开放、推动科学发展、促进社会和谐提供坚强思想保证、强大精神动力、有力舆论支持、良好文化条件。

全会强调，坚持中国特色社会主义文化发展道路，深化文化体制改革，推动社会主义文化大发展大繁荣，必须全面贯彻党的十七大精神，高举中国特色社会主义伟大旗帜，以马克思列宁主义、毛泽东思想、邓小平理论和"三个代表"重要思想为指导，深入贯彻落实科学发展观，坚持社会主义先进文化前进方向，以科学发展为主题，以建设社会主义核心价值体系为根本任务，以满足人民精神文化需求为出发点和落脚点，以改革创新为动力，发展面向现代化、面向世界、面向未来的，民族的科学的大众的社会主义文化，培养高度的文化自觉和文化自信，提高全民族文明素质，增强国家文化软实力，弘扬中华文化，努力建设社会主义文化强国。

2012年11月，中国共产党第十八次全国代表大会胜利召开。会议指出，科学发展观是中国特色社会主义体系最新成果。科学发展观是马克思主义同当代中国实际和时代特征相结合的产物，是马克思主义关于发展的世界观和方法论的集中体现，对新形势下实现什么样的发展、怎样发展等重大问题作出了新的科学回答。科学发展观是党必须长期坚持的指导思想。提出了全面建成小康社会的奋斗目标。在发展平衡性、协调性、可持续性明显增强的基础上，实现国内生产总值和城乡居民人均收入比2010年翻一番。大力推进生态文明建设，扭转生态环境恶化趋势。当前和今后一个时期，要重点抓好四个方面的工作：一是要优化国土空间开发格局；二是要全面促进资源节约；三是要加大自然生态系统和环境保护力度；四是要加强生态文明制度建设。面对资源约束趋紧、环境污染严重、生态系统退化的严峻形势，把生态文明建设放在突出地位，融入经济建设、政治建设、文化建设、社会建设各方面和全过程，努力建设美丽中国，实现中华民族永续发展。促进农业转移人口市民化，推动城乡发展一体化。坚持和完善农村基本经营制度，构建集约化、专业化、组织化、社会化相结合的新型农业经营体系。加快完善城乡发展一体化体制机制，促进城乡要素平等交换和公共资源均衡配置，形成以工促农、以城带乡、工农互惠、城乡一体的新型工农、城乡关系。坚持推进政治体制改革。

要把制度建设摆在突出位置，必须继续积极稳妥推进政治体制改革，发展更加广泛、更加充分、更加健全的人民民主。充分发挥我国社会主义政治制度优越性，积极借鉴人类政治文明有益成果，绝不照搬西方政治制度模式。完善基层民主制度，建立健全权力运行制约和监督体系。健全基层党组织领导的充满活力的基层群众自治机制，以扩大有序参与、推进信息公开、加强议事协商、强化权力监督为重点，拓宽范围和途径，丰富内容和形式，保障人民享有更多更切实的民主权利。完善中国特色社会主义法律体系，加强重点领域立法，拓展人民有序参与立法途径。坚持用制度管权管事管人，保障人民知情权、参与权、表达权、监督权，是权力正确运行的重要保证。要确保决策权、执行权、监督权既相互制约又相互协调，确保国家机关按照法定权限和程序行使权力。实施创新驱动发展战略。把科技创新摆在国家发展全局的核心位置。要坚持走中国特色自主创新道路，以全球视野谋划和推动创新，提高原始创新、集成创新和引进消化吸收再创新能力，更加注重协同创新。深化经济体制改革，推进经济结构战略性调整，全面提高开放型经济水平。以推进城镇化为重点，着力解决制约经济持续健康发展的重大结构性问题。处理好政府和市场的关系，更好发挥政府作用。坚持出口和进口并重，提高利用外资综合优势和总体效益，加快走出去步伐，统筹双边、多边、区域次区域开放合作，提高抵御国际经济风险能力。

这些新思想的提出和一系列重大举措的实施，表明中国改革进入了一个新的阶段：即以完善社会主义市场经济体制为中心，相应改革政治体制和法律体制阶段。中国经济改革所面临的任务已经不可能仅在经济领域解决，必须着力解决旧体制遗留的深层体制矛盾，必须在政治体制方面做出创新。

全会最后指出："中国特色社会主义事业需要全体中华儿女万众一心、团结奋斗。团结就是大局，团结就是力量。""让我们高举中国特色社会主义伟大旗帜，更加紧密地团结在党中央周围，为全面建成小康社会而奋斗，不断夺取中国特色社会主义新胜利，共同创造中国人民和中华民族更加幸福美好的未来！"①

这一阶段社会动员的突出特点，是在科学发展观的指导下，遵循科学发展观的基本要求，特别是坚持以人为本与统筹兼顾的原则，开展社会动员。

六 以"四个全面"战略布局推动经济社会发展社会动员新阶段（2012 年至今）

从 2012 年 11 月，中共十八大胜利召开一直到现在的社会动员新阶段，我国社会动员呈现新的特点，最为突出的表现是全面化、法治化。

2013 年 11 月，中共十八届三中全会通过了《中共中央关于全面深化改革若干重大问题的决定》。全会高度评价党的十一届三中全会召开 35 年来改革开放的成功实践和伟大成就，研究了全面深化改革若干重大问题，认为改革开放是党在新时代条件下带领全国各族人民进行的新的伟大革命，是当代中国最鲜明的特色，是决定当代中国命运的关键抉择，是党和人民事业大踏步赶上时代的重要法宝。面对新形势、新任务，全面建成小康社会，进而建成富强、民主、文明、和谐的社会主义现代化国家、实现中华民族伟大复兴的中国梦，必须在新的历史起点上全面深化改革。

全会强调，全面深化改革，必须高举中国特色社会主义伟大旗帜，以马克思列宁主义、毛泽东思想、邓小平理论、"三个代表"重要思想、科学发展观为指导，坚定信心、凝聚共识，统筹谋划，协同推进，坚持社会主义市场经济改革方向，以促进社会公平正义、增进人民福祉为出发点和落脚点，进一步解放思想、解放和发展社会生产力、解放和增强社会活力，坚决破除各方面的体制机制弊端，努力开拓中国特色社会主义事业更加广阔的前景。

全会指出，全面深化改革的总目标是完善和发展中国特色社会主义制度，推进国家治理体系和治理能力现代化。必须更加注重改革的系统性、整体性、协同性，加快发展社会主义市场经济、民主政治、先进文化、和谐社会、生态文明，让一切劳动、知识、技术、管理、资本的活力竞相迸发，让一切创造社会财富的源泉充分涌流，让发展成果更多更

---

① 胡锦涛：《坚定不移沿着中国特色社会主义道路前进　为全面建成小康社会而奋斗——在中国共产党第十八次全国代表大会上的报告》，人民出版社 2012 年版，第 57 页。

公平惠及全体人民。

　　全会指出，要紧紧围绕使市场在资源配置中起决定性作用。深化经济体制改革，坚持和完善基本经济制度，加快完善现代市场体系、宏观调控体系、开放型经济体系，加快转变经济发展方式，加快建设创新型国家，推动经济更有效率、更加公平、更可持续发展；紧紧围绕坚持党的领导、人民当家做主、依法治国有机统一深化政治体制改革，加快推进社会主义民主政治制度化、规范化、程序化，建设社会主义法治国家，发展更加广泛、更加充分、更加健全的人民民主；紧紧围绕建设社会主义核心价值体系、社会主义文化强国深化文化体制改革，加快完善文化管理体制和文化生产经营体制，建立健全现代公共文化服务体系、现代文化市场体系，推动社会主义文化大发展大繁荣；紧紧围绕更好保障和改善民生、促进社会公平正义深化社会体制改革，改革收入分配制度，促进共同富裕，推进社会领域制度创新，推进基本公共服务均等化，加快形成科学有效的社会治理体制，确保社会既充满活力又和谐有序；紧紧围绕建设美丽中国深化生态文明体制改革，加快建立生态文明制度，健全国土空间开发、资源节约利用、生态环境保护的体制机制，推动形成人与自然和谐发展现代化建设新格局；紧紧围绕提高科学执政、民主执政、依法执政水平深化党的建设制度改革，加强民主集中制建设，完善党的领导体制和执政方式，保持党的先进性和纯洁性，为改革开放和社会主义现代化建设提供坚强政治保证。

　　全会指出，全面深化改革，必须立足于我国长期处于社会主义初级阶段这个最大实际，坚持发展仍是解决我国所有问题的关键这个重大战略判断，以经济建设为中心，发挥经济体制改革牵引作用，推动生产关系同生产力、上层建筑同经济基础相适应，推动经济社会持续健康发展。

　　全会指出，经济体制改革是全面深化改革的重点，核心问题是处理好政府和市场的关系，使市场在资源配置中起决定性作用和更好发挥政府作用。

　　全会强调，改革开放的成功实践为全面深化改革提供了重要的经验，必须长期坚持。最重要的是，坚持党的领导，贯彻党的基本路线，不走封闭僵化的老路，不走改旗易帜的邪路，坚定走中国特色社会主义道路，始终确保改革正确方向；坚持解放思想、实事求是、与时俱进、求真务实，一切从实际出发，总结国内成功做法，借鉴国外有益经验，勇于推进理论和实践创新；坚持以人为本，尊重人民主体地位，发挥群众首创精神，紧紧依靠人民推动改革，促进人的全面发展；坚持正确处理改革、发展、稳定关系，胆子要大、步子要稳，加强顶层设计和摸着石头过河相结合，整体推进和重点突破相促进，提高改革决策科学性，广泛凝聚共识，形成改革合力。

全会要求，到 2020 年在重要领域和关键环节改革上取得决定性成果，形成系统完备、科学规范、运行有效的制度体系，使各方面的制度更加成熟更加定型。

全会对全面深化改革做出系统部署，强调坚持和完善基本经济制度，加快完善现代市场体系，加快转变政府职能，深化财税体制改革，健全城乡发展一体化体制机制，构建开放型经济新体制，加强社会主义民主政治制度建设，推进法治中国建设，强化权力运行制约和监督体系，推进文化体制机制创新，推进社会事业改革创新，创新社会治理体制，加快生态文明制度建设，深化国防和军队改革，加强和改善党对全面深化改革的领导。

全会分析了当前形势和任务，强调全党同志要把思想和行动统一到中央关于全面深化改革重大决策部署上来，增强进取意识、机遇意识、责任意识，牢牢把握方向，大胆实践探索，注重统筹协调，凝聚改革共识，落实领导责任，坚定不移实现中央改革决策部署。要按照中央决策部署，坚持稳中求进，稳中有为，切实做好各项工作，保持经济社会发展势头，关心群众特别是困难群众生活，促进社会和谐稳定，继续扎实推进党的群众路线教育实践活动，努力实现经济社会发展预期目标。

全会最后号召，"全党同志要紧密团结在以习近平同志为总书记的党中央周围，锐意进取，攻坚克难，谱写改革开放伟大事业历史新篇章，为全面建成小康社会、不断夺取中国特色社会主义新胜利、实现中华民族伟大复兴的中国梦而奋斗！"[①]

2014 年 10 月，中共十八届四中全会通过了《中共中央关于全面推进依法治国若干重大问题的决定》。全会强调，全面推进依法治国，必

[①] 《中共中央关于全面深化改革若干重大问题的决定》，人民出版社 2013 年版，第 60 页。

须贯彻落实党的十八大和十八届三中全会精神，高举中国特色社会主义伟大旗帜，以马克思列宁主义、毛泽东思想、邓小平理论、"三个代表"重要思想、科学发展观为指导，深入贯彻习近平总书记系列重要讲话精神，坚持党的领导、人民当家做主、依法治国有机统一，坚定不移走中国特色社会主义法治道路，坚决维护宪法法律权威，依法维护人民权益、维护社会公平正义、维护国家安全稳定，为实现"两个一百年"奋斗目标、实现中华民族伟大复兴的"中国梦"提供有力法治保障。

全会提出，全面推进依法治国，总目标是建设中国特色社会主义法治体系，建设社会主义法治国家。这就是，在中国共产党领导下，坚持中国特色社会主义制度，贯彻中国特色社会主义法治理论，形成完备的法律规范体系、高效的法治实施体系、严密的法治监督体系、有力的法治保障体系，形成完善的党内法规体系，坚持依法治国、依法执政、依法行政共同推进，坚持法治国家、法治政府、法治社会一体建设，实现科学立法、严格执法、公正司法、全民守法，促进国家治理体系和治理能力现代化。实现这个总目标，必须坚持中国共产党的领导，坚持人民主体地位，坚持法律面前人人平等，坚持依法治国和以德治国相结合，坚持从中国实际出发。

全会强调，党的领导是中国特色社会主义最本质的特征，是社会主义法治最根本的保证。把党的领导贯彻到依法治国全过程和各方面，是我国社会主义法治建设的一条基本经验。我国宪法确立了中国共产党的领导地位。坚持党的领导，是社会主义法治的根本要求，是党和国家的根本所在、命脉所在，是全国各族人民的利益所系、幸福所系，是全面推进依法治国的题中应有之义。党的领导和社会主义法治是一致的，社会主义法治必须坚持党的领导，党的领导必须依靠社会主义法治。只有在党的领导下依法治国、厉行法治，人民当家做主才能充分实现，国家和社会生活法治化才能有序推进。依法执政，既要求党依据宪法法律治国理政，也要求党依据党内法规管党治党。

全会明确了全面推进依法治国的重大任务，这就是：完善以宪法为核心的中国特色社会主义法律体系，加强宪法实施；深入推进依法行政，加快建设法治政府；保证公正司法，提高司法公信力；增强全民法治观念，推进法治社会建设；加强法治工作队伍建设；加强和改进党对全面推进依法治国的领导。

全会提出，法律是治国之重器，良法是善治之前提。建设中国特色社会主义法治体系，必须坚持立法先行，发挥立法的引领和推动作用，抓住提高立法质量这个关键。要恪守以民为本、立法为民理念，贯彻社会主义核心价值观，使每一项立法都符合宪法精神、反映人民意志、得到人民拥护。要把公正、公平、公开原则贯穿立法全过程，完善立法体制机制，坚持立改废释并举，增强法律法规的及时性、系统性、针对性、有效性。坚持依法治国首先要坚持依宪治国，坚持依法执政首先要坚持依宪执政。健全宪法实施和监督制度，完善全国人大及其常委会宪法监督制度，健全宪法解释程序机制。完善立法体制，加强党对立法工作的领导，完善党对立法工作中重大问题决策的程序，健全有立法权的人大主导立法工作的体制机制，依法赋予设区的市地方立法权。深入推进科学立法、民主立法，完善立法项目征集和论证制度，健全立法机关主导、社会各方有序参与立法的途径和方式，拓宽公民有序参与立法途径。加强重点领域立法，加快完善体现权利公平、机会公平、规则公平的法律制度，保障公民人身权、财产权、基本政治权利等各项权利不受侵犯，保障公民经济、文化、社会等各方面权利得到落实。实现立法和改革决策相衔接，做到重大改革于法有据、立法主动适应改革和经济社会发展需要。

全会提出，法律的生命力在于实施，法律的权威也在于实施。各级政府必须坚持在党的领导下、在法制轨道上开展工作，加快建设职能科学、权责法定、执法严明、公开公正、廉洁高效、守法诚信的法治政府。依法全面履行政府职能，推进机构、职能、权限、程序、责任法定化，推行政府权力清单制度。健全依法决策机制，把公众参与、专家论证、风险评估、合法性审查、集体讨论决定确定为重大行政决策法定程序，建立行政机关内部重大决策合法性审查机制，建立重大决策终身责任追究制度及责任倒查机制。深化行政执法体制改革，健全行政执法和刑事司法衔接机制。坚持严格规范公正文明执法，依法惩处各类违法行为，加大关系群众切身利益的重点领域执法力度，建立健全行政裁量权基准制度，全面落实行政执法责任制。强化对行政权力的制约和监督，完善纠错问责机制。全面推进政务公开，坚持以公开为常态、不公开为例外原则，推进决策公开、执行公开、管理公开、服务公开、结果公开。

全会提出，公正是法治的生命线。司法公正对社会公正具有重要引领作用，司法不公对社会公正具有致命破坏作用。必须完善司法管理体制和司法权力运行机制，规范司法行为，加强对司法活动的监督，努力让人民群众在每一个司法案件中感受到公平正义。完善确保依法独立公正行使审判权和检察权的制度，建立领导干部干预司法活动、插手具体案件处理的记录、通报和责任追究制度，建立健全司法人员履行法定职责保护机制。优化司法职权配置，推动实行审判权和执行权相分离的体制改革试点，最高人民法院设立巡回法庭，探索设立跨行政区划的人民法院和人民检察院，探索建立检察机关提起公益诉讼制度。推进严格司法，坚持以事实为根据、以法律为准绳，推进以审判为中心的诉讼制度改革，实行办案质量终身负责制和错案责任倒查问责制。保障人民群众参与司法，在司法调解、司法听证、涉诉信访等司法活动中保障人民群众参与，完善人民陪审员制度，构建开放、动态、透明、便民的阳光司法机制。加强人权司法保障。加强对司法活动的监督，完善检察机关行使监督权的法律制度，加强对刑事诉讼、民事诉讼、行政诉讼的法律监督，完善人民监督员制度，绝不允许法外开恩，绝不允许办关系案、人情案、金钱案。

全会提出，法律的权威源自人民的内心拥护和真诚信仰。人民权益要靠法律保障，法律权威要靠人民维护。必须弘扬社会主义法治精神，建设社会主义法治文化，增强全社会厉行法治的积极性和主动性，形成守法光荣、违法可耻的社会氛围，使全体人民都成为社会主义法治的忠实崇尚者、自觉遵守者、坚定捍卫者。推动全社会树立法治意识，深入开展法治宣传教育，把法治教育纳入国民教育体系和精神文明创建内容。推进多层次多领域依法治理，坚持系统治理、依法治理、综合治理、源头治理，深化基层组织和部门、行业依法治理，支持各类社会主体自我约束、自我管理，发挥市民公约、乡规民约、行业规章、团体章程等社会规范在社会治理中的积极作用。建设完备的法律服务体系，推进覆盖城乡居民的公共法律服务体系建设，完善法律援助制度，健全司法救助体系。健全依法维权和化解纠纷机制，建立健全社会矛盾预警机制、利益表达机制、协商沟通机制、救济救助机制，畅通群众利益协调、权益保障法律渠道。完善立体化社会治安防控体系，保障人民生命财产安全。

全会提出，全面推进依法治国，必须大力提高法治工作队伍思想政治素质、业务工作能力、职业道德水准，着力建设一支忠于党、忠于国家、忠于人民、忠于法律的社会主义法治工作队伍。建设高素质法治专门队伍，把思想政治建设摆在首位，加强立法队伍、行政执法队伍、司法队伍建设，畅通立法、执法、司法部门干部和人才相互之间以及与其他部门具备条件的干部和人才交流渠道，推进法治专门队伍正规化、专业化、职业化，完善法律职业准入制度，建立从符合条件的律师、法学专家中招录立法工作者、法官、检察官制度，健全从政法专业毕业生中招录人才的规范便捷机制，完善职业保障体系。加强法律服务队伍建设，增强广大律师走中国特色社会主义法治道路的自觉性和坚定性，构建社会律师、公职律师、公司律师等优势互补、结构合理的律师队伍。创新法治人才培养机制，形成完善的中国特色社会主义法学理论体系、学科体系、课程体系，推动中国特色社会主义法治理论进教材进课堂进头脑，培养造就熟悉和坚持中国特色社会主义法治体系的法治人才及后备力量。

全会强调，党的领导是全面推进依法治国、加快建设社会主义法治国家最根本的保证。必须加强和改进党对法治工作的领导，把党的领导贯彻到全面推进依法治国全过程。坚持依法执政，各级领导干部要带头遵守法律，带头依法办事，不得违法行使权力，更不能以言代法、以权压法、徇私枉法。健全党领导依法治国的制度和工作机制，完善保证党确定依法治国方针政策和决策部署的工作机制和程序，加强对全面推进依法治国统一领导、统一部署、统筹协调，完善党委依法决策机制。各级人大、政府、政协、审判机关、检察机关的党组织要领导和监督本单位模范遵守宪法法律，坚决查处执法犯法、违法用权等行为。加强党内法规制度建设，完善党内法规制定体制机制，形成配套完备的党内法规制度体系，运用党内法规把党要管党、从严治党落到实处，促进党员、干部带头遵守国家法律法规。提高党员干部法治思维和依法办事能力，把法治建设成效作为衡量各级领导班子和领导干部工作实绩重要内容、纳入政绩考核指标体系，把能不能遵守法律、依法办事作为考察干部重要内容。推进基层治理法治化，发挥基层党组织在全面推进依法治国中的战斗堡垒作用，建立重心下移、力量下沉的法治工作机制。深入推进依法治军、从严治军，紧紧围绕党在新形势下的强军目标，构建完善的

中国特色军事法治体系，提高国防和军队建设法治化水平。依法保障
"一国两制"实践和推进祖国统一，保持香港、澳门长期繁荣稳定，推
进祖国和平统一，依法保护港澳同胞、台湾同胞权益。加强涉外法律工
作，运用法律手段维护我国主权、安全、发展利益，维护我国公民、法
人在海外及外国公民、法人在我国的正当权益。

全会分析了当前形势和任务，强调全党同志要把思想和行动统一到
中央关于全面深化改革、全面推进依法治国重大决策部署上来，审时度
势、居安思危，既要有抓住和用好重要战略机遇期推进改革发展的战略
定力，又要敏锐把握国内外环境的变化，以钉钉子精神，继续做好保持
经济持续健康发展工作，继续做好改善和保障民生特别是帮扶困难群众
工作，继续做好作风整改工作，继续做好从严治党工作，继续做好保持
社会和谐稳定工作，为明年开局打好基础。

全会号召，"全党同志和全国各族人民紧密团结在以习近平同志为
总书记的党中央周围，高举中国特色社会主义伟大旗帜，积极投身全面
推进依法治国伟大实践，开拓进取，扎实工作，为建设法治中国而
奋斗！"①

2015 年 10 月，中共十八届五中全会召开并通过了《中共中央关于
全面从严治党若干重大问题的决定》。

全会深入分析了"十三五"时期我国发展环境的基本特征，认为
我国发展仍处于可以大有作为的重要战略机遇期，也面临诸多矛盾叠
加、风险隐患增多的严峻挑战。我们要准确把握战略机遇期内涵的深刻
变化，更加有效地应对各种风险和挑战，继续集中力量把自己的事情办
好，不断开拓发展新境界。

全会提出了"十三五"时期我国发展的指导思想：高举中国特色
社会主义伟大旗帜，全面贯彻党的十八大和十八届三中、四中全会精
神，以马克思列宁主义、毛泽东思想、邓小平理论、"三个代表"重要
思想、科学发展观为指导，深入贯彻习近平总书记系列重要讲话精神，
坚持全面建成小康社会、全面深化改革、全面依法治国、全面从严治党
的战略布局，坚持发展是第一要务，以提高发展质量和效益为中心，加

---

① 《中共中央关于全面推进依法治国若干重大问题的决定》，人民出版社 2014 年版，第
40 页。

快形成引领经济发展新常态的体制机制和发展方式，保持战略定力，坚持稳中求进，统筹推进经济建设、政治建设、文化建设、社会建设、生态文明建设和党的建设，确保如期全面建成小康社会，为实现第二个百年奋斗目标、实现中华民族伟大复兴的中国梦奠定更加坚实的基础。

全会强调，如期实现全面建成小康社会奋斗目标，推动经济社会持续健康发展，必须遵循以下原则：坚持人民主体地位，坚持科学发展，坚持深化改革，坚持依法治国，坚持统筹国内国际两个大局，坚持党的领导。

全会提出了全面建成小康社会新的目标要求：经济保持中高速增长，在提高发展平衡性、包容性、可持续性的基础上，到 2020 年国内生产总值和城乡居民人均收入比 2010 年翻一番，产业迈向中高端水平，消费对经济增长贡献明显加大，户籍人口城镇化率加快提高。农业现代化取得明显进展，人民生活水平和质量普遍提高，我国现行标准下农村贫困人口实现脱贫，贫困县全部摘帽，解决区域性整体贫困。国民素质和社会文明程度显著提高。生态环境质量总体改善。各方面制度更加成熟更加定型，国家治理体系和治理能力现代化取得重大进展。

全会强调，实现"十三五"时期发展目标，破解发展难题，厚植发展优势，必须牢固树立并切实贯彻创新、协调、绿色、开放、共享的发展理念。

全会强调，发展是党执政兴国的第一要务，各级党委必须深化对发展规律的认识，完善党领导经济社会发展工作体制机制，加强党的各级组织建设，强化基层党组织整体功能。动员人民群众团结奋斗，贯彻党的群众路线，提高宣传和组织群众能力，加强经济社会发展重大问题和涉及群众切身利益问题的协商，依法保障人民各项权益，激发各族人民建设祖国的主人翁意识。加强思想政治工作，创新群众工作体制机制和方式方法，最大限度凝聚全社会推进改革发展、维护社会和谐稳定的共识和力量。加快建设人才强国，深入实施人才优先发展战略，推进人才发展体制改革和政策创新，形成具有国际竞争力的人才制度优势。运用法治思维和法治方式推动发展，全面提高党依据宪法法律治国理政、依据党内法规管党治党的能力和水平。加强和创新社会治理，推进社会治理精细化，构建全民共建共享的社会治理格局。牢固树立安全发展观念，坚持人民利益至上，健全公共安全体系，完善和落实安全生产责任和管理制度，切实维护人民生命财产安全。实施国家安全战略，坚决维护国家政治、经济、文化、社会、信息、国防等安全。

全会分析了当前形势和任务，强调当前和今后一个时期，全党全国的一项重要政治任务，就是深入贯彻落实全会精神，把《建议》确定的各项决策部署和工作要求落到实处。全党要把思想统一到全会精神上来，认清形势，坚定信心，继续顽强奋斗，团结带领全国各族人民协调推进"四个全面"战略布局，如期完成全面建成小康社会的战略任务。要坚持全面从严治党、依规治党，深入推进党风廉政建设和反腐败斗争，巩固反腐败斗争成果，健全改进作风长效机制，着力构建不敢腐、不能腐、不想腐的体制机制，着力解决一些干部不作为、乱作为等问题，积极营造风清气正的政治生态，形成敢于担当、奋发有为的精神状态，努力实现干部清正、政府清廉、政治清明，为经济社会发展提供坚强政治保证。

在这一社会动员新阶段，"四个全面"战略思想反映在社会动员上，就是要求社会动员要紧紧围绕全面建成小康社会、全面深化改革、全面依法治国、全面从严治党战略布局，在为把我国建设成为富强、民主、文明、和谐的社会主义现代化国家、为实现中华民族伟大复兴发挥重要作用。

第二节　改革开放以来我国社会动员的基本经验

在波澜壮阔的改革开放以及中国特色社会主义现代化建设伟大实践过程中，我国社会动员积累了极其丰富的经验，归纳起来主要有以下几个方面：

一　要有一个坚强的领导核心

邓小平同志曾说过："任何一个领导集体都要有一个核心，没有核心的领导是靠不住的。"① 中国特色社会主义事业是一项伟大而艰巨的事业，既不会一蹴而就，也不会一朝一夕就能完成的。要把社会主义改革这样一个巨大的社会系统工程顺利完成，要把中国特色社会主义事业

---

① 《邓小平文选》第三卷，人民出版社1993年版，第310页。

推向前进，没有一个强有力的领导核心是根本不可能的。"火车跑得快，全靠车头带。"在社会主义中国，这个领导核心只能是人民根本利益的忠实代表——中国共产党。只有依靠共产党的领导，依靠全体人民的智慧和创造力，有组织、有秩序、分步骤地积极推进，大胆探索，才有可能实现既定目标。一些社会主义国家否定党的领导，解散党的组织所导致的灾难性恶果，甚至出现"亡党亡国"的历史悲剧，从反面证明了这一点。在当今中国，如果离开了中国共产党的领导，全国就失去了一个稳定的政治中心，不仅改革搞不下去，建设也无从谈起，甚至连起码的社会秩序也难以维持。这是全中国人民在长期奋斗的实践中认识到的一条真理。

建设伟大事业必须有坚强领导核心。全面建成小康社会、建设富强民主文明和谐的现代化强国、实现中华民族伟大复兴中国梦以及最终实现人类最崇高的理想——共产主义，必须领导有力，必须上下一心、凝神聚力，唯其如此，才能扬鞭策马、行稳致远。所以，开展社会动员同样需要一个坚强的领导核心，即坚持中国共产党的领导核心地位。

二 要解放思想，与时俱进

事实证明，任何一个民族，如果没有一种先进思想作为指导，没有一种良好的精神状态，都是难以生存的。对于一个正在实施现代化战略的发展中国家来说，有一种先进思想作为民族的指导，就显得更加重要。一个在思想上空虚的民族是不可能真正振兴的。

在中国这样一个经济文化比较落后的东方大国，进行这样一项前无古人的中国特色社会主义伟大事业，没有一种先进的思想状态，没有一股积极进取、艰苦创业、勇于开拓的创新精神，是难以想象的。这就必须解放思想，开动脑筋，放开手脚，大胆创新。从历史上看，任何一次社会变革，任何社会的进步，无不以思想解放为先导，改革的深化有赖于思想的进一步解放，中国特色社会主义伟大事业也需要思想的解放和与时俱进。其实，中国改革开放30多年的历史，中国特色社会主义伟大事业不断推进的历史，就是一部不断解放思想，不断开拓创新的历史。改革的过程，中国特色社会主义伟大事业不断推进的过程，就是一个不断解放思想，不断大胆探索，不断开拓创新的过程。

这些思想障碍，主要是"左"的障碍，即某些传统的社会主义观念。农村改革之初，有人把家庭联产承包责任制说成是搞资本主义复辟；特区刚建立时，也有人说，特区除了五星红旗是社会主义外，其余全是资本主义；长期以来，市场经济被视为洪水猛兽，被斥之为社会主义的异端；还有些人认为，非公有制经济是资本主义土壤，搞股份制和股份合作制就是搞资本主义，就是所谓的私有化……

可见，不解放思想，不冲破传统观念，不打破思想枷锁，不抛弃"左"的教条，社会动员无从开展，我国社会主义现代化建设就无从谈起，中国特色社会主义伟大事业就难以实现。

三 着眼点和落脚点要放在解放和发展生产力、民族振兴、国家富强、人民幸福上

中国社会主义制度确立之后，之所以还要进行被邓小平称为"第二次革命"的改革，其根本原因，就是因为长期以来，我国形成了权力过分集中，所有制结构单一的计划经济体制，严重束缚了生产力发展，妨碍了人民物质文化生活水平的提高，忽视了人民群众的利益，压抑了广大劳动者的积极性、主动性和创造性，使本来应该生机盎然的社会主义失去了活力。改革的实质和目的，就是为了从根本上改变束缚我国生产力发展的经济体制，建立充满生机和活力的社会主义市场经济体制，同时相应地进行政治体制改革和其他方面的改革，尽快实现国家的现代化。

在推进中国改革的过程中，邓小平始终把解放和发展生产力，尽可能快地提高人民生活水平放在首位；把是否有利于发展社会主义社会的生产力，是否有利于增强社会主义国家的综合国力，是否有利于提高人民生活水平，作为衡量改革成败和判断是非得失的标准；把改革的着眼点和落脚点始终放在解放和发展生产力，提高人民生活水平上。

正是以解放和发展生产力、尽可能快地提高人民生活水平为中心内容的改革实践，动员最广泛的人民群众直接参与，极大地调动了广大人民群众的积极性和创造性，使中国特色社会主义建设事业重新焕发出了蓬勃生机，生产力获得巨大进步，综合国力显著增强，人民生活水平普遍提高，解决或缓解了多年积累的一系列矛盾和问题。

四 要遵循循序渐进的原则

当代中国是被"文化大革命"造成的巨大历史灾难逼上改革之路的。历史没有给我们进行改革准备的充裕时间。因此，改革之初，我国改革开放的领航人就反复强调要摸着石头过河，要从中国实际出发，大胆探索，注重实效，边实践，边总结经验。改革之初只是确定一个大致

的思路：这就是以解放和发展生产力为根本任务，以调动广大人民群众的积极性、创造性，提高人民生活水平为出发点。具体改革方略是：先从比较容易推进并能较快取得成效的领域入手，即首先从农村改革入手，然后推进到城市改革，同时先从经济体制改革开始然后推进到政治、科技、教育、文化等领域，并且先通过试点，取得经验，再逐步推开。即自上而下，从小到大，从易到难，考虑各方面的承受程度，因地制宜，因势利导，积少成多，逐步推进。

中国经济体制改革的目标就是在循序渐进的进程中，经过反复考虑，反复比较，并经过多年的思考试验后才逐步形成的。如中国经济体制改革，其目标是建立社会主义市场经济体制。但是，这一目标的确立，经历了长达 14 年激烈的争论，其争论的激烈程度，在中国发展史上是罕见的。直到 1992 年初，邓小平发表著名的南方谈话，才把这场争论画上了句号。这种"摸着石头过河"，边实践，边总结，在改革实践中逐步确立改革目标的做法，有利于改革的稳步推进，逐步深入，同时又防止出现大的波动和挫折。同样，在我国开展社会动员，也需要遵循循序渐进的基本原则。

五　要处理好几种重要的关系

一是要处理好内容与形式的关系。

内容是指构成事物的一切内在要素的总和。形式则是指把内容诸要素统一起来的内在结构和表现方式。内容和形式是相互区别的：内容是事物存在的基础，而形式则是事物存在的条件；内容是活跃多变的，而形式则是相对稳定的。内容和形式是相互联系、相互依存的：任何事物都有内容和形式两个方面，都是二者的统一体。没有脱离内容的形式，也没有脱离形式的内容。内容和形式相互作用：内容决定形式，形式必须适合内容；形式反作用于内容。形式使内容成为某一特定事物的内容；形式还能够促进或阻碍内容的发展。

社会动员是指人们在社会持久的、主要因素的影响下，其态度、期望与价值取向等不断发生变化的过程。"社会动员的效果，其广度和深度，取决于社会动员的内容和形式。"① 从内容上看，社会动员要以满

---

① 杨福忠：《从社会动员能力看当前国家与农民的关系》，《黑龙江社会科学》2001 年第 3 期。

足动员对象的实际利益为实现条件，一切脱离动员对象实际利益的社会动员都是不可能持久的。国民党执政 20 多年的时间里，同共产党一样，也在进行着不同程度的社会动员，也希望得到民众的支持与拥护。不过与共产党不同，国民党对民众支持的认识是民众应该毫不犹豫地追随其后，就像队员服从教练员一样。国民党很少考虑民众的现实需要，因而也就没能够制定出保持与广大民众密切合作的政策。这样，从一开始国民党政府的社会动员效率就很低。特别是到解放战争后期，国民党从农民那里动员资源的可能性变得越来越小。与此形成鲜明对照的是，此时共产党的社会动员能力却在不断提高。国共两党社会动员能力之所以有如此的差别，其根本原因就在于：共产党代表的是最广大农民的利益，始终把农民最需要解决的"耕者有其田"的土地问题作为实现社会动员的首要条件加以解决，共产党制定的土地政策满足了千百年来农民对土地的渴望和需求，因而获得农民的拥护与支持。这使中国共产党领导的人民政府和农民处于一种良好的关系状态之中。新中国成立后，党和政府又在农村成功地进行了几次大的社会动员，如"大跃进"活动、"人民公社化运动"。特别值得一提的是，十一届三中全会以后，中国共产党在农村进行的以建立家庭联产承包责任制、落实农民生产经营自主权为主要内容的社会动员，满足了当时的农民对经济上当家做主的权利和愿望的需求，从而极大地调动了农民的生产积极性。由此可见，动员主体满足动员对象利益的程度决定了社会动员的效果，也决定了动员主体与动员对象之间的关系状态。

另外，社会动员形式也在一定程度上影响着动员的效果。动员形式，即动员对象起来参与的方式或手段，它是随着社会条件的变化而变化的。在一个历史时期适用的动员形式，到了另一个时期就有可能不适用。比如，在革命战争时期，疾风骤雨式的群众运动社会动员形式被证明是行之有效的，但倘若把它运用到和平建设时期，这种动员形式则会导致社会资源的浪费。"人民公社化运动"及"文革"时期，我们有过类似的教训。因此，动员主体还必须考虑到与时俱进的动员形式，以达到取得最好效果的社会动员。

二是要正确处理发展与稳定之间的关系。

中国的改革是一项艰巨而复杂的系统工程，既要大胆开拓，又要步子稳妥，还要方式适当。特别要注意处理好发展与稳定之间的关系。在中国革命和建设史上，急躁冒进没有一次不是以失败而告终。在社会主义建设史上，急躁冒进也没有一次成功的先例。在稳定中寻求发展，在发展中寻求稳定，这是战后以来很多发展中国家经过长期经济建设获得的宝贵经验，也是一些后来居上的国家成功之要旨。对于我们这样一个发展中的大国来说，在稳定中推进改革，在稳定中寻求发展，就显得非常重要。我国经济建设的主要教训就是急躁冒进。形势不好时，头脑还比较冷静，形势一好，头脑就发热。这种社会主义建设中的急躁冒进，曾经给我国社会带来巨大灾难。这方面的教训要牢牢记住。

这里所说的稳中求进，是就建设和发展的指导思想而言，关键是要处理好发展和稳定之间的关系。稳定是前提，发展是目的。我们要推动发展，开展社会动员，没有稳定是不行的。

我们所寻求的稳定，不是停滞的稳定，而是动态的稳定，是发展中的稳定。是为了获得发展所需要的社会环境。这里，骑自行车原理会给我们一些启示。自行车骑得太快，易栽跟头，若骑得太慢或者不动，最终也会摔下来。社会动员只有保持一个合适的度，才能稳步发展。

中国特色社会主义伟大事业取得成功的重要原因之一，就在于我们的领导核心清醒地认识和把握了发展和稳定之间的内在联系。这就是：发展是一切工作的中心，是稳定追求的目的，也是社会动员追求的目标；稳定是发展的基础，社会不稳定，就什么事也做不成。同样，社会动员需要稳定的环境，社会动员需要保持稳定的局面。

三是要处理好顶层设计与摸着石头过河的关系。

摸着石头过河，就是摸规律，从实践中获得真知。中国特色社会主义事业是没有先例的伟大事业，没有现成经验可以借鉴。从毫无经验起步，大胆闯，勇于试，只能选择摸着石头过河的策略。企望从一开始就对中国特色社会主义事业全局形成清晰的认知、做出系统的安排，不符合马克思主义的认识论。正因如此，邓小平同志针对改革初期的状况明确指出，要走一步看一步，一点一点摸索，出现问题就及时应对，发现错误就马上纠正。摸着石头过河不是"两眼一抹黑"，"眉毛胡子一把抓"，而是始终有着坚定的立场和鲜明的原则。改革开放以来，在建设中国特色社会主义伟大事业的过程中，我们正是坚持摸着石头过河，一点一点地探索，一步一个脚印地前进，才取得了举世瞩目的成就。实践充分证明，如果不是坚持摸着石头过河，我国就不可能摆脱传统计划经济体制的束缚，就不可能建立社会主义市场经济体制，就不可能走上中国特色社会主义道路，形成中国特色社会主义理论体系，形成中国特色社会主义制度。

然而，随着中国特色社会主义事业向纵深推进，浅层问题解决了，深层问题凸显了；显性矛盾化解了，隐性矛盾浮现了；条件变好了，要求更高了。中国特色社会主义事业越向前推进，需要攻克的难题就越多。尤其是在世情、国情、党情深刻变化的情况下，推进中国特色社会主义伟大事业的复杂性、艰巨性大大增强。就事论事、零敲碎打、拆东墙补西墙、头痛医头脚痛医脚的方法，已经难以适应中国特色社会主义事业不断发展的要求。因此，我们需要在继续坚持摸着石头过河的同时搞好顶层设计。

顶层设计作为一种战略思维和宏观设计，主要具有以下几个方面的特征：一是系统性。把中国特色社会主义事业作为一项系统工程，注重经济、政治、文化、社会、生态文明建设的协调推进。二是整体性。着眼全局，从整体上把握中国特色社会主义事业进程，推进各领域、各方面改革。三是协同性。搞好制度、政策的配套和衔接，防止发生各自孤立、相互脱节甚至相互抵触的现象。四是贯通性。坚持自上而下与自下而上相结合，实现中央与地方、顶层与底层的呼应互动。五是前瞻性。着眼长远，在时代潮流和世界大势下思考中国特色社会主义的走向。

顶层设计和摸着石头过河是辩证统一的。"一方面，改革开放以来，通过摸着石头过河，我们积累了丰富的实践经验，为加强顶层设计奠定了坚实基础。只要我们用好这些实践经验，就能搞好顶层设计。另一方面，搞好顶层设计并不意味着否定摸着石头过河。今天我们仍然需要摸着石头过河，继续尝试、不断探索，这样才能为搞好顶层设计积累更多经验。不摸着石头过河，不注重积累实践经验，顶层设计就可能脱离实际、脱离国情，难以取得预期效果。如果说摸着石头过河是在缺乏实践经验条件下的策略选择，那么，顶层设计就是渡过大河的战略谋划。"① 所以，在开展社会动员过程中，我们仍然需要把握好顶层设计和摸着石头过河的关系。

---

① 齐卫平：《处理好顶层设计和摸着石头过河的关系》，《人民日报》2013 年 9 月 16 日第 7 版。

四是要把破除旧体制与创建新体制结合起来，运用法律制度巩固社会动员成果。

邓小平在谈到制度建设的重要性时曾经讲过这样一段令人深思的话："我们过去发生的各种错误，固然与某些领导人的思想、作风有关，但是组织制度、工作制度方面的问题更重要。这些方面的制度好可以使坏人无法任意横行，制度不好可以使好人无法充分做好事，甚至会走向反面。……不是说个人没有责任，而是说领导制度、组织制度问题更带有根本性、全局性、稳定性和长期性。"① 这是邓小平同志经过长期观察和思考，对国际共产主义运动经验教训的深刻总结，对推进中国的改革开放和社会主义现代化建设，有着极为重要的指导意义。这一深刻思想对于开展社会动员的重要启示是，要重视发挥法律制度的重要作用，运用法制制度的手段巩固已经取得的社会动员成果。社会动员要取得持久的效果，说到底还是需要法律制度的保障，并随着动员工作的拓展，新制度逐步建立起来，并不断得到巩固和完善。否则，开展社会动员只能是"一阵风"，或者是"走过场"，难以取得实质性的成效。

六 建立政府组织、非政府组织与社会公众的协同合作机制

建立政府组织、非政府组织与社会公众的协同合作机制是开展社会动员的基本保障，对社会动员作用的发挥起到至关重要的作用，保证政府组织、非政府组织与社会公众在社会动员过程中参与规范运行，持续、稳定、有序、健康地发展，从而有效消除社会动员过程中出现的问题及危机，提高效率。

第一，转变政府社会动员理念。社会动员不仅是政府的责任，而且还涉及非政府组织以及社会公众。由于受长期高度集中计划体制的影响，在旧的社会体制解构向新的体制转轨的同时，我国有限政府理念尚未完全确立，全能政府理念仍有市场，政府缺位、错位、越位现象大量存在，公众参与的空间仍然有限。政府再以"家长制"的理念"统管"、"统包"已经不合时宜，难以取得良好的动员效果。最高境界的社会动员，除了需要政府正确高效的宏观调控外，促使社会力量尤其是非政府组织、社会公众的积极、广泛参与其中。在重大问题及危机面前，非政府组织、社会公众如果能够作为一种社会自治力量，在应对突

---

① 《邓小平文选》第二卷，人民出版社1994年版，第333页。

发公共事件中具有独特的优势和作用。

　　因此，政府要转变社会动员理念，必须紧紧围绕建设"大社会、好社会"和"小政府、强政府"的要求，在进一步厘清政府、社会、社会组织三者关系的基础上，切实加快政府职能转变，逐步强化社会的自我服务和自我管理功能，努力形成各司其职、互补互助的社会动员结构，逐步建设"协同的大社会"，将工作重心由"权力"转向"责任"和"义务"，由"管制"转向"服务"和"协调"，即一定程度的权力回归公民社会和非政府组织，完善社会动员的管理结构，整合政府与非政府组织、社会公众的资源和力量，加强三者之间的沟通与合作，协同进行社会动员。

　　第二，扶植和健全非政府组织。与政府组织相比较，非政府组织的优势体现为：一方面，相比政府，其工作细致专业，包括社会工作、灾区救援、个案关怀、社区建设、文化遗产保护、志愿者服务等方面；另一方面，自治参与，通过公民参与、志愿者组织，非政府组织往往可以保持社会资源的持续动员，并形成自我组织、互助服务的发展模式。因此，在非政府组织发育还不成熟、社会管理水平还比较落后的情况下，政府要扶持、帮助非政府组织提高管理社会公共事务的责任和能力。

　　一是政府应改善非政府组织发展的制度环境，从法律制度方面促进非政府组织的自我、良性发展。

　　二是提高非政府组织的专业化水平。改革开放以来，我国非政府组织在数量上增长较快，但目前专业化的非政府组织在中国还比较少。为此，政府需要不断扶植专业化的非政府组织，以使得其在中国特色社会主义事业中能更好地发挥作用。

　　三是构建非政府组织参与社会建设的制度化渠道。在明确非政府组织参与社会事业的责任主体地位后，构建其全方位、多维度参与社会事业的制度化渠道就逻辑地成为题中应有之义。

　　四是鼓励非政府组织积极参与社会事务。从社会治理角度来讲，政府是主导，它可以通过国家强制力和行政组织资源迅速高效应对危机；从管理社会角度来讲，社会组织尤其是非政府组织是主力，它直接了解社会成员的具体需求和具体利益，并通过非官方的力量动员和社会资源，从事政府无力顾及的一些公共服务。在社会治理过程中，对社会的援助仅仅靠政府的力量是远远不够的，要有效整合社会的各种资源，而非政府组织在这其中由于其组织性、专业性等优势就迅速脱颖而出，为社会治理以及社会发展提供各种专业上的帮助和资金上的支持。

第三，建立非政府组织社会动员评估机制。我国政府的社会动员过程中经常犯的错误就是虎头蛇尾，重社会动员行动轻社会动员后的经验总结。社会动员中的评估机制对改进社会动员的成效，提高动员主体的能力具有重要的意义。但是这一机制目前还没有引起我国政府的足够重视。我们应该重视并鼓励非政府组织通过对政府社会动员行为的有效监督，总结社会动员的经验和不足，为以后类似社会动员做出启示和借鉴。

第四，提高社会公众的参与度。党的十八大报告明确指出，要在改善民生和创新管理中加强社会建设，"要围绕构建中国特色社会主义管理体系，加快形成党委领导、政府负责、社会协同、公众参与、法治保障的社会管理体制，加快形成政府主导、覆盖城乡、可持续的基本公共服务体系，加快形成政社分开、权责明确、依法自治的现代社会组织体制，加快形成源头治理、动态管理、应急处置相结合的社会管理机制"①。这是新形势下深化党的执政理念和执政方式的新探索，是促进政府职能转变、推动社会管理创新的新要求，是实现社会良性互动、推动多方协同共治的新路径。因此，我们在加强社会建设的过程中，必须高度重视公众参与这一基础问题，采取有效措施激发社会主体活力，充分调动公众力量参与中国特色社会主义建设。

一是着力促进经济社会发展，夯实公众参与基础。"仓廪实而知礼节，衣食足而知荣辱。"② 公众参与是一种政治性、社会性的意识以及在这种意识驱动下的政治性、社会性活动，必须建立在一定的物质文化基础之上。我们要广泛调动公众参与社会管理，就必须实现经济社会又好又快地发展，不断满足人民群众日益增长的物质文化的需求，为人民群众持续有效地参与公共事务创造更加宽裕的物质文化条件，进一步夯实公众参与中国特色社会主义建设的基础。

二是加强思想教育宣传，提升公众参与意识。社会公众作为中国特

---

① 胡锦涛：《坚定不移沿着中国特色社会主义道路前进 为全面建成小康社会而奋斗——在中国共产党第十八次全国代表大会上的报告》，人民出版社 2012 年版，第 34 页。

② 《管子·牧民》。

色社会主义建设的重要主体，切实树立主体意识，是促使其有效参与的先决条件。而一些传统思想导致公众缺乏对权利、义务的观照，缺乏对参与、共治的要求。针对这种状况，我们必须坚持人民群众观，坚持人民主体地位，发挥人民主人翁精神，通过加强思想教育宣传，大力培育公民意识、参与意识、责任意识，引导公众将参与公共事务作为一种自觉行为，进一步增强中国特色社会主义事业的主人翁精神，更加积极主动地投入到中国特色社会主义事业建设中来。

三是强化制度建设，扩大公众参与渠道。健全合理的制度是公众以主体身份参与中国特色社会主义事业建设的重要保障。制度保障相对不足，是当前影响公众参与渠道不畅、效果不佳的重要导因之一。对此现状，我们必须按照"坚持问政于民、问需于民、问计于民，从人民伟大实践中汲取智慧和力量"的要求，进一步加强相关制度建设，扩大公众参与渠道，使公众更加顺畅地参与中国特色社会主义建设之中。

四是推进社区建设，筑牢社会公众参与平台。随着城市化进程的不断加快，我国稳步推进社区建设虽然取得了一定的成效，但社区建设还有待进一步深化，以社区为平台的公众参与还不够充分。我们必须以改革的精神、务实的态度，稳步推进基层体制改革，充分发挥社区独特功能，使城乡社区专注于社会管理和公共服务，真正成为群众参与公共事务的基础平台。

在开展改革开放以及建设中国特色社会主义现代化伟大事业中，我国社会动员必须有组织、有领导、有秩序、分步骤地推进。作为领导社会主义事业的核心力量，中国共产党必须牢牢掌握社会动员的主导权，紧紧把握社会动员的进程和方向，使社会动员始终沿着正确的方向前进。

第四章　改革开放以来我国社会动员机制创新的基本内容

　　"创新是一个民族进步的灵魂，是一个国家兴旺发达的不竭动力，也是一个政党永葆生机的源泉。"① 这充分表明创新具有非常重要的意义。十一届三中全会结束了"无产阶级专政下继续革命"的政治路线后，我国逐步在思想、政治和组织等方面实现了"拨乱反正"，并揭开了改革开放的序幕。随之，我国社会动员也开始逐渐转型，而这种转型又是全方位的。社会动员目标日趋明朗，即为社会主义现代化建设服务；从社会动员主客体方面看，政府不再是唯一的主体，大众也不再是完全被动的客体；从社会动员方式看，渐趋多样化和现代化；从社会动员内容看，基本上以经济动员为重点，同时还进行政治动员、文化动员、生态文明动员等。这种转型表明，改革开放以来，作为手段性的社会动员，只有适应时代的要求，才能具有正向性意义；而作为规制性的社会动员机制，只有不断创新发展，才能体现出时代意蕴。

第一节　"社会主义现代化建设" 动员目标的重新确定

　　由前述内容可知，新中国成立后，我国为实现国家富强、人民富裕和建设社会主义而服务的社会动员目标是符合客观实际的。然而，随之而来的"文化大革命"导致我国社会动员目标的严重偏离，即调整为为"无产阶级专政下继续革命"而服务，进行着所谓"一个阶级打倒另一个阶级"的斗争。随着这一目标的调整，我国社会动员发挥了推

---

① 《十六大以来重要文献选编》（上），中央文献出版社 2005 年版，第 9 页。

波助澜的负面作用，对我国社会主义事业造成不小的损害。

"山重水复疑无路，柳暗花明又一村"。随着十一届三中全会果断地终止了"文化大革命"阶级斗争的状况，党和国家的工作重点又被重新转移到社会主义现代化建设上来。这就结束了党和国家的工作在徘徊中前进的局面。由此，我国进入改革开放的历史时期，踏上了社会主义现代化建设的新征程。这样，改革开放后，全党全国的工作重点被转移到社会主义现代化建设上来。自然，作为手段性的社会动员也会随着时代潮流的改变而改变。这样，我国社会动员目标也被重新调整到社会主义现代化建设上来。也可以这样说，"社会主义现代化建设"被重新确定为我国社会动员的目标。只不过这一目标在改革开放前曾经发生了严重偏离，改革开放后又被重新调整、纠正过来。不言而喻，这一目标不仅符合我国的具体实际，而且也有利于我国社会动员活动的开展。正所谓"名不正则言不顺，言不顺则事不成"。同时，"社会主义现代化建设"动员目标的重新确定也为我国社会动员机制的创新和发展指明了正确方向。

第二节　动员组织的扩展

改革开放以来，我国社会动员主体的最大变化主要体现在社会动员组织的进一步扩展，具体表现在中国共产党党组织、政府以及非政府组织发生的巨大变化上。

一　党组织的变化

"党的中央、地方和基层组织，都必须重视党的建设，经常讨论和检查党的宣传工作、教育工作、纪律检查工作、群众工作、统一战线工作等，注意研究党内外的思想政治状况。"[1] 作为社会动员的一个重要主体，中国共产党开展社会动员主要是依靠自身各级党组织来实现的。可以说，改革开放以来，党和国家进行社会动员时，总是以最为坚强有力的党组织为主要依托。具体地说，改革开放以来，中国共产党党组织在社会动员方面发生了如下两个方面的重大变化：

---

[1] 《中国共产党章程》，人民出版社 2012 年版，第 17 页。

一方面，从广度方面来看，中国共产党党组织已经迅速扩展到非公有制经济领域。改革开放前，我国社会主义公有制经济"一统天下"。因而，中国共产党党组织活动范围几乎完全局限于公有制经济领域，其开展社会动员也主要集中在公有制经济领域。而改革开放后，随着非公有制经济的快速发展，其在整个国民经济中的地位和作用越来越重要，几乎达到与公有制经济"平分秋色"的境地。于是，这决定了中国共产党党组织扩展到非公有制经济领域的必要性和重要性。

第一，党组织需要发挥引导的作用。非公有制经济只有走得正，才能走得好；只有走得好，才能走得稳；只有走得稳，才能走得远。通过宣传党的基本路线、方针和政策，党组织正确引导非公有制经济贯彻、执行党和国家的意志，引导和帮助非公有制经济把握好发展的方向。通过监督非公有制经济贯彻、执行党和国家的基本路线、方针和政策，党组织可以维护党和国家的重要利益。与此同时，通过党组织，非公有制经济能够更好地理解党的政策走向、更好地表达其政治和利益诉求。这样，非公有制经济与党和国家之间的信息流通就会畅通无阻，非公有制经济与党和国家之间的双向互动就会不断增强。于是，党组织就可以把非公有制经济引导和动员到党和国家的领导和规范之内，使之不至于偏离党和国家的意志，使之更好地服务于社会主义现代化建设。

第二，党组织需要发挥促进的作用。社会主义市场经济的繁荣与发展既需要公有制经济的发展，又需要非公有制经济的发展。在公有制经济"一统天下"的环境中，非公有制经济的发展可以说是举步维艰。如果没有良好的社会环境，如果没有保护和促进的因素，非公有制经济不仅不能很好地发展，甚至还会起到阻碍、破坏的作用。而作为重要的组织机构，中国共产党党组织正可以为非公有制经济的发展创造良好的政治环境、政策环境和制度环境，使非公有制经济更容易消除其在发展目的、社会认同等诸多方面的误解，从而发挥自身特有的优势。可以说，中国共产党党组织为我国非公有制经济的发展起到了"保驾护航"的作用。换而言之，中国共产党党组织不仅仅是为我国非公有制经济的发展起到极大的促进作用，而且还起到极大的动员作用。中国共产党党组织进一步动员我国非公有制经济发展于社会主义制度下，繁荣于社会主义市场经济体制中。

第三，党组织需要起到统战的作用。在非公有制经济中的所有者、主要投资者和经营管理人员中，有相当一部分人员都是我党需要统战的对象。而中国共产党党组织义不容辞地担当着对非公有制经济人员统战的职能。这需要中国共产党党组织创造性地贯彻、执行党在新的历史时期的统战政策，又不失时机地做好对非公有制经济人员的统战工作，从而结成新的历史时期党的政治联盟。实践表明，改革开放以来，正是通过争取人心、凝聚力量的统战工作，中国共产党党组织把非公有制经济力量凝聚到社会主义现代化建设上来，最大限度地团结一切可以团结的力量，尽可能地动员一切可以动员的人员。不言而喻，这既为促进我国社会主义市场经济的发展创造条件，又为我国社会主义现代化建设凝聚了不可或缺的力量。

另一方面，从深度方面来讲，中国共产党明显强化了基层党组织社会动员的作用。这是因为，"党的基层组织是党在社会基层组织中的战斗堡垒，是党的全部工作和战斗力的基础。"① 这就要求人们要紧紧围绕中心，拓宽领域，进而不断提高党的基层组织的凝聚力和战斗力。可以说，中国共产党强化其基层党组织社会动员的作用具有历史必然性。

第一，这是由基层党组织的功能决定的。"基础不牢，地动山摇"。抓好基层党组织是我们党应对各种困难和风险的重要法宝。在组织方面，基层党组织是党的整个组织体系的基础和支点。我们党正是通过成千上万的基层党组织把广大党员组织起来的，它使党能够成为一支无坚不摧的战斗队伍。在执政能力建设方面，党的基层组织是不断提高党的领导水平和执政能力的重要组成部分。"实践出真知"。实践是党的工作经验和领导智慧的源泉。如何才能及时总结出群众的经验，挖掘出群众的智慧，主要靠与群众密切联系在一起的基层党组织来实现。在党群关系方面，党的基层组织是党密切联系群众的桥梁和纽带。众所周知，党的基层党组织可以及时、有效地把党的路线、方针、政策宣传到群众中去。与此同时，基层党组织又可以把群众的愿望、要求、意见反映到党的领导机关、决策机构中来，保证党的决策的科学性和民主性。这样，基层党组织就可以起到上传下达的作用。在工作部署方面，基层党组织是全党一切工作的落脚点。在党的工作部署落实中，党的中央组织负责宏观决策、整体部署，地方组织则肩负着精神传达、具体规划的任

---

① 《中国共产党章程》，人民出版社 2012 年版，第 21 页。

务，而基层党组织则担负着具体组织、领导和动员全体党员和人民群众的重任。可以说，党的一切工作最终都必须落实到基层党组织。所以，离开了基层党组织，党的全部工作只能变成"纸上谈兵"。由此，强化基层党组织社会动员的作用具有重要意义。

第二，这是凝聚社会力量的需要。全心全意为人民服务是中国共产党的最高价值追求，而密切联系群众则是中国共产党的最大政治优势。只有从群众中来，才有深厚的民意基础；只有到群众中去，才有百姓的信任和支持；只有保持与群众的血肉联系，才能永远立于不败之地。执政党必须是人民的一部分，代表人民群众的利益。一旦执政党变得和人民不相关，那么其统治的合法性就会荡然无存。只有密切联系群众，才能充分动员、发动群众。"如果每一个基层党组织都有凝聚力、吸引力、战斗力，充满生机与活力，那么，我们整个党的工作就会有坚实的基础，任何困难和挫折都无法阻挡我们前进。"① 改革开放后，基层党组织更加需要履行联系群众、动员群众、组织群众的重要职责，更加需要充分凝聚社会力量于社会主义现代化建设上来。无疑，这就需要不断提高基层党组织的理论水平、优化其组织方式、增强其工作能力。只有这样，基层党组织才能发挥密切联系群众的重要功能，才能成为认真执行党的任务的坚强战斗堡垒。

二 政府的转变

改革开放以来，随着政府与企业、市场、社会逐步分开，我国政府这一社会动员主体也实现了巨大的转变，其工作重心集中放在"统筹规划、掌握政策、信息引导、组织协调、提供服务和检查监督"② 上来。由此，我国政府也逐步实现了从"全能型政府"向"有限型政府"、从"人治型政府"向"法治型政府"、从"权威型政府"向"民主型政府"、从"管制型政府"向"服务型政府"的转变。

第一，逐步实现从"全能型政府"向"有限型政府"的转变。改革开放前，在高度集中的计划经济体制下，我国政府所拥有的权力与所承担的职能极度地膨胀，基本上成了"全能型政府"。而这种"全能型

---

① 中共中央文献研究室编：《新时期党的建设文献选编》，人民出版社 1991 年版，第462—463 页。

② 《十七大以来重要文献选编》（上），中央文献出版社 2009 年版，第520—521 页。

政府"存在的最突出的弊端就是"职能错位"，即该管的事没有管好，不该管的事却管得过多。于是，政府逐渐成为无所不在、无所不包的万能组织。结果，这种"全能型政府"形成一系列失常现象，严重影响着我国社会的发展。在"全能型政府"体系下，政府因"全能"而精力分散，不能充分地开展社会动员。改革开放后，随着市场经济的发展，社会力量日益壮大。而政府的高度垄断严重违背了市场经济原则，也阻碍了社会力量的发展。"根据情况的不同，政府有时需要干预公民社会的事务，有时又必须从公民社会中退出来。"[①] 为了改革政府，我国进一步从法律、法规上限制了政府的权力与职能，并使之严格地受到必要的监督和应有的制约。这样，我国政府对资源和社会活动的垄断和控制不断弱化，社会正在成为一个与政府并列的、相对独立的提供资源和机会的源泉。此时，"政府不是社会资源的分配者，而是社会资源合理配置的指导者；不是企业的'婆婆加老板'，而是企业的服务者；不是市场的参与者，而是市场的监管者。"[②] 由此，我国政府逐步实现从无所不管、无所不为的"全能型政府"向有所为、有所不为的"有限型政府"的转变。这样，在"有限型政府"的体系中，政府因"有限"而可以集中精力开展社会动员，从而大大提高了工作效率。

第二，逐步实现从"人治型政府"向"法治型政府"的转变。改革开放前，我国政府始终没能走出"人治"的圈子。领导说了算，"一把手"的意志指导一切的现象比比皆是。"振臂一呼，应者云从"者有之，"胡作非为"者有之，甚至"违法乱纪"者有之。由此，这造成我国政府因"越位"带来"乱作为"、因"错位"带来"少作为"、因"缺位"带来"不作为"。于是，政府在其制定政策、动员社会资源、提供服务等履行职能的过程中而"失灵"。可见，在"人治型政府"体系中，政府社会动员表现的只能是"想当然"、"为所欲为"。改革开放后，我国越来越重视法治的理念。这是因为法律具有无可比拟的规范性、稳定性、公开性等特点。政府的意志一旦表现为法律，将获得最普遍、最强大的约束力。如果不受法律这一尚方宝剑的制约，法治政府就

---

① ［英］安东尼·吉登斯：《第三条道路》，郑戈译，北京大学出版社 2000 年版，第12页。

② 赵晖：《转变政府职能与建设服务型政府》，广东人民出版社 2008 年版，第264页。

永远不会生成。正如霍布斯（Thomas Hobbes）所言，"无剑的契约只是空话而已"。改革开放以来，通过树立法治的观念、制定法治的规范、完善法治的程序，我国政府以实质性的制度安排逐步建立起现代"法治型政府"。当然，"法治型政府"不仅要求职权法定，依法行政，按法履职，公正执法，而且还要受法约束，违法必究。改革开放以来，尽管法治化需要一个进程，但是我国政府已逐步实现从"人治型政府"向"法治型政府"的转变。在"法治型政府"体系中，政府可以在法律规制下有条不紊地开展社会动员。

第三，逐步实现从"权威型政府"向"民主型政府"的转变。改革开放前，由于长期受计划经济体制的影响，我国政府高高在上，权威十足，集决策权、执行权、监督权于一身，排除了公民参政议政的机会。可以说，改革开放前，我国社会制度体系并没有为政府圈起一道"此路不通"的禁行栅栏。即使当时我国也制定了相应的法律、制度，但是这些法律、制度并没有发挥出其本应发挥的效能，甚至只是一种摆设而已。这样，政府可以随心所欲，可以为所欲为，长期充当"大地上行走的神"而不受到质疑和制约。于是，"这种从社会中产生但又自居于社会之上并且日益同社会相异化的力量"① 几乎成为可以肆意侵犯人民权利的"利维坦"，其劣政更是犹如原上野草疯狂生长。由之，最终导致我国拥有垄断权力的政府在公共空间"逍遥游"。可以说，在"权威型政府"体系中，政府完全依靠自身的权威甚至专断来开展社会动员。改革开放后，我国政府逐步实行民主决策、民主管理以及民主监督。民主决策能够确保决策广泛地吸取各方面的意见、集中各方面的智慧，使政府的决策更加具有科学性；民主管理是相对于以前的依靠权威建立起来的经济社会管理体系而言，它更加强调管理的科学性与民主性，按照"民主、公平、公正"的原则，协调各个方面组织，达到较高的管理目的；民主监督也是公民参与民主的主要内容之一。自觉接受来自人民群众、民主党派等各方面的民主监督，既是中国共产党的优良传统，也是对政府提出的明确要求。"民主制是一切形式的国家制度的已经解开的谜。"② 改革开放以来，"着力于民主政治，打造一个具有中

① 《马克思恩格斯文集》第四卷，人民出版社 2009 年版，第 189 页。
② 《马克思恩格斯全集》第三卷，人民出版社 2002 年版，第 39 页。

国特色的现代民主政府成为我国行政管理体制建设和改革的重要方向。"① 由此，我国政府已逐步实现从"权威型政府"向"民主型政府"的转变。在"民主型政府"体系中，政府借助"民主"旗帜动员人民群众参与到社会活动中来。这也意味着，在社会动员过程中，政府的强制色彩大为降低。

第四，逐步实现从"管制型政府"向"服务型政府"的转变。改革开放前，我国形成的是"管制型政府"。在"管制"条件下，政府的权力过度膨胀，政府的身影无所不及。"上管天，下管地，中间还要管空气"。由此，这种"管制型政府"具有极大的制约性，其缺陷显而易见。正是由于政府拥有无限的权力，强制手段横行，政府与公民的关系不对等，社会及市场几乎没有自主权。在"管制型政府"体系中，政府颐指气使，完全依靠命令、指令甚至强制手段开展社会动员。改革开放后，在公民本位、市场本位以及社会本位理念的指导下，在民主秩序的规制下，我国逐步建立起以服务为宗旨并切实承担起服务责任的"服务型政府"。可以说，在"服务型政府"体系中，政府与公民不再是纯粹的、直接的管理与被管理的关系，而是互动共进的关系；公民、社会和市场有了更多的自由决策权及更大的裁量空间。这就为公民、社会和市场解除不必要的管制、约束及控制，达到松绑的效果；政府不再大力实行"管制"，而是更多地"服务"于民、"服务"于社会、"服务"于市场。"市场经济中自由选择和自由发展的广阔空间属于各类经济主体和生产要素主体，政府更多地担当为它们提供合适环境和优质服务的角色。"② 这样，我国政府逐步实现从"管制型政府"向"服务型政府"的转变。自然而然，我国政府也从统治者的身份逐步转变为为公民、市场和社会提供服务的服务者，从"以统治为中心"的管理走向"以服务为中心"的管理。在"服务型政府"体系中，政府以"舵手"而不是"划桨"的角色参与到社会动员中来。

综上所述，改革开放以来，我国政府的角色实现了重大转变，其作为社会动员主体的角色也有了重大的转变。

三　非政府组织的兴起

关于非政府组织（NGO），1950 年联合国经济和社会理事会做了这

---

① 宋治平等：《经济转型与政府角色定位》，国家行政学院出版社 2011 年版，第 134 页。
② 赵晖：《转变政府职能与建设服务型政府》，广东人民出版社 2008 年版，第 264 页。

样的表述，凡不是根据政府间的协议而建立的国际组织都可以看作非政府组织。① 具体地说，"非政府组织是合法的、非政府的、非营利的、非党派性质的、实行自主管理的民间志愿性的组织"②。由此可以看出，非政府组织最初是专指受国联（League of Nations）或者联合国承认的国际性民间组织。现在，非政府组织主要用来描述发展中国家的以促进经济、社会发展为己任的社会组织。非政府组织又可分为国际性非政府组织和地区性非政府组织。如人们常见的世界自然保护联盟、国际红十字会、国际绿色和平组织、中华环保基金会、中华慈善总会、中国青少年发展基金会等。众所周知，社会动员不仅需要政府组织发挥主导性作用，而且还需要非政府组织发挥补充性作用。当然，在社会动员活动中，非政府组织既可以作为社会动员的主体，也可以作为社会动员的客体。在本书中，非政府组织被作为社会动员主体进行探讨。

改革开放前，随着中华人民共和国的确立和巩固，相应的政府组织也随之建立起来，并得到进一步完善和大力发展。也正是因为政府组织的强势发展以及政府对社会管理体制的制约，我国非政府组织不仅不被重视，而且还被种种法律法规限制，其发展空间被严重挤压。改革开放前，在我国高度集中的政治、经济体制下，公与私、政府与民间、国家与社会几乎完全融合为一体。换言之，公吞没了私，政府吞没了民间，国家吞没了社会。有研究表明，随着 1949 年政权更迭，我国绝大多数非政府组织趋于消亡，仅留下工会、共青团、妇联和工商联等。1965 年全国性非政府组织不到 100 个，地方性非政府组织仅有 6000 个。而 1966 年开始的"文化大革命"，使全国本来就不多的非政府组织基本陷入瘫痪。正是由于国家政权延伸到社会的底层，社会组织特别是非政府组织的生存空间受到了严重挤压。这样，原有独立的社会组织包括非政府组织或者被强制解散，或者因生存空间的压缩而自行解散，或者上升为政府性组织、政权支持性组织而获得特殊地位。于是，独立的社会组织特别是非政府组织就失去了存在的必要性和正当性。不难看出，改革开放前，我国非政府组织不仅难以在社会动员中发挥应有的作用，而且

---

① Clive Archer, *International Organizations*. London：George Allen & Unwin（Publishers）Ltd. , 1983, p. 37.

② 刘华平：《非政府组织与核军控》，中国社会科学出版社 2008 年版，第 5 页。

其生存也成了问题。

　　作为重要的社会组织形式,非政府组织在现代经济社会中发挥着越来越重要的作用。非政府组织不仅在提高本国竞争力、充当政府与社会的互动桥梁、促进社会变革等方面具有独特的功能,而且在组织方式、信息取得等方面同样具有不可替代的优势。因而,非政府组织在提供社会服务方面对政府能够起到不可或缺的补充作用。改革开放后,市场化取向的经济改革和政府职能的转变为我国非政府组织的发展提供了广阔的空间,多种经济成分的共同发展特别是非公有制经济的蓬勃发展为非政府组织提供了大量的物质资源和基础。除此之外,在我国政府职能进行转变的过程中,政府对社会空间的让渡也为非政府组织的兴起和发展提供了广阔的空间。随着改革开放的深入,我国非政府组织如雨后春笋般成长起来。这与改革开放前我国非政府组织到了破败的情景形成鲜明的对照。据统计,1988 年,我国民间组织只有 4446 个;2005 年,我国民间组织已经达到 289432 个。① “2006 年全国社会组织总量为 35.4 万个,2011 年达到 46.2 万个,年均增长率为 5.47%。同期,社会团体从 19.2 万个发展到 25.5 万个,年均增长率为 5.84%;民办非企业单位从 16.1 万个发展到 20.4 万个,年均增长率为 4.85%;基金会从 1144 个发展到 2614 个,年均增长率为 17.97%。”② 在社会效益方面,2006 年底全国社会组织职工人数为 425.2 万人,到 2011 年底达到 599.3 万人,年均增长率为 7.11%;在经济效益方面,以社会组织实现的增加值为例,2006 年我国社会组织实现的增加值为 112.17 亿元,到 2011 年年底达到 660 亿元,年均增长率为 42.54%。③ 非政府组织联系众多群众、企业和组织,跨越不同部门、不同所有制形式,会聚各类优秀人才,拥有资源、技术、信息等多方面优势,因而非政府组织能起到极大的社会动员功能。特别是在一些社会问题比较突出、尖锐的领域里,非政府组织往往发挥着政府所没有或难以充分发挥的作用。如中国青少年发展基金会、中国残疾人基金会、宋庆龄儿童基金会等非政府组织都能充分利

---

　　① 参见中华人民共和国民政部编《中国民政统计年鉴》(2005),中国统计出版社 2005 年版,第 56 页。

　　② 徐振斌:《我国社会组织参与社会建设趋势分析》,《人民日报》2012 年 10 月 18 日第 23 版。

　　③ 同上。

用对口的社会资源来开展活动，进而实现社会动员。"这种传统的组织化动员方式的优点是，可以利用组织手段，确保把组织内部的成员发动起来，然后再通过这些被发动起来的组织成员发挥'带头作用'，去带动那些无法通过组织直接控制的个体。"① 由此，改革开放以来，非政府组织已成为我国社会主义现代化建设不可或缺的主体，同时，也已成为我国社会动员不可或缺的主体，发挥着越来越大的正向能量。

综上所述，改革开放以来，我国各级党组织、政府以及非政府组织已成为社会动员的重要主体。

第三节　动员对象的扩展

列宁曾经明确地指出，"无产者单枪匹马是无能为力的；无产阶级的百万大军才是万能的"② 。改革开放后，我国逐渐摒弃了"阶级斗争"不合时宜的错误观念，对社会各阶级阶层、各民主党派、海外华人华侨、国际社会力量等都开展了动员工作，使这些社会力量真正发挥出其应有的作用。"公共智慧的结果便形成理智与意志在社会体中的结合，由此才有各个部分的密切合作，以及最后才有全体的最大力量。"③

一　社会各阶级阶层

社会各阶级阶层是中国共产党执政的基础，也是我国社会主义现代化建设最基本的依靠力量。而充分发挥我国工人阶级、农民阶级、知识分子等社会各阶级阶层的积极性、主动性和创造性，始终是中国共产党代表我国先进生产力发展要求必须履行的第一要务。④ 这决定了改革开放后我国对社会各阶级阶层充分动员的必然性。

（一）对工人阶级的充分动员

改革开放前，由于指导思想的失误以及领导方法的失当，工人阶级的积极性并没有被充分调动起来。改革开放前，我国工人阶级主要是指

---

① 孙立平等：《动员与参与——第三部门募捐机制个案研究》，浙江人民出版社 1999 年版，第 79 页。

② 《列宁全集》第二十二卷，人民出版社 1990 年版，第 119 页。

③ ［法］卢梭：《社会契约论》，何兆武译，商务印书馆 1963 年版，第 49 页。

④ 参见《江泽民文选》第三卷，人民出版社 2006 年版，第 275 页。

国有企业的职工（包括普通工人、技术工人和管理人员）。众所周知，改革开放前，由于我国实行的是高度集中的计划经济体制以及形式上"按劳分配"而实际上"平均分配"的分配制度，不论是我国全民所有制经济，还是我国集体所有制经济都存在"吃大锅饭"的状况，出现"干好干坏一个样，干与不干一个样"的现象。毫无疑问，这种经济体制和分配制度极难调动起工人阶级的积极性、主动性和创造性。同时，又由于我国法制不健全，我国工人阶级的主人翁地位难以得到相应的保障。可以说，改革开放前，我国工人阶级的积极性并没有被充分调动起来。换言之，改革开放前，我国工人阶级并没有被真正地动员起来。然而，改革开放后，随着我国经济体制改革以及社会主义市场经济的建立，我国工人阶级也发生了嬗变。工人阶级分化成国有企业与集体企业的工人以及"三资企业"、乡镇企业、私营企业的工人。在社会主义市场经济体制中，我国政府"广泛调动工人和知识分子的积极性，让他们参与管理，实现管理民主化。"① 由此，工人阶级的利益直接和效率关联，与绩效挂钩，与企业的命运紧密地联系在一起。自然，工人阶级不仅热切地关心着企业的发展，而且还极大地关注着劳动效率的提高。这样，通过社会主义市场经济体制的内在激励，我国已充分调动了工人阶级的积极性、主动性和创造性。换言之，改革开放后，我国充分运用市场的功能，不断激发工人阶级的内在潜能，从而达到了对工人阶级进行充分动员的目的。

（二）对农民阶级的充分动员

改革开放前，随着"大跃进"和"人民公社化"运动的开展，全国刮起一股"共产风"。在许多方面混淆了全民所有制和集体所有制、社会主义和共产主义的界限。公社随便调用社员、生产队的劳力、资金、土地和财产，取消了农民的自留地，出现了剥夺农民的情况。随之，按劳分配的原则遭到破坏，平均主义盛行。无疑，这些严重挫伤了农民的积极性、主动性和创造性。"人民公社化"运动以后，农民事实上失去了土地等生产资料，又经过扩大的工农业产品"剪刀差"等各种形式加剧了城乡差距。而在"文化大革命"期间，农民仍然被认为是小私有者和小生产者，会经常地、自发地、大批地产生资本主义和资

---

① 《邓小平文选》第三卷，人民出版社1993年版，第180页。

产阶级，因而要"割尾巴"、"掐尖子"，取缔"资产阶级法权"残余。这使农民阶级的利益受到极大的损害。自然，这种盲目蛮干和过于理想化的意识难以充分调动起农民阶级的积极性、主动性和创造性，难以充分开展对农民阶级的动员。在"文化大革命"时期，"由天下大乱，达到天下大治"造成的"天下大乱"同样使我国农业生产出现持续性下跌的状况。"农业总产值1967年为651亿元，比上年弱微增长；1968年为635亿元，比上年下降2.5%。"① 改革开放后，在农村，我国逐步实行家庭联产承包责任制。在家庭联产承包责任制下，"出工不出力"的现象不复存在，"磨洋工"的状况一去不复返。正是由于真正拥有了自己的土地，农民会想方设法提高效率，提高土地产量。同时，我国还不断加大对农村、农业、农民的资金、技术、管理方法支持的力度，实行惠农政策。"这些年来搞改革的一条经验，就是首先调动农民的积极性，把生产经营的自主权力下放给农民。"② 这样，改革开放以来，通过家庭联产承包责任制，我国以制度的形式规范了农民阶级的生产；通过对农业资金、技术、管理方法的投入，加大对农民阶级的支持；通过惠农政策，保障农民阶级的利益。无疑，这些举措充分调动了农民的积极性，真正激发出农民内在的动力和激情，达到了动员农民阶级投身于社会主义现代化建设中的目的。

（三）对知识分子的充分动员

改革开放前，由于错误地估计了阶级斗争的形势，我国并没有动员起知识分子。1957年3月在中国共产党全国宣传工作会议上，毛泽东在肯定知识分子是脑力劳动者的同时，又说知识分子"世界观基本上是资产阶级的，他们还是属于资产阶级的知识分子"③。1957年10月在党的八届三中全会上重提两个阶级、两条道路之间的矛盾是当前我国社会的主要矛盾，把"资产阶级知识分子"置于主要矛盾的对立面上去。1958年3月在党的成都会议上，则把"资产阶级及其知识分子"列为我国两个剥削阶级之一。这样，知识分子便由毛泽东当初认定的"脑力劳动者"和必须依靠的"基础力量"之一，变成了资产阶级的有机

---

① 吴群敢、柳随年主编：《中国社会主义经济简史》，黑龙江人民出版社1985年版，第361页。

② 《邓小平文选》第三卷，人民出版社1993年版，第180页。

③ 《毛泽东文集》第七卷，人民出版社1999年版，第273页。

组成部分。"文化大革命"时期，知识分子被诬为"白专"典型、"反动学术权威"，甚至被贬为"臭老九"。他们的经济地位得不到保障，社会地位被贬低，在政治上也没有任何权利可言，许多人甚至被关进"牛棚"，被剥夺了正常生活的权利。这不仅导致知识分子难以发挥出自身的才能和优势，而且他们的积极性受到严重伤害。由此，这种理论上的失误及认识的局限性不仅使许多与中国共产党合作多年的朋友、有才干的知识分子被错误地划成右派，受到了极大的委屈和压抑，而且由于错误地判断了知识分子的阶级属性，人为地扩大了资产阶级队伍，助长了阶级斗争扩大化的错误。无疑，这严重挫伤了广大知识分子建设社会主义的积极性。改革开放后，随着科学技术被视为第一生产力，知识分子的地位也发生了很大的变化。"要把'文化大革命'时的'老九'提到第一，科学技术是第一生产力嘛，知识分子是工人阶级一部分嘛。"[①] 这主要是因为，科学技术是第一生产力，而掌握科学技术的人正是知识分子。改革开放以来，我国愈加重视和依靠广大知识分子，并且在全社会已经形成了"尊重知识，尊重人才"的良好风尚，并加强对知识分子的动员工作。"在政治上、业务上信任和依靠知识分子；从优秀知识分子中发展党员、选拔干部；认真坚持为人民服务、为社会主义服务的方向和百花齐放、百家争鸣的方针；积极发展科学文化的国际交流和合作；努力为他们创造必要的工作生活条件；等等。"[②] 这样，改革开放以来，我国切实把知识分子动员到社会主义现代化建设中，充分发挥了知识分子的积极性、主动性和创造性。

（四）对新兴阶层的充分动员

随着改革开放的深入发展，我国社会涌现出一批新的社会阶层。2001 年，江泽民在"七一"讲话中已深刻地指出，"改革开放以来，我国的社会阶层构成发生了新的变化，出现了民营科技企业的创业人员和技术人员、受聘于外资企业的管理技术人员、个体户、私营企业主、中介组织的从业人员、自由职业人员等社会阶层。"[③] 可以说，我国新兴阶层是改革开放的直接产物，伴随着我国社会主义市场经济而产生，从

① 《邓小平文选》第三卷，人民出版社 1993 年版，第 275 页。
② 《江泽民文选》第一卷，人民出版社 2006 年版，第 129 页。
③ 《江泽民文选》第三卷，人民出版社 2006 年版，第 286 页。

我国社会基本阶层中分化出来，并发挥着积极的社会作用，具有无限的生机和活力。

改革开放以来，我国新兴阶层发展速度非常快。1995—2004 年，我国私营企业主人数由 134 万人增长到 948.6 万人，增长 6.08 倍；截至 2005 年 6 月底，我国登记的私营企业主达到了 1030 万人；个体户由 1978 年的 14 万人增至 2000 年的 6241 万人，扩大了 44.6 倍；2004 年全国民营科技企业已达到 141353 家，从业人员 1130 万人。① 这些新兴阶层与原有的社会阶级阶层团结在一起，同样是我国社会主义现代化的建设者。改革开放以来，我国强化了对新兴阶层的动员，使之投身于社会主义现代化建设中。通过发挥统一战线的作用，我党进一步促进新兴阶层投入到参政议政、社会主义现代化建设中来；本着"尊重劳动，尊重知识，尊重人才，尊重创造"的要求，我国政府充分重视起新兴阶层的利益诉求，适时地解决新兴阶层所面临的困难；发挥各民主党派的作用，加强吸纳新兴阶层参与政治；以社会组织为纽带、以社区为依托，我国建立起新兴阶层的工作、生活平台，改善了其发展的环境。这些举措不仅有利于我国充分地对新兴阶层的动员，而且还有利于促进新兴阶层的发展。

实践表明，只有对社会力量充分动员，我国社会主义现代化建设的实现才能有坚实的保障。改革开放以来，我国充分对工人阶级、农民阶级、知识分子以及新兴阶层这些基础力量开展了动员工作，从而达到"人尽其才"。

二　各民主党派

各民主党派是参政党，不仅是统一战线工作的对象，而且还是开展统战工作、进行社会主义现代化建设的一支重要依靠力量。众所周知，各民主党派不仅与中国共产党有长期合作的历史，而且还拥护中国共产党，拥护社会主义。可以说，各民主党派已成为中国共产党领导下的、能够为社会主义做出重大贡献的政治力量。改革开放前，由于极"左"路线的影响，各民主党派和民主人士在中国政坛上的作用逐渐被弱化，影响日益式微。在"文化大革命"期间，民主党派的活动甚至被取消。

---

① 参见杨海蛟主编，林毅、张亮杰著《新中国阶级阶层社会结构演变历程》，世界知识出版社 2011 年版，第 140 页。

这严重影响到各民主党派的发展，影响到各民主党派作用的发挥。

十一届三中全会果断地结束了"以阶级斗争为纲"的"文化大革命"，拉开了波澜壮阔的改革开放的序幕。改革开放的大潮也为各民主党派再获新生提供了历史机遇。改革开放以来，为了进一步坚持和完善多党合作和政治协商制度，中国共产党提出了一系列有助于推进多党合作和政治协商制度正确发展的理论观点和政策措施，先后颁布了两份在我国社会主义民主政治建设进程中具有重要历史意义的纲领性文献：1989 年 12 月发布的《中共中央关于坚持和完善中国共产党领导的多党合作和政治协商制度的意见》和 2005 年 2 月发布的《中共中央关于进一步加强中国共产党领导的多党合作和政治协商制度建设的意见》。1989 年 12 月中共中央发布的《意见》明确指出，"中国共产党领导的多党合作和政治协商制度是我国一项基本政治制度"①。该《意见》还进一步指出，中国共产党是执政党；各民主党派是参政党。② 可以说，该《意见》的制定和实施成为新时期坚持和完善我国多党合作和政治协商制度的理论依据和实施准则。2005 年 2 月，中共中央颁布的《意见》对进一步推进多党合作和政治协商的制度化、规范化、程序化建设，推动新形势下我国多党合作事业不断向前发展具有十分重要的现实意义和历史意义。改革开放以来，各民主党派以台湾同胞、港澳同胞以及海外华人华侨为主要对象，协助党和政府进行工作，如开展咨询服务、利用海内外各种关系引进资金、人才技术等。可以说，各民主党派也是我国社会主义现代化建设、实现祖国统一、实现中华民族伟大复兴的一支重要力量。在多党合作的政治舞台上，各民主党派履行政治协商、参政议政、民主监督的作用，展示出各民主党派作为参政党的精神面貌和魅力。

改革开放以来，在中国共产党的领导下，我国各民主党派被积极地动员起来而投入到社会主义现代化建设之中，在参政议政、服务社会、祖国统一等方面发挥着越来越大的作用。

三　海外华侨华人

改革开放后，曾经被视为资产阶级、遭到批判和排斥的海外华侨华

---

① 《十三大以来重要文献选编》（中），人民出版社 1991 年版，第 821 页。
② 同上书，第 822—823 页。

人从"另类"中又恢复了普通人的身份。随着改革开放的深入，我国政府日益认识到海外华侨华人的重要意义。概言之，改革开放后，我国侨务政策的总方针是：保护华侨华人正当、合法的权益，促进华侨华人发挥海外联系的优势并为我国的建设做出贡献。[①]

1978 年起，我国从中央到地方的各级政府都增加了涉侨机构，如华侨事务委员会、港澳台联络委员会、侨务办公室等。这些涉侨机构的增加意味着我国各级政府对华侨华人事务的高度重视。除了国内的侨务机构，我国政府还通过在海外设置专门机构保护海外华人的利益，进而加强了祖国与所在国之间的联系。特别是促进华侨华人参与祖国的社会主义现代化建设是各级侨务部门的工作重心之一。于是，引进华侨华人资金和人才的相关法律法规也随之而建立起来。如 1979 年我国颁布的《中华人民共和国中外合资经营企业法》、1986 年全国人大颁布的《中华人民共和国外资企业法》等。毫无疑问，这些涉侨机构的设置与增加以及相关法律法规的颁布与实施为我国充分动员华侨华人、积极引进华侨华人资金和技术创造了良好的条件。据不完全统计，1979—1991年间，"中国批准利用外资协议金额 1214.7 亿美元，实际使用外资796.27 亿美元。其中，外商直接投资为 268.5 亿美元，包括港、澳、台资本的海外华资 179.32 亿美元，占外商直接投资总额的 66%。"[②]1992—1997 年间，外商实际直接投资为 1968.1 亿美元。其中，海外华资占 1276 亿美元，约为进入中国大陆外资的 65%。[③] 1998 年至今，我国引进外资、包括海外华资的政策逐渐成熟，不再是为了解决国内建设的资金不足，而是要配合产业调整和升级，提高技术竞争力，形成能在国际市场上立于不败之地的产业门类。相关统计数据显示，1979—2004年间，"大陆共吸收外商直接投资 5621.01 亿美元。其中近 95% 的外资来自 20 个主要的国家和地区。在这 20 个国家和地区中，有 11 个以华人资本为主，总额高达 3699 亿美元，约占引进外资总数的 69%。"[④] 随

---

① 参见《华侨华人百科全书·法律条例政策卷》编辑委员会编《华侨华人百科全书·法律条例政策卷》，中国华侨出版社 2000 年版，第 621—622 页。

② 林金枝：《海外华人在中国大陆投资的现状及其进海发展趋势》，《华侨华人历史研究》1993 年第 1 期。

③ 参见庄国土《华侨华人与中国的关系》，广东高等教育出版社 2001 年版，第 378 页。

④ 庄国土：《东亚华商网络的发展趋势》，《当代亚太》2006 年第 1 期。

着改革开放的深入，我国移居海外的华侨华人也越来越多。这些华侨华人中有不少人要么在经济上迅速崛起，要么在学术上卓有成就，都具有非常重要的影响力。"全球化进程正在强化华侨华人在居住国和中国之间进行经济、政治和文化方面交流的桥梁作用"①，进一步推动华人华侨做促进祖国与所在国和平友好的使者。事实表明，改革开放以来，我国对华人华侨进行的广泛动员取得了显著成效。

四　国际社会力量

改革开放以来，在对外开放的政策指导下，我国对国际社会力量的态度也发生了巨大转变，由拒绝排斥逐渐转变为有选择地接纳，再到主动、积极地组织和动员。人们可以从我国对救灾援助的态度上管窥一斑。

1980—1981 年，面对南涝北旱的严重灾害，我国真正认识到争取国际社会援助的必要性和重要性，首次谨慎地向外表示愿意接受国际社会的援助。1981 年 3 月，联合国救灾署考察团对我国受灾最为严重的湖北和河北两地进行调查后，及时呼吁国际社会为中国灾区提供援助。随之，在联合国救灾署的呼吁下，20 多个国际组织和国家捐赠了价值2000 多万美元的救灾物资。1987 年，大兴安岭火灾发生后，我国政府和红十字会首次向国际社会提出了接受援助的请求。截至 1987 年 7 月底，我国共接受国际社会提供的食品、生活用品、药品等物资和现金总价值达 600 多万美元。② 自然，这些援助在大兴安岭火灾的救灾和恢复重建工作中发挥了重要的作用。1988 年，面对福建遭遇的特大水灾，我国政府再次向国际社会提出接受援助的请求。截至 1988 年 7 月底，我国政府共接受了 8 个国家和国际组织 200 多万美元的救灾援助。③1991 年，长江、淮河流域发生特大水灾。我国政府第一次大规模地直接呼吁国际社会援助。截至 1991 年 8 月 21 日，我国共接收国际社会（包括港澳台地区）救灾款物折合人民币达 6.83 亿元。④ 1998 年，面对

---

① 韩震：《应充分发挥华人华侨文化交流"桥"的作用》，《光明日报》2009 年 5 月 26日第 6 版。

② 参见李天华《从"拒绝外援"到"救灾外交"——改革开放以来中国政府应对国际救灾援助的政策演变及其评价》，《党史研究与教学》2008 年第 6 期。

③ 同上。

④ 参见李天华《从"拒绝外援"到"救灾外交"——改革开放以来中国政府应对国际救灾援助的政策演变及其评价》，《党史研究与教学》2008 年第 6 期。

长江特大洪水和松花江、嫩江洪灾，我国呼吁国际社会力量进行救灾援助的姿态更加积极。2003 年春夏之交，一场突如其来的灾难——"非典"肆虐神州大地。我国政府不仅积极呼吁国际社会进行援助，而且还主动地与国际社会展开合作，共抗"非典"。2008 年，汶川地震发生后，我国第一次接受国际救援队进入国内开展搜救工作。5 月 16 日，来自日本的首批 31 名专业救援人员抵达受灾严重的青川县，搜寻幸存者。这是首个进入灾区现场的国际救援队。5 月 17 日，一支由 47 人组成的韩国救援队赶赴什邡市蓥华镇实施搜救。同日，一支由 55 人组成的新加坡救援队赶赴什邡市红白镇实施搜救。[①] 可以说，改革开放以来，我国对待国际社会力量的态度逐渐由被动走向主动，对国际社会力量由拒绝、排斥逐渐转变为接受、动员。

综上所述，改革开放以来，我国坚持以辩证唯物主义和历史唯物主义作指导，以"三个有利于"作为判断标准，充分动员国内外一切能够动员的力量为社会主义现代化建设服务。

第四节　动员方式的多样化

改革开放以来，我国社会动员方式发生了巨大变化，越来越多样化，越来越现代化。但是，通过分析和比较，人们不难发现，改革开放以来，我国社会动员方式是以激励动员为主，其他动员方式为辅。

一　激励动员

激励的基本含义是激发，鼓励。"激励是指发动人的动机，鼓励人充分发挥内在动力，朝着所期望的目标，采取行动的过程。"[②] 激励不仅有助于激发和调动人的积极性，而且还有助于将个体目标导向集体目标，更有助于增强社会凝聚力。在我国历史上，不仅有"惠则足以使人"[③] 的告诫，而且还有"主扬威武，激励三军"[④] 和"礼赏不倦，则

---

① 参见李涛、陈凯、姜帆《国际救援队在行动（驰援·行动）》，《人民日报》2008 年 5 月 18 日第 4 版。

② 安维主编：《管理学原理》，中国人民大学出版社 2010 年版，第 177 页。

③ 《论语·阳货》。

④ 《六韬·王翼》。

士争死"① 的策略。实验证明，"未受激励的职工，其积极性只发挥20%—30%；而受到激励的职工，由于思想和情绪处于高度激发状态，积极性的发挥程度可以达到80%—90%，并在工作中始终保持高昂的士气和热情。"② 由此可见，在社会动员中，激励动员具有非常重要的作用。

改革开放以来，我国逐渐建立起社会主义市场经济体制。市场经济是效益经济，一切面向市场，以经济建设为中心，带动整个社会的全面发展。市场经济鼓励竞争，提倡创新，承认差别，反对平均主义。在这种微观利益机制的驱动下，人与人之间，单位与单位之间的竞争是不可避免的。而合理的竞争则应该支持，鼓励大家积极参与竞争，这样才能推动社会的发展。这样，人们才能在改革开放中得到更多的实惠，社会动员也才能顺利进行。可以说，激励动员是市场经济体制下微观利益机制驱动的结果。激励动员是在实践中通过激发和引导而形成的，充分调动动员对象内在的潜力和激情，使动员对象能发挥主观能动性，能确保社会动员的有效性。这样，激励动员的逻辑力量就深深地隐藏在社会动员的实践中，正所谓"大音希声，大象无形"③。一提到社会动员，并不一定就是要轰轰烈烈、激荡澎湃，也可以"随风潜入夜，润物细无声"。另外，社会动员主体要激发和调动社会动员对象的积极性，首先还要找到社会动员对象的"兴趣所在"。众所周知，人都有一定的需求。按照马斯洛需求层次理论的说法，人的需要既有低层次的需求，如生理的需求、安全的需求、情感和归属的需求，也有高层次的需求，如尊重的需求、自我实现的需求。也可以说，人不但有物质方面的需求，而且有精神方面的需求。不言而喻，只有满足社会动员对象的需求，社会动员主体才能抓住问题的关键。改革开放以来，我国"坚持按劳分配与按生产要素分配相结合、短期激励与中长期激励相结合、激励和约束相结合的原则"④，既进行物质激励，又进行精神激励，从而不断激发出社会动员对象的贡献热情和创造潜能。可以说，正是通过激励动员的方式，我国才真正把社会动员对象动员起来。

---

① 《黄石公三略·上略》。
② 王利平：《管理学原理》，中国人民大学出版社2000年版，第172页。
③ 《老子·四十一章》。
④ 《十六大以来重要文献选编》（上），中央文献出版社2005年版，第630页。

二 传媒动员

不论是在过去，还是在现在，抑或是在将来，传媒动员都是不可或缺的动员方式。改革开放以来，正是由于传播媒介的迅猛发展，传媒动员在我国社会动员中也有了进一步发展。具体说来，改革开放以来，我国传媒动员的创新发展主要表现在以下几个方面：

一是网络的兴起与发展。网络高速度、大容量、互动性、全息性的特点为传媒动员带来了新的生机与活力。网络的最大特性是非地域性、信息容量的无限性以及信息链接的无限制性。不言而喻，正是由于拥有这些其他媒介难以比拟的优点，网络也为社会动员创造了更加有利的条件。在充分利用网络资源的基础上，社会动员主体可以迅速地、便捷地、高效地对动员对象进行影响与动员。如中国政府网、新华网、人民网、新浪网不仅可以及时发布新闻消息，而且还可以展开对动员对象的引导、组织和动员。特别是QQ、微博的迅猛发展，更加便利于社会动员主体与动员对象之间的交流与互动，更加有利于社会动员工作的开展。可以说，改革开放以来，随着网络的兴起与发展，我国传媒动员也有了巨大的发展。根据中国互联网发展统计中心的调查，"2002 年 6 月的网民总数为 4580 万人，2004 年 6 月为 8700 万人，2006 年 6 月为 12300 万人，2008 年 12 月为 2.98 亿人，而到了 2009 年年底，中国网民规模达到 3.84 亿人"[1]。

二是电视的迅速发展。改革开放以来，我国电视传媒发展迅速，已普及到千家万户。毫不夸张地说，电视传媒也已成为当代中国最有影响的媒体之一。而网络电视、数字电视、手机电视的发展使得电视拥有更加广阔的前景和空间。无疑，利用电视传媒，社会动员主体可以广泛而深刻地对动员对象展开动员。如在国内，我国中央电视台新闻频道不仅 24 小时全天候地向国内人民大众传递国际、国内的新闻消息，而且轻而易举地将我国的路线、方针、政策传递到千家万户。同时，各地方电视台在结合中央路线、方针、政策的基础上，因地制宜地对地方法律、法规、政策以及相关新闻消息进行宣传和报道。在国际上，我国中央电视台中文国际频道（CCTV - 4）以海外华人华侨、台湾、香港、澳门

---

① 罗以澄、吕尚彬：《中国社会转型下的传媒环境与传媒发展》，武汉大学出版社 2010 年版，第 245 页。

为主要服务对象进行宣传、影响和动员。我国中央电视台英语新闻频道
（CCTV－9）则以中英双语、全球覆盖地、24 小时全天候地对国际社会
进行宣传、影响和动员。不难看出，电视传媒不论是在对我国国内民
众，还是对国际社会的宣传、影响和动员中都起到越来越重要的作用。
截至 2011 年，"全国有线广播电视入户率达 49.43%，用户首次突破 2
亿户，其中数字电视用户首次突破 1 亿户，达 11489 万户"①。

　　三是广播的全面发展。随着科学技术的日新月异，广播传媒也获得
了迅猛发展，不仅可以瞬息调整内容，可以进行现场的、即时的播报，
而且还可以全天候地报道、宣传。另外，与其他传播媒介比较，广播传
媒讲究"劝说"与"感染"的艺术，更加具有人情味。毫无疑问，广
播传媒能够使动员对象倍感亲切。如我国中央人民广播电台中国之声、
中华之声、国际广播 CRI 中文环球广播等，不仅为国内、国际的听众提
供优质的服务，而且还对这些宣传对象展开一定程度的影响和动员。目
前，我国很多电台都提供了互联网收听服务。不言而喻，这大大提高了
广播传媒社会动员的影响力。截至 2001 年年底，"全国共有各级广播电
台 1576 座，是新中国成立之初的 30 多倍，其中中央级电台 2 座、省级
电台 37 座、地市级电台 265 座、县级台（广播电视合一）1272 座；全
国电台发射功率 4 万多千瓦，是新中国成立初期的 300 多倍；全国广播
节目总计有 1934 套；每天播音时间累计为 16752 小时；全国广播覆盖
率为 92.33%"②。

　　四是报纸的创新性发展。报纸是最古老也是最主要的媒体之一。它
是以刊载新闻、时事评论等内容为主的、定期向公众发行的传播媒介。
可以说，报纸也是大众传播的重要载体，具有反映和引导社会舆论的重
要功能。从报纸的影响面来看，看报的人数往往大大超过报纸的发行数
量；从报纸的容量来看，其版面容量大，可以详细地介绍相关内容，也
可以利用大版面的视觉冲击力造势；从报纸的发行网和受众对象来看，
它有自己的发行网和读者对象，受众对象比较稳定。因此，在社会动员
活动中，报纸的动员功能非同一般。特别是在当今"数字化"的时代

---

　　① 庞井君主编：《中国广播电影电视发展报告（2012）》，社会科学文献出版社 2012 年
版，第 6 页。

　　② 王传寿：《中国传媒》，安徽教育出版社 2003 年版，第 120 页。

里，报纸的最大发展集中表现在其"数字化"上，如网络报、手机报、电子报。毋庸置疑，正是由于网络报、手机报、电子报的创新性发展，报纸对社会动员对象的影响变得越来越重要，在社会动员活动中越来越不可或缺。据不完全统计，在我国，"1978 年报纸种类仅为 186 种，印张数 113.52 亿；到 2001 年年底已达 2111 种，总印数 351.06 亿份。"①

三 行政动员

改革开放以来，尽管行政动员仍发挥着重要的作用，但是，与改革开放前相比，已发生了巨大的变化。

一是强制性明显弱化。改革开放前，行政动员强制性显而易见。特别是在政治运动的强大压力下，行政动员难免出现极端化行为。众所周知，行政动员是以整个政治体系的能量与权力为支撑的，容易产生"为应对危机可以不惜一切代价"的认识。于是，在行政动员所采取的高压、严厉、强制手段的背景下，各地、各部门、各单位都将面临强大政治压力。改革开放以来，我国行政动员逐渐弱化，更多地采取"和风细雨"式的手段来开展动员。毕竟，社会主义现代化建设仅仅依靠强制性的手段已无法完成。不难看出，一方面，这是"和平与发展"时代主题的现实产物。另一方面，这也是我国行政体制改革的必然结果。

二是可持续性进一步增强。改革开放前，由于传统行政动员惯性的影响，以及我国政治对于经济、社会的优势地位，一旦社会动员开展起来，整个经济、社会被纳入行政动员轨道，经济生活、社会生活的正常秩序被打破。无疑，这使得行政动员难以持久。另外，当动员持续时间过长时，不仅行政动员本身的效率在减弱，而且对经济与社会的损害也在加强。行政动员在背负着越来越大代价的情况下，其可持续性终将成为问题。改革开放后，我国行政动员注意避免这些消极因素。特别是在法制化环境中，我国行政动员进一步规范化。正是由于规范化，行政动员具有了合理性、规范性、可操作性。无疑，这使我国行政动员的可持续性进一步增强。

三是越来越科学化。改革开放前，由于政治运动接连不断，行政动员往往强调人海战术、全民动员、群众运动。而行政动员往往是以非制

---

① 王传寿：《中国传媒》，安徽教育出版社 2003 年版，第 87 页。

度化、超越法律规范的方式进行的。毫无疑问，这对整个政治制度化建设和法治化建设都有不可忽视的消极影响。改革开放后，我国更加注重行政动员的科学化，依靠科学的制度约束行政动员、依靠科学的管理指导行政动员、依靠法律法规来规范行政动员。自然，这进一步增强了行政动员的科学性。

四　参与动员

参与动员是指动员主体运用教育、劝说、强制等手段改变动员对象的思想、认识，使之参与到革命、运动、公共事务等中来的一种动员方式。"公众参与制度的本质是为了让公众参与行政决策的过程，以保障其合法权益。维护自身利益也是公众参与行政决策的根本动力"，"公众参与可以提高行政机关决策的质量"，"完全可以成为行政机关提高自身决策质量的手段"①。现代社会仍然需要参与动员来推动我国社会动员活动，需要其发挥正向的促进作用。不过，改革开放以来，我国参与动员也已发生了很大的改变。

一是开放的社会为参与动员创造了广阔的空间。改革开放前，我国社会是封闭型的社会。人们参与社会活动、政治生活和公共管理，多是由组织安排，由组织管理。不言而喻，在封闭型社会中，人们参与的程度受到种种制约。因而，参与动员也难以发挥重要的作用。"一个封闭社会在其最好的情况下也只能恰当地比作一个有机体。"② 改革开放后，我国逐渐形成开放的社会。"从封闭社会到开放社会的过渡显然可以被描述为人类所经历的一场最深刻的革命。"③ 在开放的社会中，由于制约的松绑、人们观念的改变以及自由度的增强，人们参与社会的程度大为提高。"一个开放的社会，其主要优点在于，它允许人们应对不确定的事实，并且在满足各种社会需求的同时确保人民拥有最大程度的自由。"④ 而且现代传播媒介为参与动员提供了诸多便利。如通过网络参与公共政策的讨论等。可以说，这为参与动员创造了广阔的空间。

---

① 王周户主编：《公众参与的理论与实践》，法律出版社 2011 年版，第 7 页，第 8 页。
② ［英］卡尔·波普尔：《开放社会及其敌人》第一卷，陆衡等译，中国社会科学出版社 1999 年版，第 325 页。
③ 同上书，第 328 页。
④ ［美］乔治·索罗斯：《这个时代的无知与傲慢：索罗斯给开放社会的建言》，欧阳卉译，中信出版社 2012 年版，第 50 页。

二是不断健全的民主为参与动员提供了良好的环境。改革开放前，我国民主化进程受到严重制约。人们参与政治活动、社会活动受到极大的制约。毫无疑问，在民主遭到严重破坏的环境中，参与动员难以起到应有的作用。如在社会主义建设探索时期，我国出现的"文化大革命"这样全面性错误，导致当时我国基层民主还未成形就已经出现了严重的挫折，人民参与的民主精神遭到严重扭曲。改革开放后，随着选举民主、协商民主以及直接参与民主的兴起，我国民主制度发展迅速，成效显著。正是由于我国民主的进一步发展，人们可以通过各种方式对国家方针、政策、形势发表意见、评论，参与社会活动，并可以对利弊得失表示态度和倾向。中国共产党已明确提出，要不断健全我国的民主制度，逐步丰富我国的民主形式，切实保障我国公民的民主权利。[1] 与此同时，随着公民参与意识的觉醒和提高以及民主参与渠道的完善，公民参与的积极性更加高涨。正如托克维尔所指出的那样，"参与社会的管理并讨论管理的问题，是美国人的最大事情，而且可以说是他们所知道的唯一乐趣。"[2] 无疑，这些都为我国参与动员提供了良好的环境。

三是健全的法制为参与动员提供了坚实的保障。改革开放前，由于法制的不健全，我国参与动员难以做到"有法可依"。无疑，这制约着参与动员的效率。改革开放后，随着我国法律体系的完善，公民参与政治和社会活动已有明确法律保障。如 1982 年《宪法》明确规定了民主参与制度；2000 年实施的《立法法》规定公民可以通过座谈会、论证会、听证会等多种形式参与法律法规的制定；2002 年国务院公布实施的《行政法规制定程序条例》第十二条规定，"起草行政法规，应当深入调查研究，总结实践经验，广泛听取有关机关、组织和公民的意见"；2010 年修改通过的《选举法》第三条明确规定，"中华人民共和国年满十八周岁的公民，不分民族、种族、性别、职业、家庭出身、宗教信仰、教育程度、财产状况和居住期限，都有选举权和被选举权。"这就从法律上保障了我国公民参与政治的权利及义务。这些法律法规对公民参与权的范围、实现途径、程序保障等都有了相关规范。无疑，改

---

[1] 参见《十六大以来重要文献选编》（上），中央文献出版社 2005 年版，第 25 页。

[2] ［法］托克维尔：《论美国的民主》上卷，董果良译，商务印书馆 1988 年版，第 278 页。

革开放以来，我国健全的法律法规能够为参与动员提供坚实的保障。

第五节　动员内容的拓新

改革开放以来，我国社会动员的重点内容主要放在经济动员上。经济动员成为我国社会动员的主角。在进行经济动员的同时，我国还进行了政治动员、文化动员、生态文明动员等。实践表明，改革开放以来，我国所开展的这些社会动员并不是"你方唱罢我登台"，而是在中国现代社会的大舞台上"同台演出"，共同演绎着社会动员的精彩大戏。

一　经济动员优先开展

生产力决定生产关系，经济基础决定上层建筑。历史和现实已经充分证明，如果不大力发展经济，不把经济基础打牢，上层建筑很容易成为"空中楼阁"，极易坍塌。"发展才是硬道理。"[①] "财大才能气粗，落后就要挨打。"[②] 因此，大力发展经济，积极进行经济动员已刻不容缓。改革开放以来，经济动员始终成为我国社会动员内容的重中之重。

一是充分发挥市场的作用和优势。在经济全球化的时代背景下，我国发展社会主义市场经济已成为历史的必然。"计划和市场都是方法嘛。只要对发展生产力有好处，就可以利用。它为社会主义服务，就是社会主义的；为资本主义服务，就是资本主义的。"[③] 改革开放以来，经过1978年十一届三中全会到1984年十二届三中全会的"计划经济为主体，市场调节为补充"、1984年十二届三中全会到1987年十三大的"社会主义有计划商品经济"、1987年十三大到1992年邓小平南方谈话的"计划经济与市场经济调节相结合"、1992年十四大明确提出"建立社会主义市场经济体制"和1997年党的十五大明确提出"建立比较完善的社会主义市场经济体制"这些阶段的经济体制改革，到2002年，我国已初步建立了社会主义市场经济，完全摒弃了改革开放前那种高度集中的计划经济体制。这样，我国就把政府的宏观调控与市场的微观调

---

① 《邓小平文选》第三卷，人民出版社1993年版，第377页。
② 《江泽民文选》第二卷，人民出版社2006年版，第530页。
③ 《邓小平文选》第三卷，人民出版社1993年版，第203页。

节充分地综合起来，使之服务于社会主义经济建设中。

二是实行积极的开放政策。"像中国这样大的国家搞建设，不靠自己不行，主要靠自己，这叫作自力更生。但是，在坚持自力更生的基础上，还需要对外开放，吸收外国的资金和技术来帮助我们发展。"[1] 改革开放以来，从经济特区开始，逐步向沿海、沿边、沿江、内陆城市扩展，我国逐步形成了一个全方位、多层次、宽领域的对外开放的格局。通过对外开放，我国大量引进外资、先进技术以及管理经验。这对进一步完善我国社会主义市场经济、加快我国经济建设的步伐都具有重要的意义。

三是把"引进来"与"走出去"充分结合起来。改革开放初，由于我国经济基础落后以及技术水平低，我国实行"引进来"的战略成为历史的必然。同时，随着我国经济的发展和实力的增强，我国又实行"走出去"的战略。我国实施"走出去"战略，就是要充分利用国内和国外两个市场、两种资源，促使我国的经济、政治、文化、社会等各方面的发展融入世界发展中。[2] 在"走出去"战略的指导下，我国有能力、有条件的企业和公司大胆地"走出去"，走向世界各地。特别是2001年我国加入世贸组织，更是为我国企业、公司"走出去"提供了更大的历史机遇。这也为我国的经济发展创造了更好的条件。改革开放以来，正是由于我国建立的社会主义市场经济、实行的"改革开放"政策以及积极开展的经济动员，我国经济获得了巨大的发展。1952年，我国GDP仅有300亿美元。[3] 1978年，我国GDP才达到2683亿美元，世界排名第15位。改革开放后，通过积极开展经济动员，大力发展经济，我国经济获得了突飞猛进的发展。截至2010年，我国GDP为60579.82亿美元，已超过日本GDP的5.46万亿美元，仅次于美国GDP的14.53万亿美元，跃居世界第二位。[4]

二 政治动员有序开展

政治动员一直是社会动员的重要内容。如果运用得当，政治动员也

---

① 《邓小平文选》第三卷，人民出版社1993年版，第78—79页。

② 参见《江泽民文选》第三卷，人民出版社2006年版，第456—457页。

③ 参见财政部外事财务司组织译校《中国：社会主义经济的发展——世界银行经济考察团对中国经济的考察报告》，中国财政经济出版社1982年版，第50页。

④ 参见陈国平主编《世界经济年鉴》（2011/2012年卷），经济科学出版社2012年版，第41、69、196页。

可以成为推动社会主义现代化建设的前进动力；反之亦然。改革开放后，基于改革开放前存在的种种弊端以及政府角色的转变，我国政治动员发生了重大的改变。

一是更加注意适度性。改革开放前，我国政治动员主要依靠大规模运动来进行的。于是乎，全员参与，全民动员，政治运动一个接着一个。这完全忽视了建设时期与革命时期政治动员的差异。结果，在没有任何试验的情况下，什么都是一哄而上，结果，只能带来"一荣俱荣，一损俱损"的结局。而往往是，"一损俱损"的状况多于"一荣俱荣"。改革开放以来，我国更加注重政治动员的适度性，既防止"心有余而力不足"的现象，又极力避免出现"过犹不及"的局面。搞什么都尽量在先进行试验的基础上，再扩展开来。这种"摸着石头过河"的经验值得珍视，因为它完全可以避免改革开放前运动式政治动员的再次发生。这就使政治动员在我国社会主义现代化建设中发挥着更加积极、有效的功能。也可以说，这是改革开放以来我国政治动员获得重大发展的一个重要体现。

二是注重把政治动员和民众的利益诉求结合起来。从本质上讲，政治动员是为了实现党和国家的政治目标服务的。但是，如果政治动员与广大民众的利益诉求毫不相干，那么其成效也会大打折扣。改革开放前，在开展政治动员时，我国主要强调的是国家利益和集体利益，而对个人利益却轻视、漠视甚至有意抑制。无疑，这种轻视、漠视甚至有意抑制广大民众利益诉求的政治动员难以提高广大民众的参与热情，难以调动起广大民众的积极性。改革开放后，随着相关政策的"解冻"以及社会主义市场的"激励"，我国广大民众长期被抑制的个人利益诉求突然迸发出来。同时，国家也不断通过发展来满足广大民众正当的利益诉求。本来，从一定程度上说，我们党和国家解决"人民日益增长的物质文化需要同落后的社会生产之间的矛盾"，目的就是要满足广大民众的利益诉求。实践证明，改革开放以来，我国把政治动员和民众的利益诉求充分地结合起来切实起到了极大的推动作用，调动了广大民众的积极性、主动性和创造性。

三是更加注意规范性。"没有规矩，不能成方圆。"相关的法律法规不仅是政治动员的基本保证，而且也是对政治动员的明显规制。如果没有规范和约束，政治动员可以"为所欲为"，甚至可以"不择手段"。

如"文化大革命"时期我国政治动员的随意性达到了极致。改革开放以来，为了进一步保障政治动员的规范性，我国颁布并实施了相关的法律法规，如《中华人民共和国国防动员法》《中华人民共和国安全生产法》等。无疑，这些法律法规不仅使我国政治动员有法可依，而且有利于我国政治动员规范化和法制化的形成。

三　文化动员创新发展

现实充分表明，"当今世界，文化与经济和政治相互交融，在综合国力竞争中的地位和作用越来越突出。文化的力量，深深熔铸在民族的生命力、创造力和凝聚力之中。"① "文化是民族的血脉，是人民的精神家园。"② 这深刻地揭示出文化在一个民族、一个国家中的重要地位与作用。同时，这也显示出文化动员的重要意义。改革开放前，虽然我国也开展文化动员，但由于方法不对头、重视程度不够等方面的原因，我国文化动员并没有发挥出自身的优势。改革开放后，我国文化动员发生了巨大变化。

一是加强对文化资源的整合。文化资源是文化动员的前提和条件，而文化动员则能促进文化资源的发挥和运用。要充分发挥文化动员的功能，则需要进行文化资源的整合。一方面，我国将传统文化与现代文化进行有机结合。我国传统文化源远流长，博大精深，对我国文化事业的发展具有重要意义。改革开放以来，我国充分认识到中国传统文化的价值和魅力，将我国传统文化融入现代文化之中。如当代中国社会主义核心价值观对"仁义礼智信，温良恭俭让"的继承和吸纳、我国独立自主和平外交政策对"礼之用，和为贵"的借鉴和发展等。这样，我国既避免了"复古主义"，又做到了"古为今用"。另一方面，我国将东方文化与西方文化进行了有机结合。"文化的发展是一个不断超越自己的传统获得自我更新的过程，也是一个不断整合异质文化使之符合自己的目的的过程。"③ 在全球化的时代背景下，东西方文化的交融已成为历史的必然。改革开放以来，我国不断借鉴、吸收外来文化，特别是吸收西方文化中的精髓，同样使之服务于中国特色社会主义文化。这样，

---

① 《江泽民文选》，人民出版社 2006 年版，第 558 页。
② 胡锦涛：《坚定不移沿着中国特色社会主义道路前进　为全面建成小康社会而奋斗》，人民出版社 2012 年版，第 30 页。
③ 邢云文：《时代精神：历史解读与当代阐释》，中央编译出版社 2011 年版，第 209 页。

通过将东西方文化融会贯通，我国不仅避免了"崇洋媚外"，而且做到了"洋为中用"。

二是进一步健全文化体制。文化体制健全与否影响到文化的繁荣与发展，影响到文化动员的成效。改革开放以来，我国进行了多次文化体制的改革。2011 年 10 月，中共十七届六中全会通过了《中共中央关于深化文化体制改革推动社会主义文化大发展大繁荣若干重大问题的决定》（以下简称《决定》）。2012 年 2 月，根据《决定》和《中华人民共和国国民经济和社会发展第十二个五年规划纲要》，我国政府又制定了《国家"十二五"时期文化改革发展规划纲要》（以下简称《纲要》）。可以说，这些《决定》和《纲要》更是成为我国文化体制改革的纲领性文件，对我国文化体制的发展具有非常重要的意义。改革开放以来，我国不断加快文化体制的改革，逐步"建立健全党委领导、政府管理、行业自律、社会监督、企事业单位依法运营的文化管理体制和富有活力的文化产品生产经营机制"①。为此，我国不断加快对经营性文化单位的改革，如推进国有文艺院团改制；不断建立健全现代文化市场体系，如重点发展图书报刊、电子音像制品市场；不断深化文化管理体制的改革，如坚持主管主办制度；不断完善文化政策保障机制，如加大对文化产业的政策扶持力度；不断推动中华文化与世界文化的交流与融合，如设立中华文化国际传播贡献奖。不言而喻，这些文化体制的健全和完善不仅有利于推动我国社会主义文化的建设，而且还能极大地促进我国社会主义文化的繁荣和发展。

三是进一步加强文化动员。文化动员不仅需要广大民众的积极参与，而且还需要有坚强的组织领导。否则，文化动员难以顺利进行。一方面，政府转变了文化动员的职能。改革开放以来，通过强化政策调控、市场调节、社会管理和公共服务的职能，我国政府逐步实现了由"政企不分、管办合一"向"政企分开、管办分离"的转变。这样，文化企业和文化事业单位就有了更大的自主权，也有了更高的积极性、主动性和创造性。社会资本以多种形式对文化事业进行投入，逐步实现了文化事业筹资的多元化和社会化。这不仅有利于进一步繁荣我国社会主

---

① 《中共中央关于深化文化体制改革　推动社会主义文化大发展大繁荣若干重大问题的决定》，人民出版社 2011 年版，第 32 页。

义文化市场，而且还可以进一步促进文化的繁荣和发展。可以说，正是由于政府职能的转变，我国文化动员才有了进一步的发展。另一方面，政府充分发挥对文化动员的引导作用。改革开放以来，我国"坚持和完善党委统一领导、党政齐抓共管、宣传部门组织协调、有关部门分工负责、社会力量积极参与的工作体制和工作格局"①，不断推动我国文化动员的创新和发展。特别是通过加大对文化教育事业、公共文化事业的投入力度，我国政府指引着文化动员的发展方向，而不是像改革开放前那样对文化事业统得过死、管得过多。这样，通过政府管原则、导向、规划、布局和秩序，我国逐渐形成了一个行为规范、运转协调、效率高效的文化管理核心。

四　生态文明动员开拓创新

随着改革开放的深入，我国生态环境也遭到一定程度上的破坏。随之，生态文明建设越来越受到人们的普遍关注。毕竟，"建设生态文明，是关系人民福祉、关乎民族未来的长远大计"②。面对资源约束趋紧、环境污染严重、生态系统退化的严峻形势，生态文明建设显得越来越突出，显得越来越重要。由此，改革开放以来，我国越来越重视生态文明动员。

一是提高了全体公民的生态文明意识。所谓生态文明意识，是指"人们关于环境和环境保护的思想、观点、知识、态度、价值和心理的总称"③。生态文明意识决定着人们生态文明建设的实践活动，对生态文明建设的成败具有决定性的意义。改革开放以来，我国不断加强生态文明宣传教育，增强了全民节约意识、环保意识、生态意识，逐渐形成了合理消费的社会风尚，营造出爱护生态环境的良好风气，进而不断促使全社会形成对生态文明的良好态度和理念。这主要是因为，在社会主义现代化建设中，人们既不能违背经济规律和社会规律，同样也不能违背自然规律和生态规律。只有在科学认识自然和尊重自然规律、生态规律的基础上，人们才可能实现人与自然的和谐相处。"我们不要过分陶醉于我们人类对自然界的胜利。对于每一次这样的胜利，自

---

① 《国家"十二五"时期文化改革发展规划纲要》，人民出版社 2012 年版，第 42 页。
② 胡锦涛：《坚定不移沿着中国特色社会主义道路前进　为全面建成小康社会而奋斗》，人民出版社 2012 年版，第 39 页。
③ 王学俭、宫长瑞：《生态文明与公民意识》，人民出版社 2011 年版，第 90 页。

然界都对我们进行报复。"① 因此，改革开放以来，通过加强对我国公民生态文明的宣传和教育对不断提高我国公民的生态文明意识具有重要意义。

　　二是加强了对民众参与生态文明建设的动员。在生态文明建设中，尽管政府起到主导的作用，但是，如果没有广大民众的参与，生态文明建设难以取得实质性进展。这是因为，广大民众才是生态文明建设的真正主体。只有广大民众真正被动员起来，其生态文明观念才能得到改善，其生态文明意识才能不断提高，切实参与到生态文明建设中来。也只有这样，我国生态文明建设才能取得良好成效。改革开放以来，我国积极鼓励和引导广大公民积极加入各种形式的民间环保组织、参加各种形式的环保志愿活动。改革开放以来，我国各种民间环保组织如雨后春笋般成长起来。如政府组织的中华环保联合会、中华环保基金会、中国环境文化促进会等。据中华环保联合会统计，截至 2007 年，我国民间环保组织已有 2768 家，如自然之友、北京地球村环境文化中心、中国志愿者保护藏羚羊协会等，从业人员总数近 23 万人。② 毋庸置疑，这些环保组织和参与人员已成为推动我国甚至世界生态文明建设不可或缺的力量。值得一提的是，在生态文明意识的影响下，大批高等院校的学生也组建了环保社团、协会，如清华大学学生绿色协会、北京大学环境与发展协会、中国人民大学缪尔自然保护协会、广西医科大学绿色沙龙环保协会、兰州大学学生环境保护协会等。这样，通过宣传、引导和组织，我国进一步加强了对民众参加生态文明建设的动员，推动广大民众投身于生态文明建设之中。

　　三是推动了生态文明建设法制化。保护生态环境，建设生态文明，不仅需要人类的自觉意识，而且还需要法制的保障。一方面，我国加强了生态文明法制建设。改革开放以来，为了加强生态文明建设，我国制定了各种各样的环境保护法规和政策。如我国颁布的《环境保护法》就是生态文明意识培育立法的依据。《环境保护法》第五条规定："国家鼓励环境保护科学教育事业的发展，加强环境保护科学技术的研究和开发，提高环境保护科学技术水平，普及环境保护的科学知识。"除此

---

① 《马克思恩格斯文集》第九卷，人民出版社 2009 年版，第 559—560 页。
② 参见王学俭、宫长瑞《生态文明与公民意识》，人民出版社 2011 年版，第 256 页。

之外，我国还颁布了《森林法》、《海洋环境保护法》、《大气污染防治法》、《防沙治沙法》等。这些法律法规的制定、颁布和实施使我国生态文明建设有了法律依据。另一方面，我国加大生态文明建设的执法力度。改革开放以来，我国不断提高执法效力，解决有法不依、执法不严、违法不究、不作为、乱作为的问题。特别是加大了对危害生态文明建设行为的惩罚力度。如我国颁布的《环境保护法》第六条规定："一切单位和个人都有保护环境的义务，并有权对污染和破坏环境的单位和个人进行检举和控告。"

尽管经济动员、政治动员、文化动员、生态文明动员"各有千秋"，但在不同时代它们因时而异，轻重有别。基于时代发展的要求，改革开放以来，我国社会动员逐渐转变为侧重于经济动员，同时，还注重政治动员、文化动员和生态文明动员。

第六节　社会动员内在机制的创新发展

社会动员内在机制只有相互协调、相互促进，才能有利于社会动员机制的良性发展，才能极大地促进社会动员活动的开展。改革开放以来，我国社会动员内在机制也获得创新和发展。

一　动力机制的创新发展

改革开放以来，针对改革开放前自身存在的弊端和不足，我国社会动员动力机制不断进行创新和发展。

一是内源动力机制的创新。"不论是哪种情况，发展只有在社会内部的发展潜力被广泛有效地动员起来时才有现实可行性。"[1] 可以说，在社会动员系统中，内源动力是社会动员构成中起决定性作用的基本要素。而内源动力机制在整个社会动员机制中又发挥着极为重要的作用，是社会动员机制的关键性要素。社会动员内源动力机制的核心就是通过内在机制，把制度建立在切实可行的基础上，通过"机制"而不是人治来构建社会动员的组织秩序，从而寻求"无为而治"的境界。改革

---

① 罗荣渠：《现代化新论——世界与中国的现代化进程》，商务印书馆 2004 年版，第133 页。

开放以来，我国更加注重依靠激励的方式来开展社会动员。由此，这不仅能够充分地激发出社会动员对象的激情，而且还深刻地感染着社会动员主体。不难看出，在开展社会动员活动中，在激励的状态下，不仅社会动员主体的主动性、积极性会得到极大的提高，而且社会动员对象也会激情满怀地投入其中，进而推动我国社会动员活动的深入发展。毫无疑问，改革开放以来，这种更加注重激励的内源动力机制为我国社会动员注入了新的动力。

二是外源动力机制的创新。外源动力是一种强制的外在力量。外源动力机制的核心就是通过外在机制，协调好外部要素之间、外部与内部要素之间的关系，从而为系统创造良好的外部环境和条件。这些有利的外部环境和条件构成了社会动员的外因，是社会动员的促进性因素，起到催化剂的作用。"外因是变化的条件，内因是变化的根据，外因通过内因而起作用。"① 可以说，社会动员外源动力机制在整个社会动员活动过程中起到十分重要的推动作用。改革开放以来，我国不断培育社会主义市场体系、促进社会组织特别是非政府组织的发展、构建社会主义和谐社会以及促进中国与国际社会的良性互动。无疑，这些都有利于改善我国社会动员的外部环境，促进我国社会动员外源动力机制的创新发展，从而为我国社会动员活动提供坚实的外源动力的支撑。

二 运行机制的创新发展

改革开放以来，针对改革开放前自身存在的弊端和不足，我国社会动员运行机制进一步地创新和发展。

一是强化对运行机制的制度保障。这是因为，制度具有根本性、全局性、稳定性的特点。一个好的制度会在相当长的时间里发挥作用和效力。对于社会动员运行机制而言，完善的制度体系是社会动员运行机制的根本保证。改革开放以来，我国通过了与社会动员运行相关的法律法规，如《组织法》、《保障法》等。这就从法制层面加强了对我国社会动员运行机制的法律及制度保障。如密切联系群众的制度、互动交流的制度等，能够进一步完善对我国社会动员运行机制的制度保障。毫无疑问，这不仅进一步弱化了改革开放前我国社会动员的行政化运行模式，而且还进一步推进了我国社会动员运行机制的法制化和制度化。由此，

---

① 《毛泽东选集》第一卷，人民出版社 1991 年版，第 302 页。

我国社会动员运行机制也实现了华丽转身。

二是使社会动员运行渠道更加顺畅。如果社会动员运行渠道不畅，就容易"泛滥成灾"。改革开放以来，在开展社会动员的过程中，我国比较好地理顺了政府与市场之间、政府与社会之间、社会与市场之间的关系；进一步完善了我国社会动员的方式，如激励方式的充分运用；还不断改善我国所面临的社会环境，如和谐社会的构建、与国际社会的交流与融合。这样，我国社会动员主体、社会动员对象便能各司其职，各尽其责。于是，在我国社会动员系统中，社会动员主体、对象、方式、环境能够有机地统一起来。不言而喻，随着运行渠道更加顺畅，我国社会动员机制可以发挥出更大的效能。

三 协调机制的创新发展

改革开放以来，针对协调机制缺乏规范性、效率低下等弊端，我国社会动员协调机制不断进行着创新和发展。

一是进一步规范协调机制。协调的规范化是协调机制良性运行的基础。"一个和尚挑水喝，两个和尚抬水喝，三个和尚没水喝。"如果缺乏规范性，社会动员协调机制难以发挥其应有的效能。改革开放以来，为了充分发挥社会动员协调机制的功能，我国充分运用法律法规对社会动员主体的职责、社会动员对象的权益以及社会动员方式的选择等进一步做出了相应的规范。如政府的归政府，政府不能随意越权而侵害公民的权益；市场的归市场，市场可以充分发挥其内在的激励和调节作用；社会的归社会，社会可以充分发挥其整合的功能。这样，在规范化的环境中，社会动员协调机制可以更加高效地发挥其应有的作用。

二是逐步建立起多元化的协调机制。"多元协调机制是一个发育得越来越复杂的社会所不可或缺的，无论是市场，还是国家，抑或社会运动，甚至传统文化与传统组织，在协调一个多元复杂的社会关系方面，都具有其他力量无可替代的独特价值。"[①] 改革开放以来，我国所面临的机遇前所未有，所面临的挑战也前所未有。为此，在开展社会动员时，我国不仅充分发挥政府的功能，而且还充分运用市场、社会组织甚至有影响力的个体等多方面的优势和特长来协调各方面的利益，解决所

① 肖瑛、刘春燕、张敦福：《友好社会的寻求：美、日、法三国构建社会协调机制研究》，上海人民出版社2007年版，第100页。

面临的诸多矛盾等。在方式上，我国采取统筹兼顾的协调方式来进行。在协调的对象上，我国已注重协调好国家、集体和个人之间、沿海与内地之间、中央和地方之间以及中国与国际社会之间的关系。这样，在多元化的协调机制下，我国社会动员协调机制能够发挥着更大的作用。

四　保障机制的创新发展

改革开放以来，针对改革开放前存在的弊端和不足，我国社会动员保障机制有了进一步的创新和发展。

一是完善保障制度。由前述内容可知，制度是明文规定的行为规则，机制是制度运行的内在机理；制度是机制的外在形式，机制是制度的核心内涵；制度通过机制起作用。毋庸置疑，只有有了良好的制度作保障，社会动员保障机制才能够真正发挥出其应有的保障作用。改革开放以来，在城市，我国不断完善城镇职工基本养老保险制度、基本医疗保险制度，健全失业保险制度和城市居民最低生活保障制度，发展城乡社会救济和社会福利事业等。在农村，我国不断探索建立农村养老、医疗保险、最低生活保障制度等。毫无疑问，这些制度的健全与完善为我国社会动员保障机制提供了坚实的制度保障。

二是健全保障法律法规。"没有规矩，不能成方圆。"同样，没有一定的法律法规作保障，社会动员保障机制就很难取得应有的成效。正如霍布斯所言，"无剑的契约只是空话而已"。改革开放以来，我国逐步制定了部分关涉社会动员的法律法规，如《国防动员法》、《组织法》、《保障法》等。无疑，这些法律法规的制定、颁布与实施不仅为我国社会动员提供了有效的法律保障，而且还为我国社会动员保障机制的发展提供了坚实的法律保障。可以说，随着相关保障法律法规的制定、颁布与实施，我国社会动员保障机制也得到了进一步的完善与发展，也更加有效地发挥其应有的作用。

改革开放以来，由于社会动员目标的重大转变，我国社会动员机制进行了相应的调整和创新。正是由于有了这些调整和创新，我国社会动员机制才逐渐形成一种强大的合力机制。

第五章 汶川地震社会动员机制实证分析

汶川地震发生后，在强大的社会动员机制作用下，我国在极短的时间内开展了卓有成效的社会动员，广泛地动员了各方面力量投入抗震救灾以及恢复重建的工作中。在汶川地震整个抗震救灾、恢复重建的过程中，社会动员立下了赫赫战功。

第一节 "抗震救灾，恢复重建"成为
社会动员的指向

2008年5月12日14时28分，我国四川省汶川县发生8.0级地震。这是新中国成立以来，破坏力最强，波及范围最广的一次特大地震。汶川地震重灾区面积超过10万平方公里，涉及人口2792万人，受灾人口约1000万人。据不完全统计，截至2008年6月23日12时，"汶川地震已造成69181人遇难，374171人受伤，失踪18498人"①。此时，汶川地震灾区的人民陷入艰难困苦之中。

灾情就是命令，时间就是生命。灾区需要救援，灾民需要救助。此时，抗震救灾已成为当时我国所面临的最重要、最紧迫的任务；恢复重建也成为抗震救灾后我国所面临的最重要、最紧迫的任务。而社会动员也会随着任务的改变而调整目标。不言而喻，汶川地震发生后，"抗震救灾，恢复重建"已成为我国开展社会动员的现实目标。5月12日晚，中共中央政治局常务委员会召开会议，全面部署抗震救灾工作。会议明确要求，"灾区各级党委、政府和中央各有关部门一定要紧急行动起

---

① 《累计解救和转移1466054人（权威发布）》，《人民日报》2008年6月24日第5版。

来，把抗震救灾作为当前的首要任务"①。5 月 14 日，中共中央政治局常务委员会再次召开会议，进一步研究部署抗震救灾工作。5 月 26 日，中共中央作出了"建立对口支援机制"的决定。5 月 27 日，我国政府明确提出："建立和完善对口支援机制，实行一省帮一重灾县，几省帮一重灾市（州），举全国之力，加快恢复重建。"② 6 月 5 日，中共中央政治局常务委员会再次举行会议，着重研究部署灾后恢复重建对口支援工作。可以说，正是在我们党的正确领导下，汶川地震发生后，我国积极地开展了社会动员，动员社会各方面力量，或出人力，或出物力，或出财力，积极地参加到抗震救灾中来。一句话，此时，"抗震救灾，恢复重建"既成为我国社会动员的当务之急，也成为我国社会动员的追求目标。

第二节　党、政府和非政府组织发挥积极动员作用

汶川地震造成的损失之大，人员伤亡之多，是新中国成立以来所罕见的。然而，正是由于中国共产党的坚强领导、政府的认真负责以及社会的广泛参与，抗震救灾、恢复重建才能井然有序、有条不紊，才能取得显著的成效。在这次抗震救灾、恢复重建的社会动员中，我们党、政府和非政府组织成了主要的社会动员主体，起到领导、组织和动员的重要作用。

一　中国共产党起到核心动员作用

汶川地震发生后，我们党对这次灾难高度重视。此时，抗震救灾、恢复重建成为中国共产党特别关注的一项重大的政治任务。可以说，在整个抗震救灾的社会动员中，中国共产党发挥着核心的动员作用，体现了卓越的"领导力"。

首先，中国共产党发挥着领导动员的作用。听到地震发生的消息

---

① 《全面部署当前抗震救灾工作》，《人民日报》2008 年 5 月 13 日第 1 版。
② 《关于当前抗震救灾进展情况和下一阶段的工作任务》，《人民日报》2008 年 5 月 28 日第 5 版。

后，胡锦涛总书记立即作出重要指示：尽快抢救伤员，确保灾区人民的生命安全。5 月 12 日晚，胡锦涛总书记主持召开中共中央政治局常务委员会会议，全面部署抗震救灾工作，并明确要求："抗震救灾工作必须坚持以人为本。抢救人民群众生命是首要任务，必须继续作为当前抗震救灾工作的重中之重。"① 5 月 16 日，胡锦涛总书记乘飞机赶赴地震灾区，慰问灾区群众，指导抗震救灾工作。5 月 17 日，胡锦涛总书记在成都召开的抗震救灾工作会议上再次发出号令，要求人民解放军、武警部队和公安消防特警尽快进入灾区所有村庄，尽力搜救被困群众。5 月 19 日凌晨，刚刚回到北京，胡锦涛总书记在军队有关情况汇报上批示，要求部队"深入责任区内村庄，营救被困群众，医治伤员，帮助群众解决困难。要争分夺秒，时不我待"②。在了解到灾区群众急需大量救灾帐篷后，胡锦涛总书记于 5 月 22 日和 25 日赶赴浙江省湖州市和河北省廊坊市进行实地考察救灾帐篷生产情况。5 月 31 日至 6 月 1 日，胡锦涛总书记又亲临陕西、甘肃地震灾区，实地指导抗震救灾和恢复重建工作。地震发生后不久，5 月 12 日 16 时 40 分许，温家宝总理乘坐一架空军专机飞赴汶川地震灾区，指挥抗震救灾工作。此后几个月的时间里，温家宝总理先后 6 次前往地震灾区指导抗震救灾工作。同样心系灾区的中共中央其他领导人吴邦国、贾庆林、习近平、李克强等，或主持召开抗震救灾工作会议，或亲临抗震救灾现场指挥抗震救援工作……可以说，正是由于中共领导人积极、负责地领导、组织和动员，才激发着人民抗震救灾的信心，才使得抗震救灾工作取得巨大成就。"人们深深地被感动，是党中央在第一时间作出抗震救灾全面部署，把人民生命放在高于一切的位置，举国上下紧急行动共御天灾。人们深深地被感动，是胡锦涛、温家宝等中央领导同志深入灾区指导抗震救灾工作，稳定了情绪，鼓舞了士气，激发了斗志。"③

其次，基层党组织充分发挥着组织动员的重要作用。在这次抗震救灾中，广大基层党组织紧急动员、有力组织，充分发挥着组织动员的重要作用。如许多基层党组织组建了"党员突击队"、"党员抢险队"、

---

① 新华社总编室编：《新华社重大报道精品选（之一）》，新华出版社 2009 年版，第 98 页。

② 同上。

③ 《党旗在灾区高扬》，《人民日报》2008 年 5 月 25 日第 2 版。

"党员服务队"等，有组织、有秩序、高效率地把党员同志动员到抗震救灾活动中来。广大基层党组织组织、动员党员和群众仔细排查每一处倒塌建筑、尽力搜救每一个被困的人员；全力组织救治每一个受伤人员，想方设法安排好受灾群众的基本生活，从而化解了无数受灾群众的痛苦；带领灾区群众化悲痛为力量，从废墟上勇敢地站起来，尽快地恢复重建。而且，各级党组织，特别是基层党组织还积极组织、动员广大党员、干部为地震灾区捐款、捐物，充分发扬了"一方有难、八方支援"的精神。在各级党组织，特别是基层党组织的宣传、组织、动员下，截至 2008 年 6 月 17 日，全国各地、各部门党员交纳的抗震救灾"特殊党费"已达 84.3 亿元。① 从这方面，可以自豪地说，"在应对这场特大灾难的考验中，广大基层党组织向世人展示了压不垮的战斗堡垒的光辉形象，赢得了人民群众高度赞誉。"② 2008 年 6 月 30 日，中共中央组织部对四川省汶川县雁门乡萝卜寨村党支部、四川省汉源县医院党总支、四川省都江堰市向峨乡党委、汶川县水磨镇党委等 33 个基层党组织进行了表彰。

二　政府发挥重要动员功能

在这次抗震救灾的社会动员行动中，政府应急动员的速度引人注目，甚至超出人们的想象，达到了前所未有的水平。可以说，在整个抗震救灾的社会动员中，政府发挥着重要的动员作用，体现了一流的"组织力"。

首先，中央政府对地方各级政府组织进行充分的动员。毫无疑问，通过科层制，中央政府可以对从中央到地方的各级政府组织实行大规模的动员和调动。从横向上看，在统一的抗震救灾协调机制下，我国政府把各有关部门充分动员起来，投入到抗震救灾中。在中央政府统一的动员、协调下，特别是在抗震救灾总指挥部的直接组织和领导下，民政部、财政部、水利部、农业部、交通部、卫生部、教育部、中国人民银行等各部门积极安排抗震救灾的各项救灾资金、救灾物资；气象部门全力以赴地进行灾区天气预测、预报；地震部门认真地进行灾区地震监测

---

① 参见"数据篇"，《领导决策信息》2008 年第 26 期。
② 胡锦涛：《在抗震救灾先进基层党组织和优秀共产党员代表座谈会上的讲话》，人民出版社 2008 年版，第 5 页。

工作；交通、铁路、民航等部门优先安排、抢运救灾物资；海关、商检、卫检等部门认真地安排救灾物资的检验、进关；国土资源部、信息产业部等部门积极制定各项优惠政策；政法部门抽调力量确保灾区的社会治安和稳定；监察、审计部门加强了对救灾款物管理、使用的监督、监察；宣传部门积极组织对抗震救灾的宣传和报道等。从纵向上看，我国政府除了有力地组织各部委进行抗震救灾外，还号召、动员全国各省（市）的政府部门对灾区给予对口支援。在汶川地震恢复重建的行动中，我国政府采取了对口支援的重要举措。截至 2009 年 4 月 9 日，"18 个支援省市确定支援四川 18 个重灾县（市）项目 2375 个，确定援建项目总投资额 517.41 亿元，其中已到位援建资金 186.05 亿元，已开工援建项目 1175 个，已建成援建项目 198 个……"① 无疑，正是由于中央政府对各级政府组织进行了内部的动员，抗震救灾和恢复重建才有了坚强的组织保障。

其次，政府对社会进行广泛的动员。通过媒体对社会强有力的引导，政府可以对社会组织和社会个体进行大规模的动员。"当需要动员各方资源共同应对的时候，上级政府可以竭尽全力、动员一切可以动员的力量，从而迅速形成强大的整体力量。"② 汶川地震发生后，我国政府第一时间启动了全民紧急响应机制，不仅各级政府紧急行动起来，而且全社会都被紧急动员起来。这些被动员起来的社会力量参加到中华民族前所未有的大援救中来，进而发挥了难以估量的推动作用。"在汶川地震的紧急救援中，政府在第一时间对全国的人力、物力、财力进行大规模动员，并成功地开展了救灾工作。"③ 可以说，正是由于我国政府不断完善社会动员机制、积极开展社会动员以及合理而有效地配置社会资源和社会力量，我国才取得这次抗震救灾的巨大胜利。相反，如果没有政府强大的组织动员能力、统筹协调能力，绝不会有从抢险救援、过渡安置到恢复重建的一个个"汶川奇迹"。

---

① 新华社总编室编：《新华社重大报道精品选（之一）》，新华出版社 2009 年版，第 217 页。

② 刘铁：《对口支援的运行机制及其法制化：基于汶川地震灾后恢复重建的实证分析》，法律出版社 2010 年版，第 26 页。

③ 邓国胜等：《响应汶川：中国救灾机制分析》，北京大学出版社 2009 年版，第 26 页。

三　非政府组织大显其身手

组织的力量是巨大的。在这次抗震救灾中，我国非政府组织也大显其身手，充分发挥出重要的动员作用，体现了巨大的"推动力"。

汶川地震发生后，我国非政府组织充分发挥着社会动员的作用。它们或是通过正式的渠道，或是通过其他各种方式，积极动员社会力量参与抗震救灾。例如，由民间发起成立的四川省圣爱基金会，自身并没有参与救灾的渠道。但它是四川省红十字会的团体会员。因此，四川省圣爱基金会以四川省红十字会的名义，通过省红十字会的渠道动员社会力量参与抗震救灾。5月13日，多家NGO倡议发起民间救援行动。5月14日，"NGO四川地区救灾联合办公室"在成都成立并正式开展工作。"NGO四川地区救灾联合办公室"或募集国内物资（食品、药物、设备）和资金，或为NGO提供救灾物资仓储中心进而协助NGO组织转运物资，或派遣调查队前往灾区进行一线调查并按照需求转运物资或就地采购物资运送灾区，或为其他NGO及志愿者组织、个人开展救援服务提供协助。5月15日，四川"5·12"民间救助服务中心正式成立并积极地为民间公益组织和志愿者有序地参与抗震救灾活动提供有效的服务。另外，境外NGO也积极投入到抗震救灾中来。由于其专业程度较高，境外NGO发挥了更大的社会动员作用。例如，"心连心国际组织"、"无国界医生组织"以及乐施会等差不多都是第一时间奔赴地震灾区，积极开展动员、组织、协调工作。据不完全统计，截至5月18日，在四川灾区的国际NGO数量已经超过10余个。它们在诸多领域为抗震救灾做出了巨大贡献，如在物资、医疗、救援等方面大展拳脚，体现了高尚的国际人道主义救援精神。我国慈善事业创始人之一的徐永光，则把2008年称为"中国NGO的元年"。可以说，在抗震救灾过程中，"中国的NGO真正地行动起来了，几乎形成了全国NGO总动员，而且，在此次的救灾过程中还催生了大量的草根NGO。"[1]

---

[1] 萧延中等：《多难兴邦：汶川地震见证中国公民社会的成长》，北京大学出版社2009年版，第114页。

第三节　国内国际社会力量发挥了积极的作用

汶川地震发生后，国内国际社会力量被充分动员起来，积极参与到抗震救灾以及恢复重建中，体现了高尚的"互助力"。

一　国内社会各阶级阶层广泛参与

"在我国举国救灾的体制中，全民动员、全民行动是一个最大的特点。"① 在汶川地震抗震救灾的过程中，国内社会各阶级阶层基本上都被动员起来，积极参与到抗震救灾的行列中来。其中，最为突出的是军队官兵和工人阶级。

首先，军队官兵起到身先士卒的作用。《中华人民共和国国防法》第五十八条明确提出，"现役军人应当发扬人民军队的优良传统、热爱人民、保护人民，积极参加社会主义物质文明、精神文明建设，完成抢险救灾等任务"。而《国家自然灾害救助应急预案》也要求建立与军队、公安、武警、消防、卫生等专业救援队伍的联动机制。与其他组织相比，军队是高度集中统一的武装力量，具有完整而有效的组织和指挥系统，有利于科学地组织和实施抗震救灾工作；军队有较强的快速反应能力，能机动灵活地处理抗震救灾中的各种复杂情况；军队有先进的技术装备和完善的保障体系，能够自行解决抗震救灾的各种保障。在汶川地震抗震救灾中，我军发扬了不怕牺牲、不怕疲劳、连续作战的光荣传统，发挥了身先士卒的作用。汶川地震发生第 13 分钟，总参谋部就启动了应急预案，开始在全军范围内紧急动员、调集兵力支援灾区。在地震发生第 21 分钟，驻扎灾区的成都军区就动员了 6100 名解放军官兵和3000 余名武警官兵，开赴抗震救灾一线。距地震发生不到 10 个小时，就有 20000 名解放军和武警官兵被组织、动员到灾区开展救援工作。另外还有 34000 名官兵通过空运和铁路正在赶往地震灾区。② 16 日 8 时，随着从湛江出发的 2750 名海军陆战队队员经过 43 小时强行军抵达汉旺

---

① 萧延中等：《多难兴邦：汶川地震见证中国公民社会的成长》，北京大学出版社 2009年版，第 99 页。

② 参见《立体突击，筑起生命通道》，《人民日报》2008 年 5 月 17 日第 2 版。

镇灾区，此时，投入抗震救灾的现役部队总兵力已达 10 万人，涉及成都、兰州、济南、广州、北京军区和海军、空军、第二炮兵部队以及武警部队等。这次抗震救灾动员的军队人员规模之大，专业之全，均创我军抗灾历史纪录。"短短几天，全军和武警部队投入现役部队总兵力达到 11 万人，涉及各大军区、各军兵种和武警部队，专业兵种包括地震救援、防化、工程、医疗防疫、侦察、通信等 20 余个"①。在汶川地震抗震救灾中，中国军队体现了顽强的"战斗力"。

其次，工人阶级全力以赴支援抗震救灾。工人阶级是社会主义建设的基本依靠力量之一。同样，在危机救援中，工人阶级仍是完全可以信赖的依靠力量之一。汶川地震发生后，灾区的灾情同样牵动着我国工人阶级的心。全国总工会积极组织各级工会及企事业单位为灾区送温暖、献爱心。截至 14 日 16 时，"全国各级工会已累计向灾区工会和职工捐款 4220 万元。"② 在汶川地震抗震救灾活动中，我国企业及工人阶级勇于承担社会责任，向地震灾区慷慨捐款捐物。为了支援地震灾区的抗震救灾工作，全国各地有 230 多家企业全力以赴，夜以继日地进行生产。据统计，当时，为了解决灾区安置房紧缺的困难，"每天全国各个厂家已经能生产 15000—18000 套活动板房。"③ 可以说，正是工人阶级辛勤的劳动和奉献为抗震救灾、恢复重建奠定了坚实的物质基础。毫不夸张地说，工人阶级为夺取抗震救灾、恢复重建的胜利做出了巨大的贡献。

最后，其他阶层积极参与抗震救灾。在文化界、艺术界，捐款、捐物者有之，书法寄深情者有之，诗作寄忧思者有之。5 月 18 日晚，"《爱的奉献》——2008 抗震救灾大型募捐活动"在中央电视台举行。参加这次募捐活动的有文化界、艺术界、新闻出版界、教育界的知名人士等。这次晚会表现出文化界、艺术界等在大灾面前奉献爱心、率先垂范、带动社会各界共克时艰的心愿。下面是两首关于汶川地震诗作的部分内容：

地球，人类的母亲

---

① 参见《立体突击，筑起生命通道》，《人民日报》2008 年 5 月 17 日第 2 版。
② 《一切为了灾区全力支援灾区》，《人民日报》2008 年 5 月 15 日第 10 版。
③ 王炜：《过渡安置房建设日完成量达 5000 套》，《人民日报》2008 年 6 月 6 日第 2 版。

是什么勾起了你，32 年前
唐山那些痛苦的往事
惹得你发出 8 级的脾气
竟然毁灭自己的孩子①

我们还在享受着幸福
我们还在憧憬着未来
我们从未想过
沉重的瓦砾将我们掩埋
静静的，轻轻的
离开身体，穿过黑暗
听到了亲人的哭喊
看到了已成废墟的家园
我停在你身旁
而你却看不见我的模样
想拭去你如雨的泪水
手却穿过你的脸庞
……②

在学校，老师、学生、后勤工作人员也积极地为地震灾区奉献爱心。或捐款，或捐物，或为遇难同胞默哀，或为地震灾区祝福……

在抗震救灾的行动中，各民主党派也积极行动起来。截至 5 月 22 日，"各民主党派中央、地方组织及广大成员已向地震灾区捐款捐物总计 5 亿余元"③。

在宗教界，我国佛教、基督教、伊斯兰教、道教、天主教等宗教团体踊跃向地震灾区捐款捐物。据不完全统计，截至 5 月 14 日，我国宗

① 胡丘陵：《2008，汶川大地震》，中国文联出版社 2009 年版，第 4 页。
② 郑思礼主编：《震撼世界的十天：汶川大地震的日日夜夜》，云南大学出版社 2008 年版，第 267—268 页。
③ 潘跃：《各民主党派向震区捐款物 5 亿余元》，《人民日报》2008 年 5 月 24 日第 11 版。

教界已向地震灾区捐款达 300 万元。① 除此之外，中国佛教协会和基督教全国两会还特地为地震灾区进行了祈福活动。其中，第十一世班禅额尔德尼·确吉杰布获悉灾情后，立即为遇难者祈祷。

不难看出，在这场巨震面前，举国上下全都行动起来，在危难中众志成城，在困难中守望相助。

二　海内外华人华侨积极响应

汶川地震发生后，地震灾情也牵动着海内外华人华侨的心。海内外华人华侨也被充分地动员起来。他们或捐款捐物，或发表慰问电，对祖国发生地震表示深切的同情，对地震遇难者表示沉痛的哀悼，大力支持祖国和祖国人民开展的救灾活动。

在获悉汶川发生地震后，马英九先生、国民党荣誉主席连战、亲民党主席宋楚瑜、新党主席郁慕明以不同方式，对地震灾区同胞表达关切和慰问。5 月 12 日晚，马英九先生便发布了新闻稿，在对地震灾区表达关切的同时，还呼吁台湾当局与民间为地震灾区提供相关援助。5 月 14 日 13 时 30 分，台湾红十字医疗队一行 37 人抵达成都。5 月 16 日下午，又有来自台湾由 22 人组成的救援队搭乘台湾华信航空公司包机抵达成都，参与到抗震救援工作中。截至 5 月 28 日，台湾各界同胞向国台办、海峡两岸关系协会以及各有关地方台办捐款或表达捐款意愿累计约 7.8 亿元人民币。② 汶川地震消息传来，香港各界迅速行动、纷纷发起募捐赈灾行动。据不完全统计，截至 5 月 14 日下午 6 时，"香港各界的捐款已经超过 6 亿港元。"③ 香港特区政府还成立了一支由 20 名医护人员组成的专业救援队伍，前往地震灾区开展救援。随后，香港特区政府又派出第二批搜救队伍前往地震灾区。搜救队由 17 名消防员和 3 名救护员共 20 名特别救援队成员组成。同时，澳门特区政府也派出了一支由 20 名医护人员组成的医疗队，为地震灾区提供医疗服务。澳门特区政府支援的一批医疗物资由医疗队所乘的澳航包机一同运往地震灾

---

① 参见潘跃、德吉《宗教团体踊跃向地震灾区捐款捐物》，《人民日报》2008 年 5 月 15 日第 4 版。

② 参见孙立极《台湾同胞向四川地震灾区捐款或表达捐款意愿累计约 7.8 亿元人民币》，《人民日报》2008 年 5 月 31 日第 4 版。

③ 武少民：《香港各界赈灾捐款逾 6 亿港元》，《人民日报》2008 年 5 月 15 日第 10 版。

区。据不完全统计，截至5月20日，"澳门民间捐款已逾2亿港元"①。

汶川地震发生后，美国、菲律宾、哥斯达黎加、委内瑞拉、罗马尼亚、阿尔及利亚、乌克兰、肯尼亚、英国、厄瓜多尔、以色列、津巴布韦、南非、喀麦隆、柬埔寨、巴基斯坦、荷兰、奥地利、芬兰、比利时、俄罗斯、马来西亚、尼泊尔、苏丹、尼日利亚、阿曼、埃及、墨西哥、迪拜、阿拉伯联合酋长国、葡萄牙、土耳其、意大利、印度尼西亚、新西兰、德国、澳大利亚、西班牙、法国、瑞典、马达加斯加等国的华侨华人、中国留学生、中资机构、使馆工作人员以及联合国的华人华侨工作人员发扬"一方有难，八方支援"的精神，为地震灾区同胞捐款、捐物，奉献爱心。而华人华侨组织起到了重要的组织作用。美国的福建同乡会、华裔会长联盟、华商会、纽约华人社团联席会、北京同乡会、林则徐基金会、福州侨联总会、田纳西州范德堡大学中国学生学者联合会、华盛顿地区中国学生学者联谊会、全日本中国留学人员友好联谊会、西班牙福建同乡会、华人鞋业协会、南部青田同乡会、上海联谊会、中华总商会、西班牙学生学者联谊会、菲华商联总会、菲华工商总会、菲华各界联合会、旅菲各校友会、菲华联谊会、菲律宾中国和平统一促进会、菲华体育总会、菲律宾宋庆龄基金会、菲律宾中国商会、菲律宾中正校友会、菲律宾文经总会等华人华侨组织机构积极开展募捐活动。5月17日，在洛杉矶中华总商会举行赈灾募捐活动中，一位70多岁的华裔老人捐了500美元，而这位老人每月的养老金只有600多美元，但她还是坚决地把平时省吃俭用节约下来的钱捐给了地震灾区。可以说，海内外华人华侨为祖国抗震救灾做出了重要贡献。

三　国际社会力量鼎力相助

在全球化的时代，世界紧密地联系在一起。全球化也使得对国际社会力量的动员成为可能。汶川地震不仅震撼了大半个亚洲，也震动了全世界人民的心。面对新中国成立以来破坏力最强、波及范围最广的特大地震，我国政府积极、主动地寻求国际社会的援助，动员国际社会力量参与到抗震救灾和恢复重建中来。

汶川地震发生后，国际社会纷纷伸出援助之手。许多国家的政府、

① 《国务院抗震救灾总指挥部发布汶川抗震救灾进展情况》，《人民日报》2008年5月21日第2版。

领导人、政党和国际组织等或致函我国领导人，或发表声明，或捐款捐物，支持我国政府和人民开展抗震救灾以及恢复重建工作。据统计，先后有 170 多个国家和地区、20 多个国际组织向我国提供了 44 亿多元人民币的救灾捐款和大量的救灾物资。① 先后有日本、俄罗斯、韩国、新加坡四支专业救援队参与到汶川地震的抗震救灾工作中来。在这次抗震救灾的行动中，还有来自俄罗斯、日本、意大利、德国、英国、法国、古巴、印度尼西亚和巴基斯坦的九支医疗队共计 223 名医疗技术人员参与到这次地震灾区的伤员救治工作。另外，美国 LandSat、日本 ALOS、意大利 COSMO—SkyMed 等多颗卫星还向我国提供了地震灾区的遥感影像。② 毋庸置疑，国际社会的鼎力援助有力地支援了我们国家和人民的抗震救灾和灾后恢复重建。这也充分体现出国际社会崇高的人道主义精神以及对中国人民的真挚情谊。

"只要人人都献出一点爱，世界将变成美好的人间。"正是由于国内国际社会的广泛参与、积极支援，汶川地震抗震救灾以及恢复重建才能顺利开展，才能取得令世人瞩目的成就。

第四节　多种动员方式同台竞技

在汶川地震的社会动员中，激励动员、行政动员、传媒动员等多种动员方式发挥了重要的作用。

一　激励动员

激励动员是社会动员极为重要的一种方式和手段。在汶川地震中，中国人民无疑需要强大精神力量的支撑和激励。在汶川地震中，激励动员集中体现为政策激励、精神激励和情感激励。

（一）政策激励

我国颁布的《中华人民共和国突发事件应对法》第三十四条规定，"国家鼓励公民、法人和其他组织为人民政府应对突发事件工作提供物资、资金、技术支持和捐赠"。其第六十一条还规定，"公民参加应急

---

① 参见《中国的减灾行动》，《人民日报》2009 年 5 月 12 日第 7 版。

② 同上。

救援工作或者协助维护社会秩序期间，其在本单位的工资待遇和福利不变；表现突出、成绩显著的，由县级以上人民政府给予表彰或者奖励。县级以上人民政府对在应急救援工作中伤亡的人员依法给予抚恤"①。我国颁布的《汶川地震灾后恢复重建条例》第六条规定，"对在地震灾后恢复重建工作中做出突出贡献的单位和个人，按照国家有关规定给予表彰和奖励"②。我国颁布的《救灾捐赠管理办法》第七条规定，"对于在救灾捐赠中有突出贡献的自然人、法人或者其他组织，县级以上人民政府民政部门可以予以表彰"③。我国制定、颁布和实施的《中华人民共和国防震减灾法》第十一条规定，"对在防震减灾工作中做出突出贡献的单位和个人，按照国家有关规定给予表彰和奖励"④。无疑，这些法律、法规、条例、意见的制定、颁布和实施对抗震救灾、恢复重建进行了法制性、政策性的规制和激励，从而使人们有法可依地参与其中。

（二）精神激励

"民族精神是一个民族赖以生存和发展的精神支撑。一个民族，没有振奋的精神和高尚的品格，不可能自立于世界民族之林。"⑤ 不言而喻，伟大的民族精神激励着伟大的民族。中华民族伟大的民族精神激励着中国人民战胜一切艰难险阻，激励中国人民奋勇前进。如 1998 年抗洪战斗、2003 年抗击"非典"、2008 年抗击雪灾……中国人民一次次以实际行动战胜了天灾。在这次抗震救灾中，中华民族发扬了"万众一心、众志成城，不畏艰险、百折不挠，以人为本、尊重科学"的伟大抗震救灾精神。这种抗震救灾精神激励着中国人民以各种形式参与到这场抗震救灾行动中来，捐款者有之，捐物者有之，提供志愿服务的有之，为之祈祷者有之……灾难是生命的洗礼，更是民族精神的磨砺。中华民族伟大的抗震救灾精神起到了极大的激励动员作用。"地震震不塌心中的信念，山摇摇不垮民族的脊梁。"在这次地震中，精神激励给予灾区群众极大的精神支持，使他们在无助中看到了希望，受到了鼓舞，从而振作精神，迎接挑战。

---

① 《司法业务文选》2007 年第 31 期。
② 《汶川地震灾后恢复重建条例》，《人民日报》2008 年 6 月 10 日第 10 版。
③ 《司法业务文选》2008 年第 22 期。
④ 《司法业务文选》2009 年第 2 期。
⑤ 《十六大以来重要文献选编》（上），中央文献出版社 2005 年版，第 30 页。

（三）情感激励

在汶川地震抗震救灾中，情感激励在激励动员中同样发挥了重要的作用。情感激励以情感为诉求点，引起人们情感的共鸣，进而能够起到良好的激励作用。地震后第二天，百度贴吧就出现一首感人的无名诗——《孩子，快抓紧妈妈的手》：

> 孩子快
> 快 抓紧妈妈的手
> 去天堂的路 太黑了
> 妈妈怕你 碰了头
> 快 抓紧妈妈的手 让妈妈陪你走
> ……

在网民的共顶下，这首诗在网上迅速流传，并在许多赈灾晚会上朗诵。还有网友制作的 MV——《四川，你别哭泣》、《爱心总动员》、《妈妈，别哭，我去了天堂》等也在网上广为流传。此时，通过媒体"集体音箱"的效应，中华民族产生出强烈的情感共鸣，有力地推动着全民族情感的凝聚。而且，各种媒体营造出的浓厚悲情氛围，更加有效地起到了激励动员的作用。"除了废墟、瓦砾、催人泪下的惨状，大地震更让人念念不忘的是救灾现场的浓浓情意，以及举国救灾献身热情。这份由下而上迸发出来的爱的力量，其强度不亚于地震。"① 拨开地震的阴霾，用真情抚慰灾区人民的心，守望互助，共同重建美好的家园。

在危机面前，一个成熟的、理性的社会往往会激发出无私奉献、团结协作、战胜困难的强大精神力量。在汶川地震发生后，我国激励动员的作用发挥到了前所未有的程度，社会各界对抗震救灾的援助热情达到了历史最高水平。

二　行政动员

尽管行政动员不可避免地具有一定的强制性，然而，在非常时期，行政动员却能够显示出立竿见影的效果。在汶川地震抗震救灾的社会动员活动中，行政动员发挥了重要的作用。

---

① 韩咏红：《从川震救灾看政府动员力》，《联合早报》2009 年 5 月 12 日第 13 版。

汶川地震刚刚发生，国家主席胡锦涛就作出了重要指示，"尽快抢救伤员，保证灾区人民生命安全"，并要求灾区驻军和武警部队迅速动员起来，开展抗震救灾工作。12 日晚，党中央作出了成立抗震救灾总指挥部的决定。抗震救灾总指挥部由国务院总理温家宝任总指挥，全面负责抗震救灾工作。抗震救灾总指挥部汇集灾情、下达指示、调兵遣将……及时而有效地对抗震救灾工作作出具体部署。5 月 26 日，党中央作出了"建立对口支援机制"的决定。进入恢复重建阶段，国务院则明确地提出，实行一省帮一重灾县、几省帮一重灾市（州）对口支援的重要举措。6 月 9 日，国务院公布了《汶川地震灾后恢复重建条例》。无疑，该条例的制定和颁布为汶川地震灾后恢复重建提供了坚实的法律依据。不难看出，不论是在抗震救灾的过程中，还是在灾后恢复重建的进程中，正是通过行政动员，我国社会各阶级阶层、各部门、各行业、各地区才能够迅速而紧急地行动起来，才能够万众一心，众志成城；正是通过行政动员，我国才能够在极短的时间内凝聚举国之力，从而为抗震救灾和恢复重建提供了强大的人力、物力、财力以及精神力量的支持。可以说，汶川地震的社会动员正是通过行政动员来开展的。同时，行政动员也彰显出我国社会主义制度和政治体制的深刻内涵。

三　传媒动员

"怎样去动员？靠口说，靠传单布告，靠报纸书册，靠戏剧电影，靠学校，靠民众团体，靠干部人员。"① 在这次抗震救灾中，传媒动员同样起到了重要的作用。

汶川地震发生后，5 月 12 日 14 时 47 分，新华社便向全球播发出汶川发生地震的英文快讯。14 时 56 分，新华社播发震后第一张反映地震灾区的图片。15 时，中央电视台率先通过电视媒体播出关于汶川地震的新闻报道。15 时 4 分，中央人民广播电台也发出第一条地震快讯。随后，中央电视台一套和新闻频道正式启动 24 小时全天候直播抗震救灾的特别节目。在中央电视台的积极影响和带动下，各地方电视台也作出迅速反应，纷纷加入抗震救灾的报道，如四川卫视、湖南卫视、山东卫视分别推出《以生命的名义》、《爱心总动员之真情相守共度时艰》和《鲁川血脉情——帮灾区人民建个家》等大型赈灾义演募捐晚会。

① 《毛泽东选集》第二卷，人民出版社 1991 年版，第 481 页。

正是由于电视媒体强大的影响力，其正发挥着传媒动员核心力量的作用。而网络也已成为一种全新的传媒动员方式。网络得天独厚的开放、快速的信息传播特点使其对突发事件报道能够做出最快的反应。地震一发生，网友们就纷纷通过 QQ、微博、论坛等网络工具传递地震的消息。在地震发生后 5 分钟，腾讯网便通过 QQ 弹出窗口发出第一条地震消息。随即，百度贴吧、新浪论坛也陆续发出了关于地震的帖子。随后，各大网站、论坛迅速开设专题，及时发布地震信息。短短几小时，腾讯、新浪、搜狐等知名门户网站将海量新闻以专题形式突出在首页头条位置。人民网、新华网、央视网、中国网、新浪、搜狐、网易、腾讯等 8 家网站关于地震的相关新闻跟帖量达到 1063 万条。地震发生两小时后的 16 时 40 分，《人民日报》第一批记者数十人随温家宝总理登上专机，奔赴地震灾区进行实地报道。《解放军报》也紧急抽调采编人员，奔赴地震灾区前线。许多地方都市报，如《新京报》、《南方周末》、《南方都市报》等，也火速派出记者赶往灾区前线进行现场采访。《光明日报》、《华夏时报》、《京华时报》、《经济观察报》、《新快报》、《信息时报》等近 100 家报纸对抗震救灾行动作了专题报道，并进一步宣传、动员公众参与到抗震救灾中来。而《亚洲周刊》、《三联生活周刊》、《瞭望东方周刊》、《世界新闻报》、《培训》等近 10 家杂志刊登了扶贫基金会的抗震救灾公益广告。

电视上，网络上，报刊上，一幕幕感人的场景震撼着人们的心灵。从电视、广播到报纸、网络，我国媒体在整体上构成了一张巨大的信息网络，源源不断地将汶川地震所发生的事件及时地传播向全国和全世界，使其受灾情况与救援情况在第一时间为世人所了解。在一个媒介化的社会里，媒体宣传将整个抗震救灾的动员推向高潮。媒体观众不断地涌入抗震救灾的核心公共空间，最终成为社会动员的一分子。

第五节　社会动员成效分析

在地震面前，我们国家不畏艰难险阻，通过各种途径、以种种方式在最短的时间内动员了最大的人力、物力、财力投入抗震救灾中来，并取得了显著的成就。

一　应急救援成效显著

汶川地震造成了灾区人员巨大伤亡，数万人被困在废墟下。此时，应急救援万分火急。在汶川地震中，救援人员充分利用了所有能够利用的工具、设备，如救援装备车、电磁波生命探测仪、声波/振动生命探测仪、汽油破碎机、机动链锯、机动无齿锯、机动液压泵、液压剪切钳、液压扩张剪切钳、手动破拆工具、手动剪切钳、常规凿岩机、往复锯、快速钢筋切断器、千斤顶、边缘抬升器、高压支撑气垫等。"工欲善其事，必先利其器。"[①] 可以说，正是有了这些传统的、现代的、机械的、手动的救援设备，才会为抗震救援创造了良好的前提条件，进而提高救援的效率。

截至 5 月 28 日，成都军区和兰州军区共动员民兵预备役人员 66800 余人，组成抢救队、抢修队、运输队、保障队、巡逻队、宣传队等 6 类专业突击队。这些突击队迅速投入抗震救灾之中，解救生还者 2298 人，搭建帐篷和简易住房 12030 间，运送救灾物资 33355 吨，抢修道路 349 公里。[②] 国家地震灾害紧急救援队在第一时间赶赴灾害现场，不断转战于汶川、北川、绵竹、都江堰四个区县的 48 个作业点。在坚持科学施救的原则下，在不畏艰难、连续奋战、顽强拼搏精神的鼓舞下，国家地震灾害紧急救援队成功地营救出 49 名幸存者，清理出遇难者遗体 1080 具，为汶川地震抗震救灾做出了重大贡献。[③] 汶川地震发生后，四川省地震灾害紧急救援队被紧急动员，随即赶赴灾区实施救援。从 5 月 12 日到 19 日，四川省地震灾害紧急救援队在成都市金牛区、都江堰、绵竹、彭州等地 40 多处救援点展开救援，独立搜救出幸存者 69 人，协助其他救援队营救出 47 人，并且从废墟中清理出遇难者遗体 549 具。[④] 重庆市地震灾害应急救援队先后出动两批精干救援力量共 83 人、6 条搜救犬、8 台救援车，在北川县城、北川中学、都江堰、平武县南坝镇等

---

① 《论语·卫灵公》。

② 参见新华社总编室编《新华社重大报道精品选（之一）》，新华出版社 2009 年版，第 114 页。

③ 参见王洪国《在生命大营救中拼搏成长——汶川地震救援的经验与启示》，《中国应急救援》2008 年第 3 期。吴建春：《肩负总理的重托——重庆市地震救援队汶川地震救援纪实》，《中国应急救援》2008 年第 3 期。

④ 参见吴今生、陈达、牟良权《为了家乡的父老乡亲——四川省地震灾害紧急救援队汶川地震救援纪实》，《中国应急救援》2008 年第 5 期。

重灾区展开救援。经过连续 10 天奋力拼搏的救援，重庆市地震灾害应急救援队营救出被困人员 27 人，疏散、转移、救助伤老病残 720 多人，清理遇难者遗体 126 具，为灾民送水 300 余吨，为灾民收割庄稼 2.5 吨，为灾民搭建帐篷 60 余间，疏通沟渠 50 余处，并协助警方抓获犯罪嫌疑人 4 人。① 河南省地震救援队先后参加救援工作的救援人员有 403 名。经过紧张的救援，河南省地震救援队搜救出在废墟中已经埋压了 40 多个小时的何春涛，搜救出在废墟中已经埋压达 72 小时的戴军勇，清理出什邡市红白小学废墟中的一具具遇难师生的遗体，并搜索出价值约 207 万元的存折、银行卡、现金、金银首饰等物品。② 安徽省地震救援队也投入到紧张的救援工作中。在都江堰，截至 5 月 15 日，安徽省地震救援队先后处理小区、单栋建筑倒塌救援事故 9 起，从废墟中搜救出 28 人，其中 2 人生还。在映秀镇，截至 5 月 18 日，安徽省地震救援队从废墟中搜救出 23 人，其中 4 人生还。截至 5 月 20 日，安徽省地震救援队先后转战都江堰、绵阳、汶川等地，搜救出被困群众 51 人，其中 6 人生还。③ 汶川地震发生后，山西省地震救援队紧急动员 214 人，携带 6 条搜救犬以及生命探测、抢险破拆等 30 多种器材装备奔赴地震灾区实施救援。截至 5 月 21 日，山西省地震救援队共抢救出埋压群众 106 人，抢挖出粮食 16500 公斤，还搜救出灾民生活资料约价值 20 万元，排险 23 处。④ 海南省地震救援队在废墟中千方百计地搜寻着，利用简易救援装置艰难地抢挖着，最终救出 19 名被困人员，而且还创造了成功救出埋压 139 小时幸存者的奇迹。⑤ 在急救现场，江苏医疗队员与江苏消防搜救队员协同作战，共搜救出 39 名被埋在废墟下的幸存者。

---

① 参见于众《悲歌中写出"忠诚"的画卷——重庆市地震救援队汶川地震救援纪实》，《中国应急救援》2008 年第 3 期。

② 参见袁忠华、李文利《危难时刻见真情——河南省地震救援队汶川地震救援实录》，《中国应急救援》2008 年第 4 期。

③ 参见方寸、张来平《救我同胞显神威——安徽省地震救援队汶川地震救援实录》，《中国应急救援》2008 年第 3 期。

④ 参见尉燕普《愿得此身长报国——山西省地震救援队汶川地震救援纪实》，《中国应急救援》2008 年第 3 期。

⑤ 参见海南省地震局《科学救援不辱使命——海南省地震灾害紧急救援队救援纪实》，《中国应急救援》2008 年第 3 期。

在医院里，江苏医疗队治疗的伤员总共达到 334 例，而且没有一例死亡。①

日本、俄罗斯、韩国、新加坡等国国际救援人员陆续抵达地震灾区后，随即便投入到新中国历史上第一次国际救援人员参与的抗震救灾行动中。从 15 日下午抵达地震灾区到 21 日凌晨，俄罗斯救援队先后搜寻了汉旺镇和都江堰市 27 处受灾严重的地点，成功地解救出一名幸存者，还挖出多具遇难者遗体。经过艰难搜救，日本救援队找到了一位遇难者的遗体——一位遇难时还弯着腰保护着出生仅 75 天的婴儿的母亲。在挖掘遗体时，新加坡救援队队员几乎是与遇难者遗体"脸贴脸"地作业着。韩国救援队甚至把腐烂得到了抬不起来程度的尸体用背尸袋背下来。② 与此同时，俄罗斯、德国、意大利、日本、新加坡、韩国以及中国香港、台湾、澳门的医疗队也参加了医疗救援的行列。

在国内救援队与四国救援队、国内医疗队与国际医疗队的共同努力下，这次应急救援取得了显著的成效。

二　社会人力、物力、财力集聚能力巨大

汶川地震发生后，由于动员的充分以及组织的有力，我国集聚了大量的人力、物力、财力投入抗震救灾和恢复重建中。

（一）人力动员

在抗震救灾过程中，由于积极开展了社会动员，大量的人力会聚到地震灾区，从而为抗震救灾和恢复重建提供了必要的人力保障。

"突如其来的汶川大地震，吹响了中国军人向着灾区立体突击的冲锋号。在 10 万平方千米的重灾区，10 万解放军武警官兵与死神展开了一场惊心动魄的生死竞速。"③ 在地震发生后第 21 分钟，驻扎成都军区的 6100 名解放军官兵和武警四川总队 3000 余名官兵便被紧急动员起来，迅速开赴抗震救灾一线。距地震发生不到 10 个小时，就有 20000 名解放军和武警官兵到达地震灾区展开救援。另外，还有 34000 名官兵通过空运和铁路正在赶往汶川地震灾区。13 日凌晨，济南军区 18000 名官兵兵分三路从河南向灾区挺进，当日晚间先头部队已在都江堰展开

---

① 参见刘强晖等《从江苏医疗救援队汶川地震救援实战探讨灾害医疗救援模式》，《中国急救医学》2008 年第 28 卷第 9 期。

② 参见葛军、王博《特殊使命：与外国救援队在灾区》，《世界知识》2008 年第 12 期。

③ 《立体突击筑起生命通道》，《人民日报》2008 年 5 月 17 日第 2 版。

了救援。13 日 10 时 55 分，两个师约 9000 名空降兵官兵抵达绵阳机场。至 16 日 8 时，随着从湛江出发的 2750 名海军陆战队队员经过 43 小时的强行军抵达地震灾区，当时我国投入抗震救灾的现役部队总兵力已达 10 万人，规模之大，创我军抗灾历史纪录。截至 19 日，水利部抽调 191 位专家组成 31 个小组，急赴成都、阿坝、德阳、广元、绵阳等地，以水库、水电站、堰塞湖为重点，协助、指导抢险救灾。到 19 日，四川省已有 13041 人次赶赴灾区，从环境消毒、生活用水、食品卫生、灭蚊杀虫以及垃圾处理等方面开展了卓有成效的工作。20 日，河北抗震救灾青少年心理康复服务队抵达彭州市致和镇安置点进行心理疏导和救援。21 日 1 时，天津市建委组织 50 名抢险队员奔赴四川地震灾区。21 日，辽宁省支援灾区的第六批医疗队 35 人、第七批 103 人奔赴灾区。吉林省已向四川地震灾区派出各类人员 600 多名。黑龙江省 500 名武警和消防特勤组成的救援队飞赴四川地震灾区。浙江省卫生厅再次组织卫生监督队 31 人、卫生防疫队 40 人前往地震灾区。福建省第五批 60 人援川医疗卫生救援队，带着设备和药品飞往灾区。至此，福建省已先后派出五批援川医疗卫生救援队总计 289 人。福建省建设厅迅速召集了工程结构和市政专家 40 多人，组成抗震救灾工程技术队伍赶赴抗灾一线。河南省又有 20 名卫生监督员奔赴四川救灾前线。湖南省 125 名卫生防疫、监督人员紧急集结飞赴灾区成都。重庆团市委组建起"重庆抗震救灾心理疏导服务队"，第一批 23 名心理疏导志愿者服务队已经接受了 360 余人的心理咨询，第二批志愿者已于 21 日早上出发前往绵阳。来自云南省卫生厅的第二批 42 名卫生监督员和云南省疾病预防控制中心的 30 名疾控员，分别前往四川绵竹和理县，支援地震灾区防疫工作。青海省第四批 30 人抗震救灾卫生防疫队奔赴地震灾区参加医疗救助工作。宁夏回族自治区首批共 14 人青年志愿者队伍已经奔赴地震灾区。厦门市派出的消防救援队、医疗救援队等 7 支共 200 多人的专业救援队，也奋战在抗震救灾第一线……在社会动员下，一队队救援人员奔赴地震灾区。

（二）物力动员

由于开展了积极的社会动员工作，大量的救援物资源源不断地运送到地震灾区，从而为抗震救灾和恢复重建提供了必要的物力保障。

地震发生后不到半小时，总后勤部火速调集了价值 3000 万元的帐篷、食品、药品等大批救灾物资运往地震灾区。根据中央军委的指示，总后勤部还在第一时间从全国各地战略储备中启运价值 2815 万元的救灾物资。[①] 截至 5 月 21 日，山西省 11 个市的中心血站为地震灾区准备了 5000 单位血液和 13500 袋血浆，并将筹措到的价值 2500 多万元的药品发往地震灾区；天津市建委组织 50 名抢险队员、10 台装载机和 10 台挖掘机赴四川地震灾区。同时，天津市红十字会第十批救灾物资启运地震灾区；内蒙古首批 1 万套棉被和 2 万件衣服运往甘肃灾区，同日起运四川灾区价值 300 万元的棉被和衣服。内蒙古民政厅已将 2000 顶帐篷和 7000 套救灾被褥分两批运抵灾区；辽宁省第 4 次向地震灾区发送 2500 顶帐篷、11000 床棉被、25000 箱方便面及 1705 件药品等救灾物资；吉林省已向四川地震灾区运送救灾物资 300 多吨，向甘肃地震灾区运送大米 50 吨，总价值 3000 多万元的救灾物资运往四川灾区；黑龙江省农垦再次向地震灾区捐赠价值 1000 万元以上的食品；上海石化紧急生产了 120 万公斤医用聚丙烯注射针筒专用料。同时，价值 1000 万元、重达 12 吨的 200 多套小灵通基站等通信设备也送抵地震灾区；浙江省已定购加工援建灾区过渡安置房 130 万平方米（6 万套），5 月 26 日开始陆续装运送达地震灾区；福建省调集的 3 台垃圾清运车、1 台洒水车、1 台吸粪车和 10 个移动公厕，已运抵四川广元市；山东省已安排 51 家企业紧急采购或组织生产 2 万顶帐篷（每顶 4 平方米以上）和 6 万套活动板房，板房总建筑面积 135 万平方米；河南省向绵阳灾区发送首批 4 万平方米、大约 2000 间的简易活动板房；湖北省交通厅紧急启运 5 座战备钢梁，支援四川地震灾区。载有 1 万顶帐篷的"抢"字号专用列车，连夜运往四川灾区；海南联通调派了该公司仅有的两辆总价值千万元以上的大型应急通信车开赴地震灾区进行增援……[②] 据统计，截至 23 日，向地震灾区运送的救灾帐篷共计 157.97 万顶、被子 486.69 万床、衣物 1410.13 万件、燃油 134.1 万吨、煤炭 286.6 万吨。截至 22 日，地震灾区过渡安置房（活动板房）已安装 298000 套。截至 23

---

① 参见《立体突击筑起生命通道》，《人民日报》2008 年 5 月 17 日第 2 版。
② 参见《八方支援共克时艰——各地各方面紧急动员积极支援灾区》，《人民日报》2008 年 5 月 22 日第 15 版。

日，公路受损里程累计 53295 千米，已修通 52249 千米。① 截至 24 日，共有 23 个国家和地区向汶川地震灾区提供了总计 1621.9 吨的援助物资，其中包括俄罗斯援助的帐篷、药品等物资共 148.83 吨，沙特政府援助的帐篷、毯子、食品等物资共 75 吨，巴基斯坦政府援助的帐篷 2300 余顶，印度尼西亚政府援助的药品、食品、帐篷等 2 批物资 30 吨，菲律宾政府援助的帐篷 1000 顶，中国香港特区政府提供的生化衣、手套等物资……②在社会动员的开展下，一批批救援物资被及时地运送至地震灾区。

（三）财力动员

通过积极开展社会动员以及社会各界的响应，汶川地震灾区得到了大量的财力援助，从而为抗震救灾和恢复重建提供了必要的财力保障。

汶川地震发生后约 12 个小时，我国政府第一笔 4.5 亿元救灾应急资金向重灾区划拨到位。5 月 18 日晚，中央电视台举行的"《爱的奉献》——2008 抗震救灾大型募捐活动"为地震灾区共募集 15.1429 亿元人民币。③ 5 月 20 日，新疆维吾尔自治区又向甘肃灾区捐款 1000 万元。截至 5 月 21 日，北京市通过各种渠道捐款捐物达到 12 亿元。④ 截至 22 日，重庆市国资系统向四川地震灾区捐赠总额已达到 8397.76 万元。宁夏回族自治区各界向地震灾区捐款已达 8456 万元。截至 5 月 23 日，河北省共接收捐款 81782 万元，接收各项捐赠物资价值 21665 万元。安徽省委、省政府分别向甘肃、陕西和重庆捐助 200 万元。山东省 30 家省管企业再次捐款物 1.552 亿元。河南全省接收社会捐款捐物累计 64110.04 万元。海南省接收捐款累计 1.281 亿元。青岛市累计接收捐款 2.61 亿元……⑤来自中联办 20 日晚 8 时的消息，澳门各界通过中联办向灾区捐款澳门元 5077 万余元，港元 5668 万余元，人民币 2106

① 参见《累计解救和转移 1466054 人（权威发布）》，《人民日报》2008 年 6 月 24 日第 5 版。

② 参见《已有 23 个国家和我国香港地区向四川提供援助物资 1600 多吨》，《人民日报》2008 年 5 月 26 日第 4 版。

③ 参见张贺《〈爱的奉献〉——2008 宣传文化系列抗震救灾大型募捐活动在京举行》，《人民日报》2008 年 5 月 19 日第 1 版。

④ 参见阎晓明《首都要用最大努力帮助灾区》，《人民日报》2008 年 5 月 22 日第 15 版。

⑤ 参见《八方支援共克时艰——各地各方面紧急动员积极支援灾区》，《人民日报》2008 年 5 月 24 日第 11 版。

万余元，折合澳门元约 1.3 亿元。根据国务院港澳事务办公室公布的数据，截至 20 日，澳门民间捐款已逾两亿港元。① 5 月 14 日，国际奥委会宣布将为中国地震灾区提供 700 万元人民币的经济支援，以帮助地震灾区进行抗震救援和灾后恢复重建工作。② 截至 5 月 19 日，挪威船级社中国分部向中方提供 100 万元人民币现金援助；丹麦政府决定向中方追加 50 万美元现金援助；冰岛政府向中方提供 780 万冰岛克朗（约合 10 万美元）资金援助；日本内阁处理日遗化武调查团向灾区捐款 10500 元人民币；联合国难民署向中方提供 6 万美元现金援助；国际移民组织向中方提供 5 万美元现金援助；日本货运公司山九株式会社、天马株式会社等分别捐款 100 万日元；日本化妆品公司资生堂株式会社捐款 1000 万日元；川崎重工株式会社捐款 2000 万日元；欧盟委员会发展和人道主义援助委员路易·米歇尔承诺向我国地震灾区提供 200 万欧元紧急救助资金，用于采购帐篷、棉被、食物、衣物等救灾物资。③ 截至 20 日，澳大利亚政府对华援助总额已增至 200 万澳元；韩国政府对华资金和物资援助总额已达到 500 万美元；德国政府已向我国提供 400 万欧元救灾援助；意大利政府对华资金和物资总额已增至 250 万欧元；英国政府对华资金和物资援助总额已增至 200 万英镑；沙特阿拉伯政府已向我国捐赠 5000 万美元现金和 1000 万美元物资；马达加斯加政府决定向中方提供 10 万美元援助；加蓬政府决定向中方提供 50 万美元援助；加勒比驻华使团向灾区捐款 4.84 万元人民币；阿拉伯驻华使节委员会向灾区捐款 5 万元人民币……④据财政部报告，截至 6 月 23 日，各级政府共投入抗震救灾资金达 543.13 亿元，其中中央财政投入 496.01 亿元，地方财政投入 47.12 亿元。全国共接收国内外社会各界捐赠款物总计 524.78

---

① 参见程炳洪《八方支援共克时艰——各地各方面紧急动员积极支援灾区》，《人民日报》2008 年 5 月 22 日第 15 版。

② 参见王建新、赵婀娜《国际奥委会向中国地震灾区捐赠 700 万元人民币》，《人民日报》2008 年 5 月 15 日第 12 版。

③ 参见《国际社会继续向中方表示慰问并提供援助》，《人民日报》2008 年 5 月 20 日第 3 版。

④ 参见《国际社会继续就我震灾表示慰问并提供援助》，《人民日报》2008 年 5 月 21 日第 3 版。

亿元。① 在社会动员下，一笔笔救灾专款、捐款源源不断地汇至地震灾区。

三　恢复重建速度惊人

在抗震救灾之后，尽快恢复灾区群众的生产、生活已成为当务之急。为此，我国采取了一系列相关措施。一是中央政府坚强的组织领导。为了更好地规范、组织、领导恢复重建，中央政府颁布了《汶川地震灾后恢复重建条例》，出台了《汶川地震灾后恢复重建对口支援方案》，编制完成了《汶川地震灾后恢复重建总体规划》等。这为恢复重建提供了法律、法规的保障，确保恢复重建有序、有效地开展。二是灾区地方政府认真地负责。在国家已出台政策的基础上，四川省结合恢复重建的具体实际，进一步建立健全配套的法律法规，如四川省人大常委会审议通过了《汶川地震灾区城镇受损房屋建筑安全鉴定及修复加固拆除实施意见》等法规，而且从财政、金融、税收、就业、产业等方面形成了 47 条支持恢复重建的政策。四川省还成立了灾后恢复重建委员会，统一部署灾后恢复重建工作，把恢复重建任务细化分解，全过程负责各项工作。三是实行对口支援的重要举措。在恢复重建的进程中，我国政府建立了对口支援机制，组织相关省（市）对口支援地震灾区。按照总体规划的要求，承担对口支援任务的 19 个省（市）将以不低于 1% 的财力对口支援重灾县市 3 年。这极大地促进了恢复重建的进程。"中国特色的对口援建，搭建起东西部优势互补的桥梁，经验的交流、观念的激荡，让汶川灾区成为中国体制创新、机制创新、科技创新、观念更新的试验场。"② 四是广泛动员各方面力量共同参与。按照"政府主导与社会参与相结合"的原则，我国广泛动员各方面力量，甚至包括国际社会的力量参与灾后恢复重建中来，如动员和接受企业、民间、个人、世界银行等捐款、捐物、提供技术支援。当然，同样重要的是，在安置好灾区群众生活的基础上，动员、组织受灾群众及时地投入到灾后恢复重建中来。不言而喻，这种依靠外援与自力更生相结合的方式无疑极大地促进了灾后恢复重建。可以说，在恢复重建时期，正是由于多

---

① 参见《累计解救和转移 1466054 人（权威发布）》，《人民日报》2008 年 6 月 24 日第 5 版。

② 《在这里我们写下中国力量——写在汶川特大地震五周年》，《人民日报》2013 年 5 月 12 日第 1 版。

方面的共同努力，恢复重建才有了根本保障。

在党中央、我国政府的坚强领导和亲切关怀下，在一系列相关配套政策的大力支持下，以及在社会多方力量的共同努力下，汶川地震灾后恢复重建取得了举世瞩目的成就。截至 2011 年 9 月底，纳入灾后重建规划的 41130 个项目已全部开工，完成项目 40890 个，占规划项目的 99.42%，完成投资 9496.1 亿元，占规划投资额的 99.1%，其中四川、甘肃和陕西分别完成投资额 8568.47 亿元、622.49 亿元和 305.14 亿元，投资额分别占规划投资额的 98.96%、101.25% 和 98.67%。[①] 具体表现为：在灾区群众住房重建方面，截至 2011 年 9 月底，城镇住房和农村住房分别完成投资 834.63 亿元和 1784.31 亿元，分别占规划投资的 99.52% 和 101.16%。四川、甘肃和陕西三省灾区一共维修加固城镇住房近 146 万套、农村住房 292 万户，重建城镇住房近 29 万套、农村住房 191 万户；在城镇重建方面，截至 2011 年 9 月底，完成城镇体系建设项目 1102 个，占规划总数的 95.83%，完成投资额 964.15 亿元，占规划投资额的 97.79%。38 个重建的城镇已经完全形成主体功能；在农村重建方面，截至 2011 年 9 月底，规划的 1850 个项目，1842 个已经完成，完成投资 575.13 亿元，占规划投资额的 99.91%。而且，在更加合理的规划下，村庄布局、规划结束了散乱无序的状况，并根据各自比较优势，确定了旅游、农业等不同的特色产业；在公共服务设施恢复重建方面，截至 2011 年 9 月底，公共服务设施累计完成投资 1082.83 亿元，占规划投资额的 98.55%，其中教育、医疗卫生和社会管理项目投资额分别为 439.08 亿元、161.21 亿元和 186.03 亿元，占公共服务设施的投资比重分别为 40.54%、14.89% 和 17.18%。不仅损毁的学校、医院得到全面恢复重建，而且还建成了一大批福利院、敬老院、社区服务中心、村民活动中心等公共服务设施；在基础设施恢复重建方面，截至 2011 年 9 月底，规划的 5059 个基础设施项目已经全部开工，其中 3690 个项目已经完成，完成投资 2067.02 亿元，占规划投资额的 98.22%，其中交通、通信、能源和水利的投资额分别达到了 1316.08 亿元、186.38 亿元、352.86 亿元和 211.7 亿元，占基础设施

---

① 参见曾晓安等编著《支持中国汶川地震灾后恢复重建可持续发展》，中国财政经济出版社 2012 年版，第 13—14 页。

的投资比重均超过了97%；在产业重建方面，截至2011年9月底，涉及产业调整的5333个项目全部开工，累计完成投资额1472.99亿元，占规划投资额的100.03%。而且，在生产恢复重建中，灾区还创造性地采用飞地模式、联建产业园模式、异地重建产业园等模式，实现了产业发展的跨越升级；在文化恢复重建方面，截至2011年9月底，92个精神家园项目全部开工，完工16个，完成投资12.36亿元，占规划投资额的84.6%。其中，都江堰两馆、绵竹年画村、安县文化中心、江油李白纪念馆、建川地震博物馆等项目陆续竣工，北川羌族民俗博物馆主体工程已经完工。无疑，这对保护民族文化起到重要的作用；在生态环境恢复重建方面，截至2011年9月底，生态恢复和环境整治的规划项目全部开工，完成项目605个，占规划投资额的81.21%。① 无疑，这对修复生态环境、有效地避免灾区二次灾害的发生以及促进生态文明建设都起到重要的作用。

　　灾难无情，人间有爱。一方有难，八方支援。汶川地震发生后，中国人民乃至国际社会火速行动起来，纷纷奉献爱心，伸出援助之手，形成了抗震救灾的强大合力。面对特大地震灾害，"我们能够迅速举全国之力投入抗震救灾，形成一切为了灾区、一切支援灾区的生动局面，救援速度最快，动员范围最广，投入力量最大，显示出社会主义制度的巨大优越性"②。在汶川地震抗震救灾中，我国社会动员机制现实地展现出其不可替代的作用。

---

　　① 参见曾晓安等编著《支持中国汶川地震灾后恢复重建可持续发展》，中国财政经济出版社2012年版，第14—15页。

　　② 《抗震救灾众志成城——为什么说抗震救灾斗争彰显了伟大的民族精神》，《光明日报》2008年7月20日第2版。

第六章　当前我国社会动员机制仍存在的制约因素及对策思考

进入 21 世纪，我国经济社会的大发展对社会动员提出了新的、更高的要求和期待。然而，在新的时代背景下，我国社会动员机制仍存在一些制约因素。这些制约因素不仅影响着我国社会动员机制的发展，而且也影响着我国社会动员的成效。积极探讨我国社会动员机制仍存在的制约因素，认真探索其有效的应对策略，已是当前人们所面临的当务之急。这不仅具有重要的理论意义，而且具有重要的现实意义。

第一节　当前我国社会动员机制仍存在的制约因素

当前，尽管我国社会动员机制依然发挥着不可或缺的作用，但是仍存在诸如社会动员主体的动员能力有待进一步提高、社会动员方式有待进一步创新等制约因素也是显而易见的。如果我们不能客观地面对这些制约因素，那么我国社会动员机制则难以深入地发展，社会动员也难以深入地发挥其独特功能。

一　相关法律法规亟待进一步完善

历史证明，"法令行则国治，法令弛则国乱"①。法治化不仅是依法治国的基本方略，也是社会动员的重要保障。积极树立法治理念和法治权威，依靠法律手段来规范社会动员的主体、对象、方式、机制，完全实现社会动员的规范化、制度化、法治化显得尤为必要。

当前，我国制定、颁布和实施关涉社会动员的法律法规已有数部，

---

① 《潜夫论·述赦》。

如《国防动员法》、《组织法》、《保障法》、《危机管理法》等。但是，如果仔细分辨，我们不难发现，我国关于社会动员的法律法规基本上都是隐含在其他法律法规中，而直接涉及社会动员的法律法规只有《国防动员法》一部，但这只是一部关于在战争条件下如何开展社会动员的法律。可是，和平建设时期、危难时期我国该如何开展社会动员却没有明确的法律依据。如增强公民公共安全和防范风险意识的社会动员只是在《突发事件应对法》第六条中才有所反映，"国家建立有效的社会动员机制，增强全民的公共安全和防范风险的意识，提高全社会的避险救助能力"①。无疑，这种状况会给我国社会动员造成"无法可依"的窘况。这充分表明，当前，我国关于社会动员的法律法规仍有进一步完善的必要。在民国时期，国民政府曾经颁布了《国家总动员法》、《民众动员法令》等直接关于社会动员的法律法规。法国在 1938 年就制定了《总动员法》，1950 年又制定了《人力动员法》，1959 年又制定了《国防总组织法》。美国 1976 年制定了《国家紧急状态法》。"他山之石，可以攻玉。"由此，我国可以制定、颁布、实施一些关于和平建设时期、危难时期如何进行社会动员的法律法规，如建立《危急动员法》等。这样，我国社会动员就可以真正实现"有法可依"。另外，在开展社会动员活动中，我国还存在"有法不依"的现象。党组织仅凭自身的组织领导地位来开展社会动员的现象有之，政府只是依靠自身的权威来组织社会动员的状况有之，非政府组织完全依靠自发性来开展社会动员的有之。而广大民众中，大多数只是"依情况而定"来参与社会动员。可见，在法治社会中，社会动员"有法必依"的形成还需要进一步扭转"有法不依"的现象。可以说，目前，随着改革开放的不断深入以及人类社会的日益发展，我国社会动员的法治化与现实的要求还有一定的差距。而进一步建立健全我国社会动员的法律法规仍具有重要的现实意义。

二　社会动员主体仍需要进一步优化

目前，尽管我国社会动员主体已经能够充分发挥组织、引导、动员的作用，但是，其动员能力还有进一步提升的空间、扮演的角色还有进一步转变的可能、依法动员仍有待进一步加强。

---

① 《司法业务文选》2007 年第 31 期。

一是社会动员主体的动员能力还有待进一步提升。在社会动员活动中，社会动员主体始终处于主导性的地位。而社会动员的成效在一定程度上取决于社会动员主体的素质和能力。如果社会动员主体的素质好、能力强，那么社会动员的成效就会显著。反之，社会动员的成效就会低下。当前，随着时代的进步和社会的发展，社会动员对党组织、政府、非政府组织等社会动员主体的能力要求越来越高。社会动员主体不仅需要具有相当程度的宣传动员能力、足够的宏观调控能力、充分的危机应对能力、娴熟的组织协调能力，而且还要有过硬的心理素质、良好的思想素养等。然而，现实的状况表明，当前，我国社会动员主体这些方面的素质和能力与现实的要求还存在一定的差距。动员过度的状况不时浮现，而动员不足的情景时有发生。如在开展的"以经济建设为中心"的社会动员中，我国曾经出现过唯 GDP 马首是瞻的状况。本来，"以经济建设为中心"是我国发展的历史必然，也是现实的客观要求。可是，一旦强调过了头，这就很容易产生为了经济建设而不顾一切地过度动员。于是乎，"唯经济论"逐渐盛行，政治建设、文化建设、生态文明建设越发滞后。归根结底，这是由于对社会动员的度的把握失衡所造成的。这种状况要求社会动员主体，不论是党组织，还是政府，抑或是非政府组织，亟待进一步提升自身的领导能力、组织能力、协调能力等，以便推动我国社会动员的良性发展。

二是社会动员主体的角色还需要进一步转变。社会动员主体应该起到组织者、引导者、协调者的角色，真正发挥社会动员主体的功能。改革开放以来，尽管我们党组织、政府以及非政府组织的职能有了很大的调整，角色也有了较大的改进，但是离当今时代发展，特别是社会主义市场经济发展的要求还有一定的差距。如在政治建设的社会动员中，政府指令性计划欲罢不能。这就要求我国政府要加快从"全能型政府"向"有限型政府"、从"人治型政府"向"法治型政府"、从"权威型政府"向"民主型政府"、从"管制型政府"向"服务型政府"的转变。"凡是公民、法人和其他组织能够自主解决的，市场竞争机制能够调节的，行业组织或者中介机构通过自律能够解决的事项，除法律另有规定的外，行政机关不要通过行政管理去解决。"[1] 可以说，社会动员

---

[1] 《十六大以来重要文献选编》（中），中央文献出版社 2006 年版，第 7 页。

主体角色能否转变不能不影响到我国社会动员的成效。

三是社会动员主体依法动员有待进一步加强。不论是党组织，还是政府，抑或是非政府组织，都需要依法行事。"没有规矩，不能成方圆。"只有在"有法可依"的基础上，社会动员主体做到"有法必依"，才能使社会动员活动有章法可循，井然有序，有条不紊。当前，尽管我国法治化不断增强、整个社会的法律意识也不断提高，但是，我国现实状况与所要建立的法治国家和所形成的法治社会还相去甚远。这种状况无形中影响到我国社会动员主体以及社会动员对象的法治觉悟与法律意识。于是，在开展社会动员活动中，社会动员主体不是"我说了算"，就是"跟着感觉走"，甚至还会基于某种利益的考量而不惜违背法律的准则。这不仅使我国社会动员的成效难以保证，而且还会使社会动员适得其反。这种状况表明，社会动员主体还要进一步增强法律的意识，做到"有法可依"、"有法必依"、"违法必究"。只有这样，才能促进我国社会动员的法治化。

三　社会动员方式需要进一步创新

改革开放以来，我国社会动员方式已经有了诸多方面的改进和发展。尽管如此，当前，由于时代发展日新月异和社会进步一日千里，这就要求我国社会动员方式还需要进一步创新发展，与时俱进。

一是还需要加快向多元化的方向转变。在经济全球化、政治多极化和文化多元化的时代背景下，一切都变得越来越多元化起来。当今社会，也已演变成多元化的社会。在此时代背景下，我们应该摒弃以往单一化的社会动员方式，而应采用多元化的社会动员方式。改革开放以来，在社会动员方式多元化方面，我国已取得了很大的进步，如采用激励动员、行政动员、媒介动员、参与动员等多种动员方式。然而，现实社会的发展仍要求与时俱进，否则难以赶上时代发展的步伐。

当前，我国社会动员方式多元化还存在的最突出的问题有两个方面：一方面，多元化的发展有待加强。改革开放已经几十年，人们经常使用而且反复使用的就是激励动员、行政动员、媒介动员等社会动员方式。人们是否还可以创造出其他形式的动员方式，如兴趣动员、法制动员是否可行。另一方面，多元化的运用有待改进。本来，社会动员是一项复杂的社会活动，需要运用多种动员方式，才能取得预期的效果。然而，当前，我国社会动员主体往往因"得心应手"而偏重于某一种动员方式的现象普遍存在。如在开展抗击"非典"的社会动员活动中，我国偏重于行政动员的方式。而行政动员所带来的浓厚行政色彩更增加了广大民众的惶恐不安，同时也使行政官员因政绩问题而人人自危。尽管这种动员方式对于抗击"非典"取得了巨大成效，但是，如果动员主体把这种动员方式与其他动员方式如激励动员、媒介动员、参与动员综合运用无疑能取得更佳的效果。

二是还需要加快向科学化的方向转变。众所周知，只有在科学精神的指导下，运用科学的理论和规范去揭示、掌握和运用事物的规律，人们才能提高工作的效率。诚然，社会动员不是随心所欲就能开展和完成了的事情，它同样需要科学理论的支持和科学方法的指导。然而，现实情况是，一方面，社会动员的理论支持不足。在我国，社会学和管理学起步和发展比较晚，为社会动员提供的方式、方法还只能是在渐进发展中来发掘、探索。特别是与西方发达国家相比，我国的科学技术显得还比较落后。这种状况造成的必然结果是，我国社会动员方式还缺乏先进理论的支持和科学方法的指导。另一方面，社会动员方式方法的科学引导和合理规范显得不足。这首先要归因于社会动员主体。社会动员主体是社会动员方式方法的主要承载者，他们理论水平的高低、掌握的熟练程度决定着对社会动员方式、方法发挥和运用的程度。实践证明，我国社会动员主体这方面的能力还有待进一步提高。由此看来，不论是从理论层面讲，还是从实践层面说，当前我国社会动员方式、方法的科学化水平都有待进一步加强。

三是还需要加快向现代化的方向转变。现代化是人类文明的一种深刻变化和人类社会的急剧变迁，是不以人的意志为转移的历史大趋势。从本质上讲，现代化最明显的特征应当是生产方式的现代化，即在现代化进程中，人们通过对生产方式的创新发展，使之逐步实现由传统到现代的转变。没有这个转变过程，现代化就无从谈起。而社会动员是发生在现代化时代背景下的社会活动，它不同于传统社会背景下的社会活动。这样，社会动员背景的变化，必然要求社会动员方式进行现代化的转变，要求其与时代的发展相适应，与现代化的方向相契合。可以说，现代化问题是当代几乎每个国家或地区所面临的最为重要、最为迫切的问题。一个国家或地区如果跟不上现代化的潮流，它在政治上也就很难说是真正地实现独立，在经济上也必然沦为别的国家或地区的附庸。当前，我国社会动员不仅需要动员方式的现代化，而且呼唤着社会动员方式更快地向现代化转变。

当前，我国社会动员方式现代化的转变还存在这样最为突出的两方面问题：一方面，现代化有待进一步加强。当前，我国社会动员大多仍保留着传统方式、方法。于是，面对传统，我国社会动员方式显得游刃有余；而面对现代化，我国社会动员方式却变得捉襟见肘。社会动员是要随着社会的发展而不断发展，动员方式也要随着社会的发展而不断发展，否则难以适应日新月异的世界。现实表明，我国社会动员方式现代化还需要进一步加强。另一方面，借鉴不够。"他山之石，可以攻玉。"虽然现代化不是西方化，但是，西方发达国家的现代化程度确实远远高于我们。落后就要挨打。这是近代以来我国积累的一个重要历史经验。因而，只要有利于我国社会主义现代化建设的东西，我们都可以学习和借鉴，为我所用。特别是要向西方发达国家学习和借鉴积极的、有效的社会动员方式、方法。可事实表明，在这方面，我国还存在着"照抄照搬"的状况。借鉴并不是"照抄照搬"，它意味着学习、消化、吸收和创新。因此，我国社会动员方式的现代化还要充分地借鉴发达国家的先进经验。

四　社会动员环境有待进一步改善

社会动员的环境是指社会动员活动发生的场所、氛围和条件。也可以说，它是影响社会动员活动的一切综合因素的总和。不言而喻，社会动员的成效同样受到一定环境和条件的限制或制约。"人们自己创造自己的历史，但是他们并不是随心所欲地创造，并不是在他们自己选定的条件下创造，而是在直接碰到的、既定的、从过去承继下来的条件下创造。"① 当前，由于现实环境的局限，我国社会动员仍面临着内部和外部两个方面的压力：

一是内部环境压力。这里所说的内部环境指的是我国社会动员系统内部所面临的环境。当前，我国社会动员内部环境压力主要体现在社会动员内部诸要素还不完全协调、社会动员方式还不完全科学、社会动员内部机制还不完全健全等方面。如在开展社会动员时，我国还存在动员客体参与不积极、社会动员方式过于行政化的状况。所有这些状况不仅

① 《马克思恩格斯文集》第二卷，人民出版社 2009 年版，第 470—471 页。

造成我国社会动员内部环境的复杂化，而且还会致使我国社会动员效率低下。系统内部诸要素只有密切配合，有机统一，整个系统才能发挥出良好的整体效能；反之亦然。事实表明，我国社会动员内部诸要素配合程度还不是很高。内因是根本，决定着事物的根本属性。社会动员内部环境对社会动员起到决定性的影响作用。因而，当前，进一步改善我国社会动员的内部环境仍至关重要。也可以说，进一步改善我国社会动员的内部环境就是要进一步协调好社会动员系统内部诸要素之间的各种关系，进一步完善社会动员方式等。

二是外部环境压力。这里所说的外部环境指的是我国社会动员系统所面临的整个外部环境。一方面，国内环境有待进一步改善。当前，我们党领导能力、执政能力还有待进一步提高，我国政府的转型还没完结，社会主义市场经济体制还不很完善，非政府组织还有待进一步规范，我国公民整体素质亟待进一步提升。无疑，这些关涉社会动员主体、对象、方式等方面的因素最终形成一个具有一定压力的环境。在这样具有一定压力的环境下，我国社会动员不能不受其影响，社会动员机制的发展不能不受其制约。另一方面，国际环境仍有待进一步改善。在全球化的时代背景下，世界各国的交往日益频繁和密切。然而，全球化既带来了难得的机遇，也带来了巨大的挑战。于是，全球化与本土化不断碰撞，东方文明与西方文明不断冲突，社会主义思潮与资本主义思潮不断抗争。而结果往往是，后发展国家处于劣势地位。外因是条件，推动着事物的发展。由此，我国所面临的外部国际环境对我国社会动员起到了一定的制约作用。因而，当前，进一步改善我国社会动员所面临的外部环境同样重要。也可以说，进一步改善我国社会动员所面临的外部环境就是进一步协调好社会动员系统与外部诸要素之间的关系。

综上所述，不论是我国社会动员主体，还是社会动员对象，抑或是我国社会动员方式及周围环境，都还存在或急或缓、或隐或现的问题。这凸显出我国社会动员机制仍存在一定的制约因素。同时，这也考验着人们的智慧。而如何摆脱这些制约因素成为人们需要进一步探讨的问题。

第二节 进一步完善我国社会动员机制的对策思考

现实的制约因素决定了进一步探索应对策略的必然性。当前，为了确保社会动员及时、高效的动员效能，推动社会动员机制进一步发展，加强对我国社会动员机制应对策略的探索势在必行。

一 健全社会动员机制的基本原则

所谓基本原则，一般是指在人们的行为或思维过程中应当贯穿始终的法则或准则。社会学普遍认为，有效的社会动员必须遵循社会普遍认同的基本原则。只有坚持一定的基本原则，社会动员才能取得预期的效果。健全社会动员机制的基本原则，是健全社会动员机制的指导思想和行动指南。在新的历史时期，进一步健全我国社会动员机制需要遵循以下基本原则：

第一，坚持科学性原则。

社会动员机制的功能能否得到充分发挥，关键在于社会动员机制是否具有科学性。科学是关于自然、社会和思维等的客观规律的知识体系，是社会实践经验的总结，并在社会实践中得到验证和发展。在这里，健全社会动员机制坚持科学性原则主要包括两层含义：一是指坚持社会动员机制指导理论的科学性。只有以科学的理论作指导，在科学的研究和论证的基础上，利用科学的方法来进行指导与设计，尽量用最少的资源投入使社会动员达到最优化的效果，才能实现社会动员机制良性运作、科学发展和不断创新。二是指坚持社会动员机制自身的科学性。社会动员机制是一个复杂的系统。其内部诸要素之间、要素与系统之间以及系统与环境之间只有实现优化配置、协调发展和不断创新，才能实现社会动员机制的科学化，也即实现科学化的社会动员机制。

只有实现科学化的社会动员机制，才能够大大提高社会动员的效率，节约人力、物力、财力资源，尽快实现社会动员的目标。这就要求，一方面，在健全社会动员机制的过程中，不断提高社会动员机制设计者、建设者的专业化水平和技术能力，尊重规律，按规律办事。另一方面，人们要科学、系统地协调社会动员机制内部各要素之间的关系，营造良好的社会动员机制的环境，健全社会动员机制内在的动力机制、运行机制、保障机制和协调机制。同时，人们还要及时对社会动员机制运行状况做出准确的评估和判断，适时对之加以调整，从而从根本上保障社会动员机制的实效性。由此看来，坚持科学性原则是健全社会动员机制的应有之义。

第二，坚持法律性原则。

坚持法律性原则是指社会动员机制中的建立健全、内容机制、机制运行及保障等都不能与现行法律、法规、行政条例以及其他同样具备法律效力的规范性文件有冲突，必须与其完全保持一致，从而保证其在法律上的合法性地位和权威。

当前，健全我国社会动员机制之所以要坚持法律性原则，一方面，是由于历史的原因。历史证明，"法令行则国治，法令弛则国乱"①。历史上，秦国因实行严厉的法律而强大，最终一统六国。清朝因法制颓废而衰落，最终深陷内忧外患而灭亡。罗马因其博大而缜密的罗马法而成就了帝国梦。美国也因其完备的法律体系而逐渐强盛，从而一霸天下。从历史上可以看出，法治化是依法治国方略的基本要求和根本保障。而实现国家的长治久安最根本的就是加强民主和法制建设，实行依法治国。同样，法治化也是社会动员的前提和保障。"以史为鉴，可以知兴替。"基于历史的视角，我国已充分认识到制定相关社会动员法律法规的必要性和重要性。如2007年我国制定的《中华人民共和国突发事件应对法》第六条规定："国家建立有效的社会动员机制，增强全民的公共安全和防范风险的意识，提高全社会的避险救助能力。"这使我国社会动员的法律法规逐步走向完备。另一方面是由于现实的原因。实践表明，如果充分运用法律手段来规范社会动员的主体、对象、程序等，我国社会动员才能有章可循，社会动员机制才能实现规范化和制度化。反之，如果不充分运用法律手段来规范社会动员的主体、对象、程序等，我国社会动员就会混乱不堪，甚至适得其反。

现实中正反两方面的实践表明，进一步增强我国依法进行社会动员的必要性。也正是基于现实实践的考量，我国已充分认识到制定相关社会动员法律法规的现实性。如2010年我国通过的《中华人民共和国国

① 《潜夫论·述赦》。

防动员法》第一条规定："为了加强国防建设，完善国防动员制度，保
障国防动员工作的顺利进行，维护国家的主权、统一、领土完整和安
全，根据宪法，制定本法。"由此看来，坚持法律性原则是健全社会动
员机制的必然选择。

第三，坚持效率性原则。

从管理学角度来讲，效率是指在特定时间内，社会组织的投入与产
出之间的比率关系。效率与投入成反比，与产出成正比。社会部门的效
率包括两方面：一是生产效率，它指生产或者提供服务的平均成本；二
是配置效率，它指社会组织所提供的产品或服务是否能够满足社会的不
同需求。提高效率的途径在于资源的有序配置。通过设立标准流程、操
作规程、分工协作等规范化体系，社会组织实现系统的良性运作。效率
性原则也是人类社会追求一定目标而遵循的一项基本原则。也可以说，
坚持效率性原则就是指在实现资源优化配置的基础上，坚持效率优先的
基本法则或标准。

具体到健全社会动员机制，同样需要坚持效率性原则。一方面，提
高社会动员的效率。在进行社会动员时，社会动员主体要充分考虑到诸
要素之间紧密结合，并联系现实的需求要做到分工明确、权责清晰、有
章可循，并尽可能地出台具体的实施措施，以保证其具有切实的可行
性。这样，人们就可以避免人浮于事，从而降低社会动员的成本，进而
最大可能地提高社会动员的效率。另一方面，提高社会动员机制的效
率。在健全社会动员机制的进程中，人们要进一步完善、改进社会动员
内部机制，协调好社会动员主体、对象之间的关系，运用好社会动员方
式，改善社会动员所面临的环境，进而不断提高社会动员机制的效率。
可以说，坚持效率性原则是健全社会动员机制的必然要求。

第四，坚持系统性原则。

所谓系统是指由相互联系、相互作用的若干要素构成的，具有特定
结构和特定功能的有机整体。系统和要素之间存在对立和统一的关系。
要素是构成系统的必要因素，因而也是系统存在的基础和载体；系统是
要素相互联系和相互作用而构成的有机整体，因而也是要素的归宿。
"关于自然界所有过程都处在一种系统联系中的认识，推动科学到处从

个别部分和整体上去证明这种系统联系。"① 社会动员机制系统性是指社会动员机制各要素相互联系和相互作用而构成社会动员机制的有机整体。

在健全社会动员机制时坚持系统性原则，人们需要把握这几个方面：一是要把社会动员机制当作一个有机整体来看待。社会动员机制是由其基本要素相互联系和相互作用而构成的有机整体。它辐射在每个要素当中，是要素的基本颗粒和基本因素。如果不明白这一点，人们就难以从整体上把握社会动员机制。同时，各要素又不能脱离社会动员机制而独立存在。否则，要素就丧失了其存在的依据。二是要把握社会动员机制的规律性。虽然时代在前进，认识在深化，但客观事物的本质永远不会改变。因此，通过仔细的观察和深入的研究，人们可以把握事物的客观规律。从社会动员机制系统自身的特征出发，人们可以发现社会动员机制各部分之间内在的、有机的逻辑联系，进而发现并充分运用社会动员机制的规律。三是把握社会动员机制的目标性。社会动员机制的归宿和落脚点就是能够充分发挥社会动员的作用和功能。在一定的环境中，通过一定的方式方法，依靠一定的内在机理，社会动员机制来完成其社会动员的目标。可以说，坚持系统性原则是健全社会动员机制的本质要求。

二 创新社会动员机制的方法

从本质上讲，社会动员机制既要达到一定的目标，又要追求一定的效率。如何才能使社会动员机制既能达到其目标，又能提高效率呢？问题的关键在于社会动员机制的不断完善和发展。而健全社会动员机制同样需要方法的不断创新和与时俱进。当前，要进一步完善我国社会动员机制，可以采取如下一些方法：

首先，加强社会学方法与管理学方法的结合。

社会动员既涉及社会学的知识，又涉及管理学的理论。不言而喻，社会动员机制的创新和发展不仅需要借助社会学知识和管理学理论的指导，而且还需要借助社会学方法与管理学方法的结合以及交叉运用。

管理学是一门对管理的普遍规律、基本原理和一般方法进行系统研究的科学。"管理学的研究对象是社会管理现象，研究的目的在于寻找

---

① 《马克思恩格斯文集》第九卷，人民出版社 2009 年版，第 40 页。

管理活动中的客观规律，系统总结管理理论和方法，并用于指导人们的管理实践。"① 管理学所讲的管理方法是指实施管理的途径或手段，是实现管理目标的中介和桥梁，也可以说是管理者管理行为的工作方式。"按方法的作用原理，管理方法可分为经济方法、行政方法、法律方法、社会心理学方法和技术方法等。"② 而"社会学是从变动着的社会系统整体出发，通过人们的社会关系和社会行为来研究社会的结构、功能、发生、发展规律的一门综合性的社会科学"③。与其他学科相比，社会学显得比较年轻。然而，就在其从诞生到现在不到 200 年的时间里，社会学在全球范围迅速发展，其理论越来越丰富；其学科体系也越来越完整，并自成一家；其研究方法也具有了自己的特色，在众多的学科中独树一帜。社会学所运用的方法有实验法、观察法、定性分析法等。不论是社会学的方法，还是管理学的方法，它们不仅发挥着各自的独特作用，而且相互影响、相互借鉴。

既然社会动员涉及社会学的知识和管理学的理论，那么，人们就完全可以把社会学方法与管理学方法结合起来，运用方法的整体功效，进一步优化社会动员机制。如可以运用比较法对比传统与现代的、中国与西方的社会动员方法之差异、优劣，进而选择有效的方法，完善社会动员机制。可以借助管理学中经济方法、法律方法、行政方法等方法来开展社会动员，优化社会动员机制。无疑，加强社会学方法与管理学方法的结合与运用完全能够促进社会动员机制不断地发展。

其次，加强传统方法与现代方法的整合。

"传统"与"现代"是矛盾的统一体，二者不可割裂。"传统"是"现代"存在的前提和条件；"现代"是"传统"发展的趋势与方向。社会动员既涉及"现代"，又关涉"传统"。因此，加强传统方法与现代方法的结合以完善我国社会动员机制显得尤为必要。

"传统"是指一个国家或民族在漫长的历史长河中形成并沿袭下来的思想文化、价值观念、思维方式、风俗习惯等。"传统"会向人们灌输许多在人们看来是"天经地义"的知识。人们之所以相信"传统"，

---

① 安维主编：《管理学原理》，中国人民大学出版社 2010 年版，第 20 页。

② 同上书，第 11 页。

③ 王明辉、杨宏峰编著：《何谓社会学》，中央编译出版社 2010 年版，第 8 页。

接受"传统"，是因为人们认为"传统"所提供的这些知识经历了过去人们的实践，是千百年来人们实践经验的总结。历史证明，传统所提供的知识中，不乏正确反映客观规律的认识。无疑，后人站在前人的肩膀上进行探索会节省大量的时间。我国传统社会管理及社会动员的思想和方法相当丰富，应该积极地汲取和充分地利用。如"民贵君轻"思想启示人们，只有积极、主动地"发动民众"，才能实现充分的社会动员。革命英雄主义则可以发挥"榜样"在社会动员中的激励作用。然而，"传统"也可能阻碍人类的探索。"时间总让传统有消融、乃至蚕食'现代'的机会，它以消极隐晦的搓揉手法'颠倒'了现代。"① 这表明，只有将传统与现代密切地结合起来，才能很好地促进社会动员的发展，才能进一步完善社会动员机制。"现代"是指与先进生产力发展相适应并具有普遍意义的组织制度、价值观念、生活方式等。所有的现代民族或国家，"无不或多或少地，或快或慢地，或是自动地，或是被强迫地从传统的樊篱中走了出来，尽管人们对传统还有深挚与强烈的依恋，但没有一个民族或国家能完全抗拒'现代化'的诱惑。"②

随着现代化进程的不断推进，社会动员不可避免地采用现代化的理念、现代化的科技、现代化的方式等。如现代媒介的动员方式、现代的管理方法无疑都会促进社会动员的现代化，进而推动社会动员机制的现代化。由此，只有把传统方法与现代方法密切结合起来，我国社会动员机制的完善才有实现的可能。

最后，加强东西方方法的融合。

在当今的时代，社会动员不仅在东方开展得如火如荼，如实现现代化，而且在西方也进行得轰轰烈烈，如应对债务危机。因此，加强东西方方法的结合以进一步完善我国社会动员机制显得尤为必要。"世界是丰富多彩的。世界上的各种文明、不同的社会制度和发展道路应彼此尊重，在竞争比较中取长补短，在求同存异中共同发展。"③

大体而言，东方人的形象思维能力比较强，善于综合，倾向于从整体上看待事物，从大处着眼，注重"天人合一"；而西方人的逻辑思维

---

① 叶启政：《再论传统和现代的斗争游戏——正规化的搓揉形塑》，《社会学研究》1996年第6期。

② 金耀基著：《从传统到现代》，广州文化出版社1989年版，第81页。

③ 《十六大以来重要文献选编》（上），中央文献出版社2005年版，第37页。

能力比较强，善于分析，倾向于从具体上看待事物，从小处着眼，注重"精剖细分"。可以说，这两种不同的思维方式都有着各自的独特优势。但是，不可否认的是，这两种不同的思维方式又都存在不同的局限。由于思维方式的不同，东西方现实的方法运用也差异有别。东方人多运用综合法、辩证法等；西方人多运用分析法、归纳法、演绎法等。不过，尽管这些方法迥然有别，但是可以形成优势互补。因而，在进一步完善我国社会动员机制方面，我们可以将东西方方法充分融合起来，进而促进我国社会动员机制更好地发展。特别是在全球化的时代背景下，一个民族或一个国家，全然抛却自身优秀的东西已不可能，一概排斥外来的东西也不是明智之举，而立足于现实，作批判的继承和有选择的吸收，尽可能地做到东西贯通，做到兼容并蓄，才是最佳的抉择。"马克思主义是欧洲文明的产物，但它既没有在那儿扎根，也没有在那儿取得成功。而现代化的和革命的精英把它引入到非西方社会。""列宁、毛泽东和胡志明使它适应了他们的目的，并用它来向西方的权力挑战，来动员其人民，坚持民族认同以及自己国家对西方的自主。"①

三 完善社会动员机制的路径

"建立社会动员机制的主要目的在于综合运用无形之手（市场）、有形之手（政府）和隐形之手（社会），最大限度地动员全社会人力、财力、物力，形成强大合力。"② 毕竟，市场、政府和社会可以发挥资源配置、财富分配和价值创造等方面的重要作用。因而，完善社会动员机制仍需要沿着综合发挥市场、政府和社会重要作用的路径。如果人们对市场、政府、社会重要作用的认识仍停留在"不识庐山真面目"的层次上，那么，完善社会动员机制只能是空谈，或者会存在很大的盲目性。

首先，充分发挥市场的功能。

充分发挥社会主义市场的功能是改革开放以来人们的共识。从发挥的作用方面来说，市场具有微观调控的功能：从资源配置方面来看，市场起到基础性的作用。市场起基础性作用的原理在于每个参与者理性地

---

① ［美］塞缪尔·亨廷顿著：《文明的冲突与世界秩序的重建》，周琪等译，新华出版社2009年版，第31页。

② 殷昭举著：《创新社会治理机制》，广东人民出版社2011年版，第147页。

追求个人效用最大化，进而促使资源按照市场价值规律的要求而进行配置。在信息获得、微观决策、优胜劣汰等方面，市场具有政府无法比拟的优势。要实现有限资源的充分整合，就必须充分发挥市场资源配置的作用。通过30多年的改革开放，我国最终找到了符合我国具体国情的社会主义市场经济体制。实践证明，我国实行的社会主义市场经济体制是有效的，它可以激活微观经济主体的活力和积极性，提高整个社会的经济效率，从而使经济获得长期增长的潜力。正因如此，我国的国民经济实力才能迅速地增强。当然，市场发挥作用主要遵循效率原则。从财富分配方面来看，市场对应于初次分配并发挥主导作用。换言之，在初次分配环节，财富分配主要依靠市场来调节。社会人或法人通过劳动、创造、生产、经营、管理等发挥各自的力量创造社会财富，并遵循市场规律获得相应的分配；从价值创造方面来看，市场有其激发创造的特点。市场主要通过价值规律调节、调动社会人和法人的积极性、创造性来创造社会财富。

在进一步完善社会动员机制方面，市场如何发挥其独特的功能呢？一是发挥资源配置的作用。在社会资源配置中，市场这只"看不见的手"能够起到基础性的作用，支配着人们的经济、社会活动，自发地调节着人力、财力、物力在全社会范围内进行分配。在市场经济体制中，市场配置资源主要是通过价格、供求、竞争等因素的相互作用来实现。于是，各种社会资源，包括土地、资金、技术、劳动力等生产要素，基本上以市场调节为主进行配置。这样，依靠市场资源调节的功能，人们就可以充分动员社会资源，并促使社会资源由过剩的部门转移到资源缺乏的部门，进而实现社会资源的优化配置。这充分体现出市场"悄无声息"的社会动员作用。当然，伴随着市场"悄无声息"的社会动员，社会动员机制就可以进一步得到完善和发展。二是发挥竞争激励的作用。有市场必然有竞争。强者在竞争中发展，弱者在竞争中消亡，这就是市场优胜劣汰的机制。不言而喻，市场竞争能够起到重要的激励作用，成为推动社会个体和社会组织不断运用新技术、开发新产品、努力提高产品质量、改进经营管理的动力，从而促进科学技术的发展，进而推动社会的发展。这样，市场就可以激发社会个体、社会组织不断创新和发展，从而也间接地推动社会动员的发展。而在市场竞争激励的社会动员作用下，社会动员机制同样可以获得进一步完善和发展。三是发挥培育环境的作用。市场经济体制一旦建立起来，它就可以形成一个相应的市场环境。而市场环境一旦形成，它又会为社会个体和社会组织的发展提供市场体制下的环境。这是一个完全不同于计划体制的环境。诚然，社会动员机制的完善、发展也需要良好的环境。既然我国社会主义市场经济体制已经形成，并逐渐完善和发展，那么，我国社会动员必然要与这种经济体制相适应。于是，社会动员机制也必然随着社会动员的发展而不断完善和发展。简言之，当前我国社会主义市场经济体制为我国社会动员机制的健全、发展创造良好的环境。

其次，进一步发挥政府的职能。

"我们既要充分发挥市场调节的积极作用，改变过去那种忽视市场作用、忽视价值规律的做法，同时要加强和改善国家的计划管理和宏观调控。"[1] 从发挥的作用方面来说，政府具有宏观调控的功能：从资源配置方面来看，由于市场也存在外部不经济、短视行为等弱点，资源配置完全依靠市场也是不科学的。20 世纪 90 年代的"一江春水向东流"到目前发生的民工荒、资源过度开采、环境恶化等现象都彰显着市场经济体制下政府宏观调控的必要性。当然，政府的"宏观调控已经对资源配置不起基础性作用，它的定位是弥补市场不足，明确博弈规则，引导配置方向，促进国民经济和社会持续、迅速、健康发展，推动社会全面进步。"[2] 政府在保障秩序、配置公共产品等方面可以大有作为，其主要遵循公平原则；从财富分配方面来看，政府对应于二次分配并发挥主导作用。换言之，在二次分配环节，主要依靠政府来调节。政府运用财政、税收等手段，通过建立健全权利平等、机会平等等制度，确立平等保护制度。这样，政府就可以对权益受侵害的群体和个人给予一定的保护，保障人们平等参与、平等发展等基本权益。由此，政府就可以保障社会财富在公平的基础上进行分配；从价值创造方面来看，政府有其激发创造的特点。政府主要通过方向引导、宏观管理、具体服务等方式直接参与创造社会财富。在现实中，由于市场参与者并非完全理性，而且市场机制在公共物品、公共资源等情况下还会失效，这就需要政府发

---

① 《十三大以来重要文献选编》（下），人民出版社 1993 年版，第 1640 页。
② 孙增武、许尧：《社会整合：构建和谐社会的关键》，载唐铁生、袁曙宏主编《社会治理创新》，国家行政学院出版社 2007 年版，第 92 页。

挥宏观调控的作用。如果没有政府的参与，就没有人愿意修公路、办学校等，公共事业就会被耽搁，这样社会就无法正常发展。总的来说，基于市场发挥作用的盲目性，政府进行宏观调控具有了必要性。一方面在市场机制正常发挥时创造条件，另一方面在市场机制失效时进行调节。政府宏观调控的手段主要有：经济手段、法律手段、行政手段等。政府宏观调控，应该以法律手段和经济手段为主，辅之以必要的行政手段，形成有利于科学发展的宏观调控体系，充分发挥宏观调控的功能。

在完善社会动员机制方面，政府该如何发挥其应有的职能呢？一是依靠法律手段来规范社会动员机制。众所周知，法律才是最有效的武器。政府通过制定相关法律法规来保障社会动员机制的有效运行，如我国已通过《中华人民共和国突发事件应对法》等。不言而喻，这些法律法规的制定、颁布与实施有利于从法律层面保障我国社会动员机制。二是依靠经济手段来完善社会动员机制。政府可以通过制定相关经济政策来激励社会动员的发展，进而完善社会动员机制。如根据形势发展的需要，政府可以实施相应的宏观经济政策，完善国家财政政策、产业政策、税收政策、货币政策等。这些宏观政策的实施既有利于促进社会动员的开展，也有利于促进社会动员机制的发展。如 2007 年我国政府颁布的《国家综合减灾"十一五"规划》，明确要求地方政府将减灾纳入当地经济社会的发展规划。自然，这明显会促进社会动员的开展，从而推动社会动员机制的完善、发展。三是运用行政手段来完善社会动员机制。在一般情况下，政府主要通过制定各种法律、法规和条例，行使自己的行政职能。而在危急应对时期，政府就会运用行政手段来开展社会动员，依靠行政命令、指示等来保障社会动员机制的有效运行。2009 年国务院发表的《中国的减灾行动》白皮书指出，我国"已初步建立以抢险动员、搜救动员、救护动员、救助动员、救灾捐赠动员为主要内容的社会应急动员机制"①。不难看出，政府依靠行政手段同样能够推动社会动员，进一步完善社会动员机制。

最后，充分发挥社会的效能。

"社会是由经济关系、生产和交换，以及那些历史前提所决定

---

① 《中国的减灾行动》，《人民日报》2009 年 5 月 12 日第 7 版。

的。"① 鉴于市场和政府都不可避免地存在这样或那样的缺陷，这就使人们不得不探寻其他方面的弥补措施。于是，人们又探寻到"第三只手"即社会来协助调节，以期弥补市场、政府二者的缺陷，进而在二者之间建立一种缓冲力量。也可以说，充分发挥社会的效能是弥补市场缺陷和政府缺陷的重要途径。从发挥的作用方面来说，社会具有中观调控的功能：从资源配置方面来看，社会遵循自治原则来维系人们的基础公共生活；从财富分配方面来看，社会对应于三次分配并发挥主导作用。在三次分配环节，分配主要依靠社会来调节，而组织动员就是其中的重要方式之一。特别是在成熟的现代社会中，社会发挥着越来越重要的作用；从价值创造方面来看，社会同样具有激发创造的特点。社会通过社会组织的能动作用、社会各界的团结互助和广大志愿者的热心服务等方面来创造社会财富、贡献社会财富。当前，我国则明确地提出，"要确保公民在社会治理中的主体地位，广泛动员和鼓励人民群众依法管理社会事务，动员群众团体、社会组织参与评议政风活动。"②

　　在完善社会动员机制方面，社会该如何发挥其特有的效能呢？一是通过整合的功能来完善社会动员机制。经过30多年的改革，我国已经从一个利益平均的社会进入了一个利益分化的社会。通过一定程度的协调和自治，社会能够对人力、物力、财力等资源进行整合。一方面，通过政府组织的内外机构以及网络式的非政府组织，社会实现资源的整合。另一方面，基于资源交换的相互依赖关系，政府和社会之间有强烈的诱因来构建互动性的沟通渠道。当然，这种互动性的沟通渠道也是政府与社会之间长期互动的延展和必然。在互动与沟通的过程中，社会各类公共事务的参与主体就可以参与到资源的配置中，进而突破传统上完全依靠政府配置资源的困境，达到资源的有效整合。而在整个资源整合的进程中，社会动员的开展是不可或缺的。这样，在推动社会动员的同时，社会动员机制也将获得进一步的完善和发展。二是通过隐形的调节手段来完善社会动员机制。通过隐形的调节手段，社会可以弥补市场"无形之手"和政府"有形之手"的缺陷，从而推动社会动员。自然，随着社会动员的发展，社会动员机制必将得到进一步的完善和发展。从

---

① 《马克思恩格斯文集》第九卷，人民出版社2009年版，第356页。
② 唐铁生、袁曙宏主编：《社会治理创新》，国家行政学院出版社2007年版，第646页。

宏观层面看，我国社会主义市场经济的发展提供了必要的条件和良好的环境，政府职能转变改变了我国政府长期扮演的"全能型政府"的形象。这都为社会让渡出较大的空间。从微观层面看，我国利益主体的多元化以及国际交流合作的增加使得社会变得更加复杂。无疑，这也对社会作用的发挥提出了热切的要求。在这样的情况下，社会必然要充分发挥"无形之手"的调节作用。自然，这也要求社会动员的积极开展，社会动员机制由此也要进一步地发展。这就推动着社会动员机制的完善和发展。三是通过激励的方式来推动社会动员机制的发展。在传统的强政府—弱社会的情况下，社会发育很不成熟，当然不可能承担起社会动员的职责。改革开放以来，我国政府与社会关系发生了深刻变化。随着我国政府对社会空间的让渡，社会自主活动空间也在不断拓展。其中，社会成员以及社会组织往往由于被一种自我实现和社会生活的动机或动力而激励或吸引。这种动力既不同于传统上市场经济中的物质激励，也不同于政府的精神激励。在社会变革的过程中，这种动力可以称之为潜能性激励。于是，通过这种潜能性激励，社会达到社会动员激励的目标，进而促进社会动员机制的完善和发展。可以说，随着传统的强政府—弱社会状况的改变，以及社会不断走向成熟，社会的自主与自治能力也在不断提高。在这一背景下，我国社会不仅能够促进社会动员的发展，而且也能够推动社会动员机制的完善和发展。

四　构建社会动员新常态

在革命战争时期，需要不断开展社会动员。而在建设时期，特别是在全面建设小康社会、全面深化改革、全面依法治国和全面从严治党新的历史阶段，要凝聚起 13 亿中国人的力量，需要结合现代化目标，推进社会动员创造性转型，构建社会动员新常态。

（一）社会动员新常态概述

2014 年 7 月，习近平同志首次提出"我国经济发展进入新常态"，并对此进行了系统阐述。这是以习近平同志为总书记的党中央在深入分析我国发展条件和发展阶段性特征变化的基础上作出的科学判断。可以说，"新常态"不仅包括经济发展在 30 多年改革基础上进入新常态，而且还包括中国政治发展进入新常态、中国文化发展进入新常态、中国社会发展进入新常态、中国生态文明发展进入新常态。其中，我国社会动员也必然要在更高的起点上进入新常态，要在新的历史条件下形成新的动力机制和运行制度。

在新的历史时期，社会动员呈现一些新的特点，其中包括"动员主体多元性，动员过程弥漫性，动员内容明晰性，动员手段多样性"[1]。我们构建社会动员新常态，其实质就是要结合新时期社会动员呈现的这些新特点，形成社会动员的科学理念、先进理论和完善制度，形成人人皆可为、人人皆能为、人人皆乐为的良好氛围。

我们还要充分认识到，社会动员新常态是一种在新形势下形成的客观状态，是我国社会动员发展到当前这个阶段必然出现的一种状态，具有内在的必然性。如果单纯认为它好，以为很多目标不通过努力就能自然达成，工作上就不会积极主动，就有可能贻误发展时机。如果单纯认为它坏，就会悲观失望、畏首畏尾，甚至以此为借口消极无为。所以说，如果单纯对新常态进行价值判断，就犯了认识上的错误，可能导致不干事，进而错过我国发展的重要战略机遇期。

我们应客观地看待社会动员新常态，在正确认识社会动员新常态的基础上适应和引领新常态。既应充满自信，也应充分估计困难。越是经济社会发展面临压力的情况下，越应更好发挥主观能动性，创造性地推动发展。只有深刻认识、准确把握、积极适应这一客观状态，才能取得良好的发展业绩。所以，问题不在于社会动员新常态的好与坏，而在于我们主观能动性的强与弱。主观能动性强，挑战也会转化为利好；主观能动性弱，机遇最终也可能变成利空。

当前，国内外环境纷繁复杂，我们必须保持清醒头脑，锐意进取，推动我国社会动员不断迈上新台阶。在新常态下，社会动员最有效的途径是根据环境条件的变化和发展的新要求，制定科学的、有前瞻性的战略和有针对性的政策，最紧要的是制定切实可行的实施方案，真正把行动落到实处，充分发挥主观能动性，实现更高质量、更有效率、更可持续的社会动员格局。

（二）构建社会动员新常态的原因

首先，全面建成小康社会的需要。党的十六大提出全面建设小康社会奋斗目标以来，全党全国各族人民继续奋斗，经济社会发展取得巨大

---

[1] 蔡志强著：《社会动员论：基于治理现代化的视角》，江苏人民出版社2015年版，第241页。

成就。2014 年，国内生产总值达到 63.6 万亿多元（现价，下同），按汇率折算，迈上 10 万亿美元的大台阶，占世界经济份额 13.3%，一年增量相当于一个中等发达国家的经济总量；人均国内生产总值 7594 美元，按世界银行标准，居中高收入国家中等水平；城乡居民人均可支配收入分别为 2.9 万元和 1.1 万元。对于我们这样一个有着 13 亿多人口的大国来说，这确实是很了不起的成就。从这个起点出发，到 2020 年实现国内生产总值和城乡居民人均收入比 2010 年翻一番时，初步预计我国国内生产总值可达 17 万亿美元左右，经济实力和综合国力进一步增强，人民生活进一步改善，发展将开始向更高水平迈进。

党的十八大指出："我国仍处于并将长期处于社会主义初级阶段的基本国情没有变，人民日益增长的物质文化需要同落后的社会生产之间的矛盾这一社会主要矛盾没有变，我国是世界最大发展中国家的国际地位没有变。"[①] 这"三个没有变"，不仅现在如此，即使实现全面建成小康社会目标以后相当长时间内依然如此。目前虽然从总量上看，我国主要经济指标已居世界前列，但按人均算就排到后面了。我们人均国内生产总值只相当于全球平均水平的 70%、美国的 1/7、欧盟的 1/5，排在全球第 80 位左右。按联合国人类发展指数排序，我国排在第 91 位。从综合发展水平看，特别是在创新能力、劳动生产率、社会福利水平等方面，我国与发达国家仍有很大差距。到 2020 年实现全面建成小康社会目标时，我国人均国内生产总值大体也只相当于世界平均水平的 90%左右。发展是硬道理，是解决中国一切问题的基础和关键。我们必须坚持发展是第一要务，以提高发展质量和效益为中心，全面深化改革，实施创新驱动发展战略，打造大众创业、万众创新和增加公共产品、公共服务"双引擎"，不断释放改革红利和人才红利，努力把经济潜在增长率充分发挥出来，推动我国发展不断迈上新台阶。

其次，推进我国社会主义现代化建设的需要。中国共产党自 1921 年成立起就一直把探索民族的彻底解放和中华民族的现代化发展道路作为自己的历史使命。中国共产党人认为要从根本上改变整个的落后状态，尽快实现国家的现代化，必须首先领导人民变革旧的社会制度，推

---

① 胡锦涛：《坚定不移沿着中国特色社会主义道路前进 为全面建成小康社会而奋斗——在中国共产党第十八次全国代表大会上的报告》，人民出版社 2012 年版，第 16 页。

翻旧的国家政权，扫除中国实现现代化的社会制度障碍，建立人民民主政权，然后在新制度的基础上发展经济，革新政治，繁荣文化，实现国家的现代化的正确选择。从1921—1949年这28年里，中国共产党领导全国人民浴血奋战，提出了新民主主义革命理论，摸索出一条使中华民族政治独立，民族经济发展，进而使中国能尽快实现工业化和现代化的康庄大道大路。

1949年新中国成立，中国共产党开始了建设中国工业化、现代化的历史进程。在七届二中全会上，毛泽东同志提出"迅速地恢复和发展生产，使中国稳步地从农业国转变为工业国"的现代化任务。在1964年第三次全国人民代表大会上，周恩来总理在政府工作报告中又进一步提出了分两步走、在20世纪末实现"四个现代化"的目标。尤其是从1978年十一届三中全会改革开放以来，建设富强、民主、文明、和谐的社会主义现代化国家成为我们党在社会主义初级阶段的宏伟目标。

再者，实现中华民族伟大复兴的需要。中华民族是伟大的民族。在五千多年的文明发展历程中，中华民族为人类文明进步做出了不可磨灭的贡献。只是到了近代，中华民族开始落伍，历经磨难，到了最危险的时候。自那时以来，为了实现中华民族伟大复兴，无数仁人志士奋起抗争，但一次又一次地失败了。中国共产党成立后，团结带领人民前仆后继、顽强奋斗，把贫穷落后的旧中国变成日益走向繁荣富强的新中国，中华民族伟大复兴展现出前所未有的光明前景。目前，中国共产党所肩负的历史任务就是要团结带领全党全国各族人民，接过历史的接力棒，继续为实现中华民族伟大复兴而努力奋斗，使中华民族更加坚强有力地自立于世界民族之林，为人类做出新的更大的贡献。

实现中华民族伟大复兴必须坚持走中国特色社会主义道路。这是因为，"中国特色社会主义，承载着几代中国共产党人的理想和探索，寄托着无数仁人志士的意愿和期盼，凝聚着千千万万革命先烈的奋斗和牺牲，凝聚着全国各族人民的奋斗和实践，是近代以来中国社会发展的必然选择，是历史和人民的选择。中国特色社会主义伟大实践，不仅使我们国家快速发展起来，使我国人民生活水平快速提高起来，使中华民族大踏步赶上时代前进潮流、迎来伟大复兴的光明前景，而且使中国人民和中华民族为世界和平与发展做出了重大贡献。事实雄辩地证明，要发展中国、稳定中国，要全面建成小康社会、加快推进社会主义现代化，要实现中华民族伟大复兴，必须坚定不移坚持和发展中国特色社会主义。"①

实现中华民族伟大复兴必须弘扬中国精神。中华民族有着五千多年的文明史，创造和传承下来丰富的优秀文化传统。一方面，随着实践发展和社会进步，我们要创造更为先进的文化。另一方面，在历史进程中凝聚下来的优秀文化传统，绝不会随着时间推移而变成落后的东西。中国精神既是中国人民奋斗历程的精神印记，也是历久弥新的文化标识。"革命战争年代，我们党铸就了井冈山精神、长征精神、延安精神、西柏坡精神；和平建设岁月，形成了大庆精神、焦裕禄精神、'两弹一星'精神；改革开放时期，培育了改革创新精神、抗震救灾精神、载人航天精神、北京奥运精神等。这些精神既一脉相承又与时俱进，传承永不褪色的红色基因，彰显马克思主义政党的不变追求，体现共产党人最鲜明的精神特质，具有超越时空的恒久价值和旺盛生命力。"② 在进行中国特色社会主义建设伟大实践中，在实现中华民族伟大复兴的历史征程上，我们绝不可抛弃优秀的中华民族精神，恰恰相反，我们要很好地传承和弘扬，因为这是我们民族的"根"和"魂"，丢了这个"根"和"魂"，就没有根基了。

实现中华民族伟大复兴必须凝聚中国力量。"人民是历史的创造者，群众是真正的英雄。人民群众是我们力量的源泉。我们深深知道，每个人的力量是有限的，但只要我们万众一心、众志成城，就没有克服不了的困难；每个人的工作时间是有限的，但全心全意为人民服务是无限的。责任重于泰山，事业任重道远。我们一定要始终与人民心心相印、与人民同甘共苦、与人民团结奋斗，夙夜在公，勤勉工作，努力向历史、向人民交出一份合格的答卷。"③ 只有使 13 亿中国人的心往一处想，将 13 亿中国人的力量凝聚起来，劲往一处使，才能取得建设中国

① 习近平：《全面贯彻落实党的十八大精神　要突出抓好六个方面工作》，《求是》2013年第 1 期。

② 赵正永：《不忘本来才能开辟未来——深入学习贯彻习近平同志系列重要讲话精神》，《人民日报》2015 年 8 月 4 日第 7 版。

③ 习近平：《人民对美好生活的向往就是我们的奋斗目标》，《人民日报》2012 年 11 月16 日第 4 版。

特色社会主义的伟大成就，实现中华民族伟大复兴。

（三）构建社会动员新常态面临的挑战

一是由于种种原因，造成我国社会动员逻辑具有极强的利益取向和非理性行动导向。这种具有极强的利益取向和非理性行动导向的社会动员覆盖到社会方方面面，包括政治、经济、文化、社会、生态文明等方面。这样一个涵盖了全媒体、多组织，调动从专业人士到普通民众参与的动员过程，具有清晰的层级化、分散化特点和洼地效应，能够实现对知情公众和大量不知情公众的全方位动员，直接成就了非理性行动中高潮迭起的过激行为。而这类动员的结果，除非利益驱动，能够最大限度消耗动员成本并使得后续动员缺乏动力。当然，这些频繁发生的事件，表明中国社会存在动员惰性和动员易感性的交互逻辑。很多时候管理者并不知道某些事情能够如此快速地引发群体参与，从而失去对事件本身的引导和控制能力。将这一现象拓展到社会治理领域，我们同样可以看到各种非理性现象发生。例如，在钓鱼岛事件中，截至 2012 年 9 月 14 日的调查发现，有接近九成的网友表示今后不会再购买日本产品。在有些地方，甚至有人当众焚烧或打砸日系车，还发生了袭击日本人的过激行为。据相关报道，国内当时全面爆发大规模反日示威，至少有 52 个城市大批市民响应网上号召上街，其中重庆、长沙等地人数达到数千人，北京更猛增至二万人以上。部分地方传出民众闯入、破坏日资商店的事件。据日本媒体报道，长沙日资商场平和堂遭打砸，部分商品遭哄抢。青岛部分示威者割破玻璃闯入吉之岛商店，破坏设备和抢掠；成都有几家便利店、东莞有几家日本料理店也遭破坏。

当然，这些现象都能够从政策层面找到社会动员的动因，也能够从社会心理上探究集体行动的特殊动因。无论是动员还是自发行动，都能从社会需要出发，最大限度地刺激需求并形成主动参与的行动。

二是理论如何说服人，如何真正彻底地获取民众，使民众乐于追随和参与其中。这里既有理论本身的科学性和实践性问题，还有行动与理论之间的契合性问题。一方面是执政党能够提供民众满意的服务，另一方面是理论本身要能够根植于民众的大脑。换言之，执政党的理论"思想的闪电"能否"射入中国人的大脑"，进而让民众采取一致的行动，这是社会动员目标能否实现的至关重要的要求。为此，当前需要加强理论创新和注重理论解决现实问题的能力。尤其是党用于动员社会的理论本身的生动性问题。长期以来，党的密切联系群众的优良作风是与党动员群众的马克思主义的文风相联系的。但是遗憾的是，党做群众思想工作的生动活泼的语言，一度陷入党八股和生硬晦涩、自说自话的境地。领导干部说的是一套"官话"，老百姓说的是另外一套普通话语。显然，"脱离群众、不接地气的官话非但动员不了群众，反倒容易产生逆动员效果"①。从这个意义上说，从毛泽东时代到以习近平为总书记的党中央开启的新常态，党中央领导同志的话语更加贴近群众。例如习近平同志的讲话以及他的《摆脱贫困》、《之江新语》、《习近平谈治国理政》，被视为党的理论大众化的典范，不但能够贴近群众，并且能够掌握群众，使党的思想在老百姓的脑海里变得生动形象、可亲可敬。因此，从社会动员新常态的实际出发，"当前需要实现话语体系的梳理和重构，一则解决好党的建设研究如何专注于回应中国问题，形成中国自己的具有科学性和确定性的研究话语体系，即解决好党建研究话语和党建宣传话语的互换问题、党建研究的中国范式和国际范式既相区别又有机联系的问题。二则解决好官员话语体系和老百姓话语体系的不兼容问题。惟其如此，党用于动员群众的理论才可能实现现代化、大众化、科学化。"②

三是社会成员共享价值的形成需要社会成员参与和沟通，多元价值观的不断发展和成长，致使传统的社会动员（运用宣传工具、思想教育和榜样示范等途径对民众进行旨在强化政治认同的动员）在降低政治认同分歧、减少协调差别、增进政治共识上，处于被动性的认同和归属状态。这对社会动员进一步提出了转型和创新的紧迫要求。

四是体制外的资源发展和资源分散化，导致多元利益群体的出现，并促成社会分层的固化和复杂化，使传统社会动员的"集中力量"功能下降，但依靠体制力量还不至于影响到"办大事"的能力。在计划体制下，社会动员是一种非常重要的国家治理方式，充分体现了"集中力量办大事"的传统社会动员模式的优势。另外，社会自主自治空间不断扩大，社会成员的自主性、异质性、依赖性及流动性都发生了变

---

① 蔡志强著：《社会动员论：基于治理现代化的视角》，江苏人民出版社2015年版，第255页。
② 同上书，第256页。

化，这使社会整合变得越来越困难，并且，我国党政动员与社会化动员之间的关系变得交错复杂，有时甚至演变为控制与反控制的关系。

具体地讲，改革开放以来，经济社会发展促进了社会动员主体的分化和多元化。社会成员在职业、收入、居住和生活方式等领域个人选择增加，对单位的依赖减弱，个人发展的途径出现多元分化。这改变了社会结构分布状况，经济社会领域出现分化，民间社团也开始出现。同时，社会资源的分散造成权力的分散，不同利益群体的权利意识不断得到强化，社会结构与社会动员媒介的多样化也促成社会价值取向的多元化。换言之，传统社会动员机制的社会基础条件发生了结构性变化，多元动员主体的发展和成长，不仅分享对社会资源和社会活动空间的支配，也直接参与社会发展的目标定向和价值分配，并通过各种形式影响国家政策的利益取向和价值取向。于是，社会动员进入一个社会成员共享利益与共享价值的建构时代。

总之，今天的社会动员机制仍然是以自上而下"发动群众"为目标的群众组织体系——这个机制的主要内容是以群众动员、组织介入、政治协商、统一战线为特征。这个社会动员机制的理念和方式仍然是社会控制和社会建设的主导模式。这样的社会动员模式的最好结果就是不断地展示组织起来的"社会力量"的惊人效率。但是，这样的效率与社会成员共享利益和共享价值的再建关系不大。

（四）构建社会动员新常态的措施

第一，要发挥中国共产党的组织优势。中国共产党既是社会动员最重要的领导力量，也是社会动员新常态下需要做出重要变革的对象。在中国共产党的建设实践中，有一个众人耳熟的话语：以改革创新精神加强党的建设。这意味着中国共产党既需要形成推动自身改革的内生动力，还需要在法治框架内保障社会动员和社会参与的稳定性。由此，"党要适应现代化发展需要，及时调整党的社会动员的体制机制，带动群众服务于党的目标的实现。同时党的领导干部亟须克服传统的路径依赖，在治理框架内将党的主张变成与大众利益息息相关的发展政策，即党的社会动员实践要能够推进法治，完善人的自由全面发展的条件，并保障党的理想信念变为党员领导干部的行动——这种行动是以排他性的方式实现了党领导的有效性。显然，新常态中党的组织和领导干部的动员能力与复杂社会的发展需要相比较，存在着较大的差距。"① 不过，我们要充分认识到，当前我们阐述中国共产党社会动员能力提升问题，并非意味着我们党动员能力的低下或者正在遭受威胁与挑战。从中国共产党领导中国人民进行革命、建设和改革的实践看，其超强的动员能力使得中国总是能够克服各种不利条件实现有序持续的发展。在实践的过程中我们也能够看到中国共产党所具有的创造性转型的能力。对于一个执政党来说，以什么样的方式组织群众、动员群众，反映着执政党自身的现代化水平和价值指向。随着中国共产党在推进国家治理体系和治理能力现代化实践中越来越多地从传统的控制逻辑向现代的法治逻辑的转型，当代中国社会也越发需要一个强大的执政党来保护其陷入巨大的不确定性之中。众所周知，任何执政党在进行社会动员的时候，都倾向于对资源进行权威支配和使用，并且事实上，在现代社会中，人类对于强大组织的依赖性，本身也能够实现执政党对社会拥有强大的社会动员能力。

执政党对社会拥有的强动员能力和强制能力，是社会保持良序的基础，但是同时，治理体系和治理能力现代化提出了多元主体在开放社会的责任权利关系梳理问题。执政党社会动员的过程是否有利于促进社会和谐与公平正义，这是治理现代化过程中值得研究的问题。换言之，在资源稀缺、制度不完善的背景下，党的社会动员能力能够最大限度地弥补资源匮乏造成的发展困境，而这种依靠权威配置资源的能力所形成的动员机制，一方面能够实现党对社会群体的有力领导，另一方面也在加大社会对政党的依赖性中强化了政党的责任。我们还要认识到："社会动员不是党和政府用以实现自身目标的工具，而是在组织群众和发动群众的过程中，将党和政府对国家和社会所负有的责任变为社会共有的责任，并在动员实践中，推动社会自我教育、自我管理、自我服务能力的提升。"② 还要看到，动员的过程本身也是一个资源消耗的过程。由此，任何时候的社会动员，都会有成本核算的需要和可能。如果说在很多时候基于外部压力和现实需要，政府可以不计成本地实现目标，那么在现代化框架内，党和政府的社会动员则需要用最低廉的成本取得最大限度

---

① 蔡志强著：《社会动员论：基于治理现代化的视角》，江苏人民出版社 2015 年版，第 242 页。

② 同上书，第 243 页。

的社会效益。

第二，要有法律制度的保障。在进行社会动员的时候，还需要解决好思想政治教育和法律制度保障问题。众所周知，社会动员在持续推进的过程中，必须赋予其与时代精神相适应的新的意境和新的机制。在传统的社会动员中，动员主体习惯于在行政逻辑下进行动员，如要么是动员依系于政治价值需要来展开，要么是动员过程依靠政治压力系统来推进。显然，这样的动员期待，有助于我们克服动员本身可能存在的动力缺失与价值失位问题，但是，这二者都将使动员过程低效或者难以为继。之所以这么说，很重要的一个原因在于传统动员逻辑中，我们是依系于革命化的实践来推进动员的，动员过程不可避免会有简单粗暴的作风和运动式强制性特点。或者说，动员过程不能够很好解决价值引导和物质利益满足之间的关系，这在近年来的动员实践中已经是屡见不鲜，例如很多时候的动员依靠简单的物质刺激来实现，成效甚微。而且30多年改革开放过程中，"我们也越来越把经济增长或者利益实现的有效性作为评价和衡量一个组织、一个人的能力的重要标准。当物质利益的满足成为评价人们生存发展能力的最为重要的标准后，社会动员不可避免陷入物质化模式中，其结果是社会动员的边际效应递减。"① 人们通过诚实劳动获得的收入不足以维持生计，那么很多人就可能成为不受约束也不受辖制的人。因此，社会动员需要从个体成长的外部环境入手，寻求动员得以展开的成本最为低廉的做法。

赫兹伯格"双因素理论"告诉我们，引起工作动机的因素主要有两个：一是保健因素，二是激励因素。只有激励因素才能够给人们带来满意感，而保健因素只能消除人们的不满，但不会带来满意感。马斯洛"需求层次理论"指出，人的基本需要包括生理需要、安全需要、社会需要。这些需要属于保健要素。可想而知，如果这些基本需要都得不到满足，治理完善就缺乏基础。社会动员将直接依赖于其政策对人们物质利益满足的程度来展开。而尊重需要、自我实现需要则属于高级需要，是属于超越既有价值满足过程而能够对社会产生深刻影响的激励需要。激励需要的满足是与生存发展最基本条件的匹配息息相关的。基本要素

---

① 蔡志强著：《社会动员论：基于治理现代化的视角》，江苏人民出版社2015年版，第246页。

不能满足，动员实践就容易缺乏动力。

在传统意义上，我们总是习惯于认为满意的对立面是不满意，但是在动员逻辑中应该被进一步细分为几个方面。双因素理论包含的一个基础理论是：满意的对立面不是不满意，而是没有满意，不满意的对立面也不是满意，而是没有不满意。这意味着，党在分化社会进行动员的时候，必须正视一个基本事实，那就是分化本身意味着党的统合功能的调整，也意味着社会动员的转型时代正在来临，传统社会动员方式正在极大耗损其合法性基础上失去对社会的整合能力。因此，"动员的基础是在尊重多元的基础上寻求一维价值导向，实现共识和认同。任何简单肯定或者否定的动员过程，都可能造成矛盾激化和群体对立。这是开放社会动员过程需要把握的基础问题。"①

第三，完善社会动员的载体建设。社会动员载体既包括报纸杂志、电影电视、网络等舆论引导机构，还包括极易被忽视并且在实践中发挥重要作用的教育问题。教育作为社会动员最重要且成本最为低廉的载体，对青少年学生的思想养成、道德教化、政治意识形态灌输都起到重要的作用。但是，显然党和政府对这个平台的运用存在较为严重的问题。一方面，党和政府还需要领导职能部门和教育机构完善尊重人的成长规律的教育体系；另一方面是在思想教育体系中，缺乏有效的方式将党倡导的社会主义核心价值观转变为学生愿意接受并认同的思想。显而易见，教育作为社会动员重要的载体，并非是对学生的思想加以控制的过程，恰恰是要通过思想引导来保证"德智体美"的人的自由全面发展的目标变成社会主义教育的重要内容。

第四，要增强党和政府的社会保障功能。党和政府作为人民群众根本利益的代表者，一方面需要通过大力发展社会生产力实现经济繁荣和社会财富的有效积累，另一方面需要完善分配制度来满足人们生存和发展的基本需要。这就需要党和政府正确处理好生产力和生产关系之间的关系。党和政府进行社会引导的过程，也是不断满足人民日益增长的物质文化需要的过程。因此，增强党和政府的社会保障能力，形成维护公平正义和民生福祉的良性社会运行机制，是党和政府社会动员的核心价

---

① 蔡志强著：《社会动员论：基于治理现代化的视角》，江苏人民出版社 2015 年版，第248 页。

值和重要追求。

第五，法治是最根本、最有效的社会动员手段。社会动员新常态，根本是要坚持法治国家、法治政府、法治社会一体建设，做到党领导立法、保证执法、带头守法，坚持"科学立法、严格执法、公正司法、全民守法"的基本方针，形成全面依法治国的基本格局。社会动员是组织群众在法治框架内实现党的目标的过程。因此，形成社会的法治观念、法律意识，以及依靠法律制度解决问题的能力，是当前党和政府宣传思想教育工作的一项重要任务。"制度问题更带有根本性、全局性、稳定性、长期性。"① 习近平同志指出，"要强化法规制度意识，在全党开展法规制度宣传教育，引导广大党员、干部牢固树立法治意识、制度意识、纪律意识，形成尊崇制度、遵守制度、捍卫制度的良好氛围，坚持法规制度面前人人平等、遵守法规制度没有特权、执行法规制度没有例外。"② 不难想象，"当全社会都形成了法治思维和守法意识，并能够在法治框架内实现和维护自身权利的时候，组织推动发展的动员实践将逐步向制度推进发展的常态动员逻辑转变；党的社会动员也才能够在一个决策更加科学、成本更加低廉、动力更加持久的平台上健康运行。"③

第六，社会动员的重要基础是照顾和体现人民群众的根本利益。党的十七大报告明确指出："全心全意为人民服务是党的根本宗旨，党的一切奋斗和工作都是为了造福人民。要始终把实现好、维护好、发展好最广大人民的根本利益作为党和国家一切工作的出发点和落脚点，尊重人民主体地位，发挥人民首创精神，保障人民各项权益，走共同富裕道路，促进人的全面发展，做到发展为了人民、发展依靠人民、发展成果由人民共享。"④ 社会动员要能够从人民群众最关心最现实最具体的根本利益出发，在满足人民群众合法利益的基础上，引导人民群众在社会主义核心价值体系中获得情感体验和价值升华。我们应该充分认识到，任何空洞强调价值而忽视人们合法的具体利益的说教、宣传和行为，都

① 《十八大以来重要文献选编》（上），中央文献出版社 2014 年版，第 342 页。

② 习近平：《加强反腐倡廉法规制度建设　让法规制度的力量充分释放》，《人民日报》2015 年 6 月 28 日第 1 版。

③ 蔡志强著：《社会动员论：基于治理现代化的视角》，江苏人民出版社 2015 年版，第 258 页。

④ 胡锦涛：《高举中国特色社会主义伟大旗帜　为夺取全面建设小康社会新胜利而奋斗——在中国共产党第十七次全国代表大会上的报告》，人民出版社 2007 年版，第 15 页。

会极大耗损中国共产党 90 多年来形成的思想政治生命线的功能。

综上所述，当前，尽管我国社会动员机制已有相当程度的发展，但是其仍存在着一定的制约因素也是不争的事实。这充分表明，我国社会动员机制的发展并不是一蹴而就的事情。因而，在推动我国社会动员不断发展的前提下，进一步完善我国社会动员机制，使之能更好地适应我国社会主义现代化建设的要求，使之在实现中华民族伟大复兴的进程中发挥出更大的作用，已是人们所面临的当务之急。

结　语

　　近代以来，人类社会发展的历史表明，社会动员成为传统国家向现代国家转变的一个必要条件，是执政党执政能力的一种体现，也是一个国家综合国力的集中表现。在中国，不论是在革命战争年代，还是在和平建设时期，社会动员都扮演着极其重要的角色，成为中国社会的生动写照。而社会动员机制的优越与否对社会动员成效具有决定性的意义。本书通过对改革开放以来我国社会动员机制的研究，得出以下几个方面的结论：

　　第一，基于历史发展的视角，通过对新中国成立以来我国社会动员机制演进的梳理，本书认为，改革开放以来，在我国，社会动员机制并没有退出历史的舞台。此前，有人认为，随着进入和平建设时期，社会动员已不适应新的发展要求，必将退出历史舞台。甚至还有人认为，在新的历史时期，社会动员已没有开展的必要，毕竟这不同于革命战争年代需要进行大量的社会动员，更谈不上社会动员机制的发展和创新。然而，通过对改革开放以来我国社会动员机制的研究，本书认为，不仅我国社会动员有了新的变化，而且社会动员机制也发生了巨大的转变。为了适应时代发展的新要求，社会动员主体不断进行了调整，中国共产党党组织发生了重大变化，政府发生了巨大的转型，非政府组织异军突起；社会动员对象不断拓展，新的社会阶层不断被动员参与到社会实践活动中来；为了提高效率，社会动员方式也在不断调整，激励动员的重要性日益凸显，传媒动员也在快速地发展着。所有这些都明确无误地指向一点，改革开放以来，我国社会动员机制不断以新的面貌来适应新的变化着的形势。

　　第二，通过对改革开放前我国社会动员机制与改革开放后我国社会动员机制的对比分析，本书认为，改革开放以来，我国社会动员机制获得了极大的发展和创新。改革开放以来，我国社会动员主体逐渐突破中国共产党党组织和政府的"二人转"形象，为社会组织发挥社会动员的作用让渡了大量的空间；社会动员对象不断拓展，知识分子越来越发挥重要的作用，新的社会阶层不断涌现并积极参与到社会实践活动中来，国际社会也被动员到社会主义现代化建设事业中来；而难以适应时代发展要求的社会动员方式则不断进行着调整，激励动员、传媒动员也越发起到动员的功效；在新的历史时期，由于法律法规的不断健全和完善，社会动员所面临的环境也有了很大的改善。这反过来又会促进社会动员的发展。总之，改革开放以来，我国社会动员机制获得了极大的发展和创新。

第三，基于系统论的视域，在进一步分析社会动员内在机理的基础上，本书认为，动力机制、运行机制、保障机制和协调机制是社会动员机制得以维持的内在基本机制。只有动力机制发展得良好，社会动员机制才能动力十足；只有运行机制发展得良好，社会动员机制才能有条不紊，井然有序；只有保障机制发展得良好，社会动员机制才能有坚实的保障；只有协调机制发展得良好，社会动员机制才能发挥出更大的效能。改革开放以来，正是由于相关法律法规的健全和完善，社会动员内在基本机制才有了良好的发展环境。由此，改革开放以来，我国社会动员内在机制得到了极大的发展和创新。

第四，从发展的角度来看，本书认为，改革开放以来我国社会动员机制仍存在着一些制约因素。这些制约因素如不能得到及时、有效的解决，必将影响社会动员的成效。结合管理学、社会学的相关理论，本书对社会动员机制进一步发展做出了展望与探讨。在坚持的原则方面，要坚持科学性、法制性；在创新方法方面，我们认为要将传统与现代方法、东西方方法充分结合起来；在完善路径方面，要进一步充分发挥政府、社会与市场的作用。

可以说，本书所进行的这些分析及其结论，对制定我国社会动员发展战略、对于社会动员发展的调控具有一定的指导意义，还将会为国家制定相关鼓励社会动员的政策提供依据。

不可否认，本书的上述结论也只是在前人研究的基础上所取得的初步的、粗浅的、受时空局限的结论。又由于笔者理论素养的局限、知识积累的不足、研究对象的复杂性以及相关资料的缺失等方面的原因，本书还有待在以下方面进一步完善和提高：

在理论方面，本书还有待进一步深化。本书试图将社会动员机制置于现代化进程这一大背景中，力图运用社会学、管理学、政治学等方面的相关知识和理论，对新时期我国社会动员机制展开分析、探究。但是，由于特殊的社会背景，社会学、管理学、政治学的理论在我国发展的时间还不够长，理论形态还不是很成熟。加之，笔者这方面理论功底还不够扎实，因而在运用社会学、管理学、政治学理论分析和解决这一论题时，还存在有理论不足之感。因而，这方面仍有待进一步加强。

在实证分析方面，实证材料还有待增强。对社会动员机制的研究，可以采取定量分析和定性分析相结合的方法。特别是通过相关的调查研究，可能结果会更接近现实，其真理性会更强，从而更好地为实践提供指导。可是，由于专业方面的原因，本书对社会动员机制进行更多的是定性分析，而定量分析则明显不足。在对社会动员机制的分析过程中，更是由于缺乏行业数据而使分析停留在表面上，这主要是因为我国社会动员理论的历史较短，相关的资料还不够充分。毫无疑问，这必然导致本书缺乏对社会动员机制作更加深入的实证分析。显而易见，这也成为本书中的一个不足之处。因而，在对社会动员机制的分析过程中，可以进一步调查研究。

从社会的发展来看，社会动员毕竟是一个社会历史现象，有其发生、发展、消亡的过程。作为社会的组织形式，作为促进社会发展的有效途径，社会动员将会得到长足的发展，而社会动员机制研究前景的广泛性和实用性也是不言而喻的。就笔者而言，未来希望有待进一步研究的内容有：

第一，社会动员内在机制问题。社会动员机制是一个有机的系统，而其内在机制状况如何关涉社会动员机制整体的功能和效率。因而社会动员内在机制发展状况如何则是下一步需要深入研究的问题之一。

第二，社会动员机制的环境问题。良好的环境能够为事物的发展创造良好的条件。随着时代的发展和变化，周围环境会给社会动员机制带来什么样的条件，这不仅涉及社会动员机制的发展和状况，而且还会影响到社会动员的成效。因而环境对社会动员机制的影响也是下一步需要进行深入研究的问题之一。

第三，多学科协同研究的问题。社会动员机制的研究不仅涉及社会学、管理学、政治学的相关知识，而且还涉及系统论、协同论等方面的相关理论。自然，这就需要多学科的交叉综合，才能为社会动员机制提供更多的理论支持。因而，充分运用多学科理论、知识对社会动员机制展开协同研究则是下一步需要深入研究的又一问题。

参考文献

一　中文参考文献

（一）著作

1.《马克思恩格斯全集》第三卷，人民出版社 2002 年版。

2.《马克思恩格斯文集》第二、四、九卷，人民出版社 2009 年版。

3.《列宁全集》第二十二、二十六卷，人民出版社 1990 年版。

4.《列宁选集》第二卷，人民出版社 1995 年版。

5.《列宁专题文集——论社会主义》，人民出版社 2009 年版。

6.《列宁专题文集——论辩证唯物主义和历史唯物主义》，人民出版社 2009 年版。

7.《毛泽东选集》第一至四卷，人民出版社 1991 年版。

8.《毛泽东文集》第七卷，人民出版社 1999 年版。

9.《建国以来毛泽东文稿》第七册，中央文献出版社 1992 年版。

10.《周恩来选集》下卷，人民出版社 1984 年版。

11.《周恩来军事文集》第四卷，人民出版社 1997 年版。

12.《邓小平文选》第一至三卷，人民出版社 1993、1994 年版。

13.《江泽民文选》第一至三卷，人民出版社 2006 年版。

14. 胡锦涛：《高举中国特色社会主义伟大旗帜　为夺取全面建设小康社会新胜利而奋斗——在中国共产党第十七次全国代表大会上的报告》，人民出版社 2007 年版。

15. 胡锦涛：《坚定不移沿着中国特色社会主义道路前进　为全面建成小康社会而奋斗——在中国共产党第十八次全国代表大会上的报告》，人民出版社 2012 年版。

16. 胡锦涛：《在抗震救灾先进基层党组织和优秀共产党员代表座谈会上的讲话》，人民出版社 2008 年版。

17. 中共中央文献研究室编：《建国以来重要文献选编》第一、九、十、十一册，中央文献出版社 1992、1994、1995 年版。

18. 《三中全会以来重要文献选编》（上、下），人民出版社 1982 年版。

19. 《十二大以来重要文献选编》（下），人民出版社 1988 年版。

20. 《十三大以来重要文献选编》（上、中、下），人民出版社 1991 年、1993 年版。

21. 《十四大以来重要文献选编》（上、中、下），人民出版社 1996、1997、1999 年版。

22. 《十五大以来重要文献选编》（上、中、下），人民出版社 2000、2001、2003 年版。

23. 《十六大以来重要文献选编》（上、中、下），中央文献出版社 2005、2006、2008 年版。

24. 《十七大以来重要文献选编》（上），中央文献出版社 2009 年版。

25. 《中共中央关于深化文化体制改革推动社会主义文化大发展大繁荣若干重大问题的决定》，人民出版社 2011 年版。

26. 《国家"十二五"时期文化改革发展规划纲要》，人民出版社 2012 年版。

27. 《中国共产党章程》，人民出版社 2012 年版。

28. 中共中央文献研究室编：《新时期党的建设文献选编》，人民出版社 1991 年版。

29. 中共中央党史研究室著，胡绳主编：《中国共产党的七十年》，中共党史出版社 1991 年版。

30. 林云谷著：《动员华侨问题》，中山文化教育馆 1938 年版。

31. 陈传钢编：《动员纲领与动员法令》，新知书店 1938 年版。

32. ［美］根室·史坦因著：《动员群众篇——红色中国的挑战之五》，梁仁译，晨社 1946 年版。

33. ［法］孟德斯鸠著：《论法的精神》上册，张雁深译，商务印书馆 1961 年版。

34. ［法］卢梭著：《社会契约论》，何兆武译，商务印书馆 1963 年版。

35. ［美］杰克·贝尔登著：《中国震撼世界》，邱应觉等译，北京出版社 1980 年版。

36. 财政部外事财务司组织译校：《中国：社会主义经济的发展——世界银行经济考察团对中国经济的考察报告》，中国财政经济出版社

1982 年版。

37. 吴群敢、柳随年主编：《中国社会主义经济简史》，黑龙江人民出版社 1985 年版。

38. ［瑞典］达格芬·嘉图著：《走向革命——华北的战争、社会变革和中国共产党 1937—1945》，杨建立等译，中共党史资料出版社 1987 年版。

39. 克思明著：《论中共之农村动员——武装、革命与政权（一九三七——一九四九）》，辅仁大学出版社 1988 年版。

40. ［美］C. E. 布莱克著：《现代化的动力》，段小光译，四川人民出版社 1988 年版。

41. ［以］S. N. 艾森斯塔德著：《现代化：抗拒与变迁》，张旅平、沈原、陈育国、迟刚毅译，中国人民大学出版社 1988 年版。

42. ［法］托克维尔著：《论美国的民主》，董果良译，商务印书馆 1988 年版。

43. 金耀基著：《从传统到现代》，广州文化出版社 1989 年版。

44. ［美］R. 麦克法夸尔、费正清编：《剑桥中华人民共和国史》（上卷、下卷），谢亮光等译，中国社会科学出版社 1990 年、1992 年版。

45. 曹健民主编：《中国民主党派的历史和现状》，中国人民大学出版社 1994 年版。

46. 吴冷西著：《忆毛主席——我亲自经历的若干重大历史事件片段》，新华出版社 1995 年版。

47. 王顺生著：《肝胆相照荣辱与共：中国共产党领导的多党合作制度的历史考察》，福建人民出版社 1995 年版。

48. 吴忠民著：《渐进模式与有效发展——中国现代化研究》，东方出版社 1999 年版。

49. 孙立平等著：《动员与参与——第三部门募捐机制个案研究》，浙江人民出版社 1999 年版。

50. 李锐著：《大跃进亲历记》（下），南方出版社 1999 年版。

51. 任贵祥、赵红英编著：《华侨华人与国共关系》，武汉出版社 1999 年版。

52. ［英］卡尔·波普尔著：《开放社会及其敌人》第一卷，陆衡等译，中国社会科学出版社 1999 年版。

53. 林尚立著：《当代中国政治形态研究》，天津人民出版社 2000 年版。

54. 曲庆彪、郭永钧主编：《邓小平社会主义建设依靠力量理论研究》，辽宁人民出版社 2000 年版。

55. 王利平著：《管理学原理》，中国人民大学出版社 2000 年版。

56. ［英］安东尼·吉登斯著：《第三条道路》，郑戈译，北京大学出版社 2000 年版。

57. 陈建民、李晓著：《发达国家战争动员制度》，时事出版社 2001 年版。

58. 庄国土著：《华侨华人与中国的关系》，广东高等教育出版社 2001 年版。

59. 朱光磊著：《当代中国政府过程》，天津人民出版社 2008 年版。

60. 张伟、王淑贞、刘继昌著：《政治稳定论要：社会转型期的政治稳定与社会动员》，辽海出版社 2002 年版。

61. 陆学艺主编：《当代中国社会阶层研究报告》，社会科学文献出版社 2002 年版。

62. 侯光明、李存金著：《现代管理激励与约束机制》，高等教育出版社 2002 年版。

63. 王传寿著：《中国传媒》，安徽教育出版社 2003 年版。

64. 凌立主编：《世界大战》（上、下），中国人民大学出版社 2004 年版。

65. 张羽著：《战争动员发展史》，军事科学出版社 2004 年版。

66. ［法］古斯塔夫·勒庞著：《乌合之众：大众心理研究》，冯克利译，中央编译出版社 2004 年版。

67. 吴敬琏著：《当代中国经济改革》，上海远东出版社 2004 年版。

68. 罗荣渠著：《现代化新论：世界与中国的现代化进程》，商务印书馆 2004 年版。

69. 吴波著：《现阶段中国社会阶级阶层分析》，清华大学出版社 2004 年版。

70. ［加］罗伯特·W. 考克斯著：《生产、权力和世界秩序：社会力量在缔造历史中的作用》，林华译，世界知识出版社 2004 年版。

71. 黄金麟著：《政体与身体：苏维埃的革命与身体，1928—1937》，联经出版事业股份有限公司 2005 年版。

72. 中华人民共和国民政部编:《中国民政统计年鉴》(2005),中国统计出版社 2005 年版。

73. [美] 彼得·博斯科著:《美国人眼中的第一次世界大战》,孙宝寅译,当代中国出版社 2005 年版。

74. 陈传仁著:《海外华人的力量:移民的历史和现状》,世界知识出版社 2007 年版。

75. [爱尔兰] 约翰·霍恩著:《第一次世界大战期间欧洲的政府、社会和动员》,卢周来译,北京理工大学出版社 2007 年版。

76. [美] 哈诺德·J. 克莱姆著:《经济动员准备》,库桂生、张炳顺译,北京理工大学出版社 2007 年版。

77. [德] 埃里克·鲁登道夫著:《总体战》,张君劢译,北京理工大学出版社 2007 年版。

78. [美] P. 爱德华著:《国防部总动员计划》,波拉提等译,军事科学出版社 2007 年版。

79. 肖瑛、刘春燕、张敦福著:《友好社会的寻求:美、日、法三国构建社会协调机制研究》,上海人民出版社 2007 年版。

80. 徐彬著:《前进中的动力:中国共产党政治动员研究(1921—1966)》,新华出版社 2007 年版。

81. 张丰清、周苏玉著:《中国共产党与当代中华民族凝聚力》,湖北人民出版社 2007 年版。

82. 沈志华主编:《中苏关系史纲》,新华出版社 2007 年版。

83. 唐铁生、袁曙宏主编:《社会治理创新》,国家行政学院出版社 2007 年版。

84. [美] 贾恩弗朗哥·波齐著:《国家:本质、发展与前景》,陈尧译,上海人民出版社 2007 年版。

85. [美] 西达·斯考切波著:《国家与社会革命:对法国、俄国和中国的比较分析》,何俊志、王学东译,上海人民出版社 2007 年版。

86. 武力主编:《中华人民共和国经济简史》,中国社会科学出版社 2008 年版。

87. 程美东主编:《透视当代中国重大突发事件(1949—2005)》,中共党史出版社 2008 年版。

88. 赵晖著：《转变政府职能与建设服务型政府》，广东人民出版社 2008 年版。

89. 中央电视台《中国财经报道》栏目组编，特约撰稿人周立、刘永好：《粮食战争》，机械工业出版社 2008 年版。

90. 楚树龙、金威主编：《中国外交战略和政策》，时事出版社 2008 年版。

91. 张慕葏等主编：《中国生态文明建设的理论与实践》，清华大学出版社 2008 年版。

92. 郎友兴等主编：《非政府部门的发展与地方治理》，浙江大学出版社 2008 年版。

93. 王名主编：《中国民间组织 30 年：走向公民社会》，社会科学文献出版社 2008 年版。

94. 郑思礼主编：《震撼世界的十天：汶川大地震的日日夜夜》，云南大学出版社 2008 年版。

95. 张慕葏等主编：《中国生态文明建设的理论与实践》，清华大学出版社 2008 年版。

96. 杨会清著：《中国苏维埃运动中的革命动员模式研究》，江西人民出版社 2008 年版。

97. ［美］塞缪尔·亨廷顿著：《变化社会中的政治秩序》，王冠华等译，上海人民出版社 2008 年版。

98. ［英］富勒著：《战争指导》，李磊、尚玉卿译，广西人民出版社 2008 年版。

99. 邓国胜等著：《响应汶川：中国救灾机制分析》，北京大学出版社 2009 年版。

100. 萧延中等著：《多难兴邦：汶川地震见证中国公民社会的成长》，北京大学出版社 2009 年版。

101. 凡奇、李静、王力尘著：《网络政治动员方式与途径的探索和研究》，辽宁人民出版社 2009 年版。

102. 钟日兴著：《红旗下的乡村：中央苏区政权建设与乡村社会动员》，中国社会科学出版社 2009 年版。

103. 赵全军著：《社会转型与压力型动员：改革后中国农村义务教育供给制度研究》，上海人民出版社 2009 年版。

104. 新华社总编室编：《新华社重大报道精品选（之一）》，新华出版社 2009 年版。

105. 王年一著：《大动乱的年代》，人民出版社 2009 年版。

106. ［美］莱斯特·R. 布朗著：《B 模式 3.0：紧急动员拯救文明》，刘志广等译，东方出版社 2009 年版。

107. ［美］杰克·A. 戈德斯通主编：《国家、政党与社会运动》，章延杰译，上海人民出版社 2009 年版。

108. ［美］塞缪尔·亨廷顿著：《文明的冲突与世界秩序的重建》，周琪等译，新华出版社 2009 年版。

109. 王浩斌著：《马克思主义中国化动力机制研究》，中国社会科学出版社 2009 年版。

110. 国家统计局国民经济综合统计司编：《新中国六十年统计资料汇编》，中国统计出版社 2010 年版。

111. 安维主编：《管理学原理》，中国人民大学出版社 2010 年版。

112. 唐明勇、孙晓辉著：《危难与应对：新中国视野下的危机事件与社会动员个案研究》，中共党史出版社 2010 年版。

113. 韩承鹏著：《标语口号文化透视》，学林出版社 2010 年版。

114. 王明辉、杨宏峰编著：《何谓社会学》，中央编译出版社 2010 年版。

115. 谢和平主编：《中国的力量：从汶川与海地震后 20 天看中国的制度、文化和精神》，四川大学出版社 2010 年版。

116. 刘铁著：《对口支援的运行机制及其法制化：基于汶川地震灾后恢复重建的实证分析》，法律出版社 2010 年版。

117. 罗以澄、吕尚彬著：《中国社会转型下的传媒环境与传媒发展》，武汉大学出版社 2010 年版。

118. ［美］R. R. 帕尔默等著：《冷战到全球化：意识形态的终结?》，牛可等译，世界图书出版公司 2010 年版。

119. ［美］李侃如著：《治理中国：从革命到改革》，胡国成、赵梅译，中国社会科学出版社 2010 年版。

120. 宋治平等著：《经济转型与政府角色定位》，国家行政学院出版社 2011 年版。

121. 殷昭举著：《创新社会治理机制》，广东人民出版社 2011 年版。

122. 杨海蛟主编，林毅、张亮杰著：《新中国阶级阶层社会结构演变历程》，世界知识出版社 2011 年版。

123. 何增科、包雅钧主编：《公民社会与治理》，社会科学文献出版社 2011 年版。

124. 张敏著：《论生态文明及其当代价值》，中国致公出版社 2011 年版。

125. 张孝芳著：《革命与动员：建构"共意"的视角》，社会科学文献出版社 2011 年版。

126. 李强著：《社会分层十讲》，社会科学文献出版社 2011 年版。

127. 邢云文著：《时代精神：历史解读与当代阐释》，中央编译出版社 2011 年版。

128. 胡光宇著：《中国共产党文化建设》，人民出版社 2011 年版。

129. 王周户主编：《公众参与的理论与实践》，法律出版社 2011 年版。

130. 王学俭、宫长瑞著：《生态文明与公民意识》，人民出版社 2011 年版。

131. 郑永年著：《改革及其敌人》，浙江人民出版社 2011 年版。

132. 曾晓安等编著：《支持中国汶川地震灾后恢复重建可持续发展》，中国财政经济出版社 2012 年版。

133. 庞井君主编：《中国广播电影电视发展报告（2012）》，社会科学文献出版社 2012 年版。

134. 陈国平主编：《世界经济年鉴》（2011/2012 年卷），经济科学出版社 2012 年版。

135. ［美］乔治·索罗斯著：《这个时代的无知与傲慢：索罗斯给开放社会的建言》，欧阳卉译，中信出版社 2012 年版。

136. 蔡志强著：《社会动员论：基于治理现代化的视角》，江苏人民出版社 2015 年版。

（二）学位论文

1. 刘颖：《中国共产党抗日战争时期社会动员研究》，硕士学位论文，安徽师范大学，2005 年。

2. 侯松涛：《抗美援朝运动中的社会动员》，博士学位论文，中共中央党校，2006 年。

3. 马奇柯：《城市社区思想政治教育机制研究》，博士学位论文，华中师范大学，2006年。

4. 张丽梅：《抗日战争时期国共两党社会动员研究》，博士学位论文，东北师范大学，2008年。

5. 姜鹏飞：《一个社会的动员——试析政府在应对公共突发事件的社会动员能力》，硕士学位论文，吉林大学，2009年。

6. 胡世全：《自然灾害中的信息管理与舆论动员机制研究——以四川汶川"5·12"特大地震为实例分析》，硕士学位论文，华中师范大学，2009年。

7. 晏荣：《网络动员：社会动员的一种新形式》，硕士学位论文，中共中央党校，2009年。

8. 晏雪平：《江西国统区社会动员研究，1928～1945》，博士学位论文，厦门大学，2009年。

9. 齐美胜：《乡村社会动员机制研究——以皖南G村为个案》，硕士学位论文，华东师范大学，2010年。

10. 张晓霞：《城市居民社区参与模式及动员机制研究——以C市两个社区为例》，博士学位论文，吉林大学，2010年。

11. 王楠：《思想政治教育在社会动员中的作用研究》，硕士学位论文，中北大学，2010年。

12. 朱海龙：《场域、动员和行动：网络社会政治参与研究——以A省X事件为例》，博士学位论文，上海大学，2011年。

13. 罗阳：《经济危机、社会动员与政治稳定——亚洲金融危机中的印度尼西亚》，博士学位论文，中共中央党校，2011年。

14. 陈华：《互联网社会动员的初步研究》，博士学位论文，中共中央党校，2011年。

15. 郭文静：《延安〈解放日报〉在大生产运动中的社会动员研究》，硕士学位论文，西北大学，2011年。

（三）期刊论文

1. 清风：《我国国内侨务工作历史演变的回顾》，《八桂侨史》1991年第2期。

2. 林金枝：《侨汇对中国经济发展与侨乡建设的作用》，《南洋问题研究》1992年第2期。

3. 吴忠民：《社会动员与发展》，《浙江学刊》1992年第2期。

4. 黄文彦：《结构变革和社会动员：中日早期现代化比较》，《历史教学问题》1992 年第 3 期。

5. 章开沅：《辛亥革命时期的社会动员——以"排满"宣传为实例》，《社会科学研究》1996 年第 5 期。

6. 王振海：《论政府职能及由此决定的机构配置》，《行政人事管理》1996 年第 11 期。

7. 王仕民、郑永廷：《现代社会条件下的社会动员与引导对策》，《社会科学》1997 年第 9 期。

8. 刘一皋：《社会动员形式的历史反视》，《战略与管理》1999 年第 4 期。

9. 郑永廷：《论现代社会的社会动员》，《中山大学学报》（社会科学版）2000 年第 2 期。

10. 陈露：《浅析民族主义社会动员及其形式》，《华南师范大学学报》（社会科学版）2003 年第 5 期。

11. 梁颖：《关于社区思想政治工作社会动员和资源整合的思考》，《学术论坛》2003 年第 6 期。

12. 吴忠民：《重新发现社会动员》，《理论前沿》2003 年第 21 期。

13. 杨龙：《经济发展中的社会动员及其特殊性》，《天津社会科学》2004 年第 4 期。

14. 温承革、王勇、杨晓燕：《组织内部协调机制研究》，《山西财经大学学报》2004 年第 6 期。

15. 李天华：《从"拒绝外援"到"救灾外交"——改革开放以来中国政府应对国际救灾援助的政策演变及其评价》，《党史研究与教学》2008 年第 6 期。

16. 林金枝：《海外华人在中国大陆投资的现状及其发展趋势》，《华侨大学学报》1993 年第 1 期。

17. 叶启政：《再论传统和现代的斗争游戏——正规化的搓揉形塑》，《社会学研究》1996 年第 6 期。

18. 柳建文：《现代化进程中的适度社会动员——发展中国家实现社会稳定的重要条件》，《社会科学》2005 年第 1 期。

19. 吴新叶：《提高党的社会动员能力》，《党建研究》2005 年第 1 期。

20. 龙太江：《从"对社会动员"到"由社会动员"——危机管理中的

动员问题》,《政治与法律》2005 年第 2 期。

21. 庄国土:《东亚华商网络的发展趋势》,《当代亚太》2006 年第 1 期。

22. 夏少琼:《建国以来社会动员制度的变迁》,《唯实》2006 年第 2 期。

23. 中共四川省委党校课题组:《西部大开发中社会动员与大众参与的现状分析》,《天府新论》2006 年第 4 期。

24. 阎颖:《中共社会动员的成功经验——论陕甘宁边区二流子改造运动》,《湖北社会科学》2007 年第 2 期。

25. 吴开松:《当代中国动员机制转化形态研究》,《内蒙古社会科学》(汉文版)2007 年第 3 期。

26. 蒋满元:《社会动员的适度性问题探析》,《中共山西省委党校学报》2007 年第 6 期。

27. 侯桂芳:《抗战时期中共上海党组织对民众的社会动员及其启示》,《上海党史与党建》2007 年第 8 期。

28. 孙秀艳:《论社会主义核心价值体系的社会认同与社会动员》,《福建师范大学学报》(哲学社会科学版)2008 年第 1 期。

29. 吴开松:《危机动员在当代中国的时代特征》,《黑龙江社会科学》2008 年第 3 期。

30. 王洪国:《在生命大营救中拼搏成长——汶川地震救援的经验与启示》,《中国应急救援》2008 年第 3 期。

31. 吴建春:《肩负总理的重托——重庆市地震救援队汶川地震救援纪实》,《中国应急救援》2008 年第 3 期。

32. 于众:《悲歌中写出"忠诚"的画卷——重庆市地震救援队汶川地震救援纪实》,《中国应急救援》2008 年第 3 期。

33. 方寸、张来平:《救我同胞显神威——安徽省地震救援队汶川地震救援实录》,《中国应急救援》2008 年第 3 期。

34. 尉燕普:《愿得此身长报国——山西省地震救援队汶川地震救援纪实》,《中国应急救援》2008 年第 3 期。

35. 海南省地震局:《科学救援不辱使命——海南省地震灾害紧急救援队救援纪实》,《中国应急救援》2008 年第 3 期。

36. 袁忠华、李文利:《危难时刻见真情——河南省地震救援队汶川地震救援实录》，《中国应急救援》2008 年第 4 期。

37. 朱力：《暴雪下的中国式社会动员》，《人民论坛》2008 年第 4 期。

38. 吴今生、陈达、牟良权：《为了家乡的父老乡亲——四川省地震灾害紧急救援队汶川地震救援纪实》，《中国应急救援》2008 年第 5 期。

39. 张孝芳：《抗战时期中共群众动员的组织机制分析——以陕甘宁边区的社会教育运动为例》，《党史研究与教学》2008 年第 5 期。

40. 刘强晖等：《从江苏医疗救援队汶川地震救援实战探讨灾害医疗救援模式》，《中国急救医学》2008 年第 28 卷第 9 期。

41. 葛军、王博：《特殊使命：与外国救援队在灾区》，《世界知识》2008 年第 12 期。

42. 吴开松：《危机管理中的社会动员研究》，《兰州学刊》2009 年第 1 期。

43. 林志友：《大革命失败后中国共产党农民动员模式探析》，《河南师范大学学报》（哲学社会科学版）2009 年第 1 期。

44. 张丽梅、艾虹：《抗战时期中共社会动员指导思想评析》，《理论前沿》2009 年第 4 期。

45. 王志强：《社会动员与农村制度变迁——十一届三中全会以来的农村制度考察》，《求索》2009 年第 4 期。

46. 张诺夫、徐彬：《毛泽东政治动员思想论析》，《党史研究与教学》2009 年第 4 期。

47. 周明宝：《抗震救灾中的社会动员及灾后民生重建》，《中共山西省委党校学报》2009 年第 5 期。

48. 费爱华：《新形势下的社会动员模式研究》，《南京社会科学》2009 年第 8 期。

49. 孙晓晖：《中国应对自然灾害的社会动员问题刍议》，《江西社会科学》2009 年第 11 期。

50. 代海军、解永照：《社会动员问题研究：以群防群治为视角》，《铁道警官高等专科学校学报》2010 年第 2 期。

51. 陈思：《社会动员机制在处理重大事务中的功能》，《南都学坛》（人文社会科学学报）2010 年第 2 期。

52. 林溪声：《社会动员与执政党的媒介使用：理念、资源与模式》，

《中国地质大学学报》（社会科学版）2010 年第 3 期。

53. 郝晓宁、薄涛：《突发事件应急社会动员机制研究》，《中国行政管理》2010 年第 7 期。

54. 骆郁廷、甘泉：《论社会动员的实践价值》，《江汉论坛》2010 年第 10 期。

55. 徐勇：《"宣传下乡"：中国共产党对乡土社会的动员与整合》，《中共党史研究》2010 年第 10 期。

56. 张丽梅：《抗战时期中国共产党民众社会动员方式研究》，《社会科学战线》2010 年第 12 期。

57. 甘泉：《社会动员能力：一种重要的领导能力》，《湖北教育领导科学论坛》2011 年第 1 期。

58. 郭维平、左军：《中国共产党的社会动员模式研究》，《扬州大学学报》（人文社会科学版）2011 年第 1 期。

59. 朱力、谭贤楚：《我国救灾的社会动员机制探讨》，《东岳论坛》2011 年第 6 期。

（四）报纸

1. 《人民日报》。

2. 《光明日报》。

3. 《联合早报》。

二 英文参考文献

1. Mayer N. Zald, John D. McCarthy, *The Dynamics of Social Movements: Resource Mobilization, Social Control, and Tactics*, Cambridge, Mass: Winthrop Publishers, Inc. , 1979.

2. Marcia R. Ristaino, *China's Art of Revolution: The Mobilization of Discontent*, 1927 and 1928, Durham: Duke University Press, 1987.

3. David C. Leege, Kenneth D. Wald, Brian S. Krueger, Paul D. Mueller, *The Politics of Cultural Differences: Social Change and Voter Mobilization Strategies in the Post – New Deal Period*, Princeton, N. J. : Princeton University Press, 2002.

4. Lex Heerma van Voss. *Petitions in Social History*, Cambridge, UK: Cambridge University Press, 2002.

5. James Mahoney and Dietrich Rueschemeyer, *Comparative Historical Analy-*

sis in the Social Sciences, Cambridge University Press, 2003.

6. Enrique Peruzzotti and Catalina Smulovitz, *Enforcing the Rule of Law: Social Accountability in the New Latin American Democracies*, Pittsburgh, PA: University of Pittsburgh Press, 2006.

7. Elisabeth Marteu, *Civil Organizations and Protest Movements in Israel: Mobilization around the Israeli - Palestinian Conflict*, New York: Palgrave Macmillan, 2009.

8. James J. Heckman, Robert L. Nelson, Lee Cabatingan, *Global Perspectives on the Rule of Law*, Routledge, 2010.

9. Robin McNeal, "Acquiring People: Social Organization, Mobilization, and the Discourse on the Civil and the Martial in Ancient China", A Dissertation of the Degree of Doctor of Philosophy of University of Washington, Jun., 2000.

10. Jamilya Tolenovna Ukudeeva - Freeman, "Collective Action Problem: Mobilization of National - Democratic Movements in Azerbaijan and Kyrgyzstan", A Dissertation of the Degree of Doctor of Philosophy of University of California, Jun., 2003.

11. Chaeyoon Lim, "Networks, Mobilization and Citizen Participation in Politics", A Dissertation of the Degree of Doctor of Philosophy of Harvard University, May, 2007.

12. Biyun Huang, "Analyzing a Social Movement's Use of the Internet: Resource Mobilization, New Social Movement Theories and the Case of Falun Gong", A Dissertation of the Degree of Doctor of Philosophy of Indiana University, Sept., 2009.

后 记

　　本书是在我的博士学位论文基础上进一步修改、润色而成。从博士论文的选题、定稿到现在的成书，历时已近 6 年。自 2010 年进入中国人民大学攻读博士学位开始直到毕业参加工作，我对社会现象、社会问题研究，尤其是对社会动员问题产生了浓厚的兴趣，不断搜集这方面的资料，不断地进行这方面的研究，也在不断地思考着这方面的问题。

　　学术研究是一方清贫、寂寞的天地。它在精神财富上有多富有，在物质财富上就有多清贫；它在心灵世界里有多喧闹，在现实世界里就有多冷清。先哲曾经说过：“每个人都掌握着一把开启天堂之门的钥匙，这把钥匙也同样能打开地狱之门。”搞科学研究不易，而搞人文社会科学研究更加不易。它不仅要有锲而不舍的精神、科学严谨的态度，还要有任人评说的勇气。自从走上学术研究之路以来，我的生活越来越简单，除了上课，就是写作。但是，我的内心世界从未有过孤寂、厌倦；反而沉浸其中，其乐融融。经常研读社会学著作，与充满智慧却多素未谋面的大家对话、交流，悉心感悟他们的理想追求，领略他们的社会责任感，体会他们细致入微的洞察力……就这样，在学习和研究中，一点点提升人生境界、加深生命感悟、陶冶良好性情，这样度过自己的时光，感到充实而惬意。

　　当然，人不能一味地为爱好活着，还需要有责任感。谈责任，有些沉重，也有些心虚。第一，研究关于社会学的社会动员问题，自我感觉这方面的功底还是不够深，基础还不够扎实，还需要加倍努力。第二，社会动员涉及上至党和政府，下至普通大众。其实，这样的研究就是对社会的一个缩影。这样可以充分认识社会，体会社会，促进社会的发展。第三，虽以研究社会动员为己任，极力推介社会动员理论、弘扬社会动员精神，但毕竟力量和影响都有限。在这里要强调的是，本书仍不做整体的、权威式的把握，而只表达个人的学术观点。当今社会动员远没有像革命战争时期那样引起人们的高度重视，具有广阔的市场。社会动员和民众之间拉开了层次，但我始终认为社会动员应该提升广大民众的社会责任意识和社会参与意识。因此，在进行社会动员研究的过程中，力求科学严谨，与时俱进，尽力为促进这方面的研究尽绵薄之力。

最后，感谢所有关心支持我的人。恳请方家批评指正！

胡　　刚

2017 年 1 月 15 日